명언으로 돌아보는

철학세계 일주

교양을 위한 지적 담론

명언으로 돌아보는

철학세계 일주

이수정 지음

철학과현실사

일러두기

1. 이 책은 14개 나라, 43명 철학자, 50개의 명언을 다루며, 그 순서는 한국에서 중국-인도-유럽-미국을 거쳐 일본까지 서쪽으로 지구를 한 바퀴 도는 것이다.
2. 해당 명언에는 가급적 원어 원문을 부기했다. 단, 확인이 어려운 언어는 부득이 영어 혹은 독어 원문을 달거나 아예 못 달기도 했다. 아쉽지만 양해를 구한다.
3. 인터넷상의 자료도 일부 참조하였으나 그 원문을 일일이 다 확인하지는 못했다. 그런 것은 부분적인 오류가 있거나 부정확할 수 있다. 있다면 양해를 바란다.
4. 꼭지별 소제목의 표현이 철학자 본인의 원문과 다소 다를 수도 있다. 그럴 때는 ‘ ’(작은따옴표)를 붙여 표기했다.

책머리에

이 책은 지식과 교양을 예쁘게 담은 도시락이다. 나는 지식과 교양이라는 이 정신의 음식을 좋아한다. 그것을 정원의 꽃처럼 돌보는 일에 내 삶의 의미를 두고 있다. 오늘날 우리 사회에서는 이런 게 별로 대접을 못 받고 있지만, 이것을 높이 평가하고 즐기는 사람도 적지는 않다. 그런 이들이 아마도 이 사회의 질과 격을 높이는 데 알게 모르게 기여하고 있으리라고 본다.

그런데 지식과 교양이란 대체 무엇인가? 그 핵심은 결국 언어다. 말이다. 나는 이 '말'의 중요성을 이미 여러 차례, 기회 있을 때마다 강조해왔다. 우리 인간의 정수는 정신이고 그 정신은 언어라는 공기를 호흡하면서 그 생명을 유지한다고, 그 단어들이 눈으로 귀로 우리에게 들어와 혈관을 타고 떠돌다가 이윽고 세포에 스며 우리의 살이 되고 뼈가 된다고, '나'가 된다고, '근묵자흑 근주자적'처럼 빨간 언어를 자주 접하면 우리 정신도 빨갛게 물이 들고 파란 언어를 자주 접하면 파랗게 물이 든다고, 그렇게 언어의 빛깔이 정신의 빛깔을 결정한다고, 그래서 '어떤 언어'를 호흡하느냐 하는 것이 너무너무 중요하다고, … 그렇게 강조해왔다.

그 '어떤'을 고려할 때, 특별히 우리의 시선을 끄는 것이 바로 '명언'이다. 유명한 말, 널리 알려진 훌륭한 말이다. 유명하다는 것은 우연이 아니다. 거기에 뭔가가 있다. 그 표현과 내용이 윤슬처럼 반짝인다. 그런 게 우리 가슴에 닿아 아로새겨진 것이 바로 '유명'이다.

이 책은 그런 명언들을 다룬다. 특히 교양의 핵인 철학의 명언들이다. 그것들을 통해 철학세계를 둘러보는 것이 이 책이다. 한국에서 출발해 중국 ▸ 인도 ▸ 유대 ▸ 러시아 ▸ 그리스 ▸ 이탈리아 ▸ 독일 ▸ 덴마크 ▸ 네덜란드 ▸ 프랑스 ▸ 영국 ▸ 미국 ▸ 일본까지, 지구를 한 바퀴 도는 세계 일주다. 50개의 명언을 다루니까 하루에 하나씩 읽으면 50일간의 세계 일주가 된다. 빙산의 일각이지만 그것만으로도 의미는 작지 않을 것이다.

각 명언들마다 해설을 곁들였는데 이 해설은 쉽게 쓴 철학

평론 같은 것이다. 에세이에 가깝지 논문은 아니다. 나는 개인적으로 논문이라는 글쓰기를 그다지 선호하지 않는다. 일반 독자들과의 거리를 중요하게 여기기 때문이다. 논문의 표지에는, 투명 잉크로 쓰였지만, '일반인 접근 금지'라는 경고문이 붙어 있다. 어렵고 딱딱한 개념들로 만든 바리케이드가 처져 있다. 나는 이 책이 원저자의 지근거리에 독자를 앉게 하는 이른바 '우파니샤드'[가까이 앉기] 같은 것이 되기를 기대한다.

이 책은 아마도 흥미롭고 쉽고 재미있을 것이다. 이것은 '즐거운 학문'을 지향한다. 그리고 40년 세월 세계 유수의 대학들에서 철학을 연구하고 강의해온 나름 전문가가 쓴 것인 만큼 그 내용도 아주 허접하지는 않을 것이다. 여기에 소개하는 명언들이 부디 많은 독자의 지적 식탁에 올려져 간편하고 맛있게 음미되기를 기대한다.

2021년 여름

이수정

차례

한국 편

중국 편

인도 편

유대 편

러시아 편

그리스 편

이탈리아 편

독일 편

덴마크 편

네덜란드 편

프랑스 편

영국 편

미국 편

일본 편

한국 편

원효

옷을 기울 때는 짧은 바늘이 필요하고
긴 창이 있어도 소용이 없다

고등학교만 나와도 소크라테스, 플라톤, 아리스토텔레스는 대개 다 안다. 베이컨, 데카르트도 알고 칸트, 헤겔, 니체도 웬만하면 다 안다. 대표적인 서양의 철학자들이다. 그런데 한국의 철학자들은? 이렇게 물으면 대학을 나왔어도 당황하는 사람이 많을 것이다. 그런 게 있나? 있다. 한국에도 세계적인 철학자들이 없지 않다. 단, 약간 한계는 있다. 대개는 불교와 유교의 범위 안에 있기 때문이다. 대표적인 인물이 불교권의 원효, 의상, 지눌, 유교권의 퇴계, 율곡, 다산 등이다.

원효(元曉, 617-686) 하면 '화쟁(和諍)'사상과 '일심(一心)'사상이 유명하지만, 그가 남긴 말 중에 가히 명언이라 할 만한 것이 따로 있다.

옷을 기울 때는 짧은 바늘이 필요하고, 긴 창이 있어도 소용이 없다. 비를 피할 때는 작은 우산이 필요하고, 온 하늘을 덮는 것이 있어도 소용이 없다. 그러므로 작다고 가벼이 볼 것이 아니다. 그 근성에 따라서는 크고 작은 것이 다 보물이다.

縫衣之時, 短針爲要. 雖有長戟, 而無所用. 避雨之日, 小蓋是用. 普天雖覆, 而無所救. 是故不可以小爲輕. 隨其根性, 大小皆珍者也.

그가 쓴 《미륵상생경종요(彌勒上生經宗要)》에 나오는 말이다. 무려 1,400년 전의 신라인이 이런 말을 남겼으니 그 의미가 더욱 특별하게 가슴에 다가온다. 적어도 그 시간 간격을 뛰어넘어 지금도 유효한 진리이기 때문이다.

"작다고 가벼이 볼 것이 아니다(不可以小爲輕)." 이 말은 놀랍게도 21세기의 현대철학, 이른바 포스트모더니즘과도 통한다. 프랑스 철학자들이 주도한 포스트모더니즘은 그 스펙트럼이 만만치 않지만, 그 핵심 메시지는 '거대서사(grand récit)'[1] 대신에 '작은 이야기(petit récit)'를 주목하자는 것이다. 나는 개인적으로 거대서사의 배제를 지지하지는 않지만 작은 이야기의 강조는 나름 충분한 철학적 의미가 있다고 본다. '작은 것'에는 무시와 배제의 아픔이 있기 때문이다. 이런

---

1) '거대담론(métadiscours)'이라고도 함.

사상의 연장선상에 저 BTS의 노래 '작은 것들을 위한 시'도 있다. "사소한 게 사소하지 않게 만들어버린 너라는 별 … 하나부터 열까지 … 모든 게 특별하지 … 다 말하지, 너무 작던 내가 영웅이 된 거라고 … 그저 널 지킬 거야 난 …" 이건 거의 철학이다. 아니 이런 거야말로 철학이다. 주목, 평가, 배려, 보호, 따뜻함, 사랑 … 즉 윤리가 있기 때문이다. 작은 것, 사소한 것은 절대 시시한 것, 하찮은 것이 아니다.

작은 것이 갖는 철학적 의미는 원효가 든 예만으로도 이미 충분히 납득된다. 짧은 바늘, 작은 우산, 작은 것들이지만 옷을 기울 때나 비를 피할 때는 바로 이런 게 필요한 것이다. 긴 창으로 옷을 기울 수도 없고 하늘을 덮는 덮개로 소나기를 피할 수도 없다. 여기서 원효가 말하는 '작은 것(小)'은 온갖 약자를 포괄하는 대표적 상징이다. 이 글자에 해당하는 것은 우리의 삶에서, 이 세상에서, 현실에서 무한정으로 발견된다. 키 작은 사람, 덩치 작은 사람, 돈 없고 백 없고 스팩 없는 사람, 소상공인, 소수자, 소수민족 …. BTS의 노래에 나오는 '너'도 '나'도 다 그런 작은 것에 해당할 수 있다. 그런데 그런 '너'도 별일 수 있고 그런 '나'도 영웅일 수 있다. 우리의 삶은 실제로 그런 작은 것들로 이루어져나간다. 그런 것을 그 누가 시시하다, 하찮다 할 수 있겠는가. 거창한 일만이 삶은 아니다. 왕후장상만이 인간은 아니다. 그들만이 조명과 박수갈채를 받아야 할 주인공은 아닌 것이다. 우리 각자는 모두 각자의 자리에서 다 주인공이고 영웅이다. 보잘것없는 회사의 일개 팀장인 어느 아빠도 어느 딸에게는 대통령보다 더 훌륭하고 존경스러운 진정한 영웅일 수 있고, 환경미화원으로 일하는 어느 엄마도 어느 아들에게는 역시 그 어떤 스타보다 더 찬란한 우상일 수 있는 것이다. 아들과 딸의 단란한 오늘 저녁 식탁을 위해서는 엄마와 아빠가 필요한 것이지 대통령과 스타가 필요한 게 아니다.

생각해보면 작은 것들의 효용은 무한정이다. 바늘과 우산뿐만이 아니다. 겨자씨나 깨는 또 어떤가. 모래가 바위보다 더 유용한 경우도 있다. 요즘 같으면 손톱만 한 반도체 칩이 더 좋은 예가 될지도 모르겠다. 소위 '축소지향'은 비단 일본인에게만 해당하는 가치관이 아니다. 그런 문화평론과는 물론 논의의 장이 다르지만 작은 것(小)의 가치를 강조하는 철학은 이렇게 인류보편적인 것에 해당한다. 원효의 철학에 이런 부분이 있다는 것은 참으로 다행이고 자랑스럽다.

단, 그에게 이런 철학이 있다고 해서 이게 곧 '큰 것'에 대한 반대나 평가절하는 아니다. 그 점은 주의하지 않으면 안 된다. 그런 점에서 원효의 이 철학은 거대서사를 반대하고 작은 이야기로 물길을 돌리는 포스트모더니즘과는 엄연히 다르다. 그는 "작다고 가벼이 볼 것이 아니다(不可以小爲輕)"라고 말했지 큰 것을 가벼이 보라고는 하지 않았다. 그는 분명히 큰 것과 작은 것 모두를 두둔했다. "크고 작은 것이 다 보물이다(大小皆珍者也)”라고 그는 분명히 말하고 있는 것이다. ‘그 근성에 따라’라는 것은 ‘그 각각의 본질에 따라’라는 말이다. 각각의 의미를 갖는 각각의 ‘경우’가 따로 있다는 말이다. 코끼리에게는 큰 밥통이 고양이에게는 작은 밥통이 각각 ‘좋은’ 밥통인 것이다. 큰 것은 큰 것대로, 작은 것은 작은 것대로, 각각의 자리와 역할과 의미가 있다. 그러니 큰 것 작은 것 하며 좋다 나쁘다 다툴 필요는 없다. 다투어서도 안 된다. 여기서도 원효의 ‘화쟁’은 여전히 유효한 철학이다. 대소의 화쟁이다. 명심하자. 작다고 가벼이 여겨서는 안 된다. 크다고 외면해서도 안 된다. 큰 것 작은 것이 다 보물이다. 원효의 철학적 명언이다. 그는 작은 것을 변호한 큰 철학자였다.

원효

엎어진 그릇은 비록 비가 와도
그 빗물을 능히 받지 못한다

원효대사의 이름은 비교적 잘 알려져 있지만, 대개의 경우 사람들이 알고 있는 건 해골바가지의 물을 먹고 깨달음을 얻었다는 정도가 아닐까 싶다. 당나라 유학을 포기하고 서라벌로 돌아온 그가 태종무열왕(김춘추)의 배려로 그의 딸 요석공주와 정을 통하고 나중에 이두를 만든 설총을 낳았다는 것도 적지 않은 사람들이 알고 있다. 그러나 그를 자세히 아는 사람은 많지 않다. 그의 속명이 '설사(薛思)'였으며 한때 화랑이었다는 걸 아는 사람도 드물다. 김유신과 동서관계인 것도 잘 모른다. 그의 철학에 '십문화쟁론'과 '일체유심조'[2]가

2) '一切唯心造'. 원래는 《화엄경》에 나오는 말.

있다는 걸 아는 사람도 극히 드물다. 더구나 그가 이른바 '체청(諦聽)'이라는 걸 논했다는 것을 아는 사람은 더욱 드물다.

체청이라는 건 요즘 식으로 말하자면 '제대로 듣는다', '자세히 듣는다'는 뜻이다. 아마도 경전을 줄줄이 외우지만 글만 읽지 그 뜻을 제대로 알지 못하고 속된 욕망으로 여전히 번뇌에 시달리는 사람들이 그 배경에 놓여 있을 것이다. 그런 건 부처님 말씀을 제대로 알아듣지 못한 것이다.

《범망경보살계본사기(梵網經菩薩戒本私記)》에서 원효는 이렇게 말한다.

'제대로 듣는다(諦聽)'라는 말에는 세 가지 뜻이 있다.

첫째 흩어짐이 없다(無散亂)는 뜻이고,

둘째 우쭐함이 없다(無性勝)는 뜻이며,

셋째 더러움과 멀다(離濁)는 뜻이다.

이로써 제대로 듣는다는 말의 뜻을 삼는다.

비유하면, 엎어진 그릇(覆器)과 같아서, 비록 비가 와도 그 빗물을 능히 받지 못하니,

그것은 곧 산란[흩어져 혼란함]의 뜻에 해당한다.

혹은 구멍 난 그릇(孔器)과 같아서, 비록 비가 내릴지라도 끝내 그것을 담지 못하니,

그것은 곧 경만[가볍고 오만함]의 뜻에 해당한다.

또한 더러운 그릇(垢器)과 같아서, 비록 물을 담을 수는 있

으나 그 물을 남에게 쓸 수 없다.

이 뜻이 곧 더러움의 뜻에 해당한다.

諦聽者有三義. 一無散亂義, 二無性勝義, 三離濁義, 以爲諦聽義.

譬如覆器. 雖降雨而終不能受, 是卽當於散亂義.

或譬有孔器. 雖受天雨而終不能住, 此卽當輕慢義.

亦譬如垢器. 雖得住水而他人不所用, 此義卽當濁義.

여기서 원효는 제대로/자세히 듣지 않는 사람을 '그릇(器)'에 비유한다. 여기에 세 가지가 있다. '복기(覆器), 공기(孔器), 구기(垢器)' 즉 엎어진 그릇, 구멍 난 그릇, 더러운 그릇이다. 참 기발한 비유다. 이건 그가 이런 사람들을 꿰뚫어 보고 있었다는 증거다. 세상엔 이런 부류의 사람들이 분명히 있다. 알기 쉽게 해석하여 설명하자면, 이는 ① 참된 진리에 아예 관심이 없는 사람, ② 아는 체-잘난 체하는 사람, ③ 불순한 의도나 욕심이 그득한 사람을 일컫는다. ① 엎어진 그릇은 담아야 할 것에 대해 등을 돌리고 있으니 애당초 그 소리가 들릴 턱이 없다. ② 구멍 난 그릇은 무슨 소릴 듣더라도 관심이 없고 줄줄 새니 그 소리가 가슴에 남을 턱이 없다. ③ 더러운 그릇은 아무리 좋은 소릴 듣더라도 그 속셈이 따로 있으니 오염되어 남에게 그 진심이 전달될 턱이 없다. 없는 진심이 어떻게 전달되겠는가. 그래서 이런 이들은 아무리 좋은 소릴 해도 제대로 듣지를 못하는 것이다. 자세히 듣는 게 아닌 것이다. 정치인과 학자들 중에 이런 사람이 특히 많다.

원효가 의도했는지는 분명치 않지만, 이 비유는 하늘이 내려주는 비를 전제로 하고 있다. 말하자면 진리의 말씀이다. 좋은 것이고 고마운 것이다. 아마도 부처님 말씀, 예수님 말씀, 공자님 말씀, 철학적 진리, 그런 것들이 다 이것에 해당할 것이다. 이런 언어들이 우리가 사는 이 세상에, 우리 주변에 없지는 않다. 아니, 많다. 이 말씀대로만 사람들이 살아준다면 아마도 천국과 극락이 따로 필요 없을 것이다. 그런데 우리가 실제로 겪어봐서 알지만, 이 말씀들을 제대로 알아듣고 그것을 가슴에 담고 남에게 행하는 사람은 정말 흔치 않다. 그것을 제대로/자세히 듣는 사람, 즉 '체청자'가 드문 것이다. 그래서 동서고금을 막론하고 이 세상이 늘 이 모양 이 꼴인 것이다.

그래서 우리가 만일 진정한 진리에 조금이라도 관심이 있다면, 우리는 엎어진 그릇을 똑바로 세워야 하고 구멍 난 그릇을 때워야 하고 더러운 그릇을 닦아야 한다. 즉 진리의 말씀 쪽으로 관심의 방향을 잡아야 하고, 쓰잘데없는 지엽적 논란으로 아는 체 잘난 체하며 진리의 본질을 놓치지 말아야 하고, 그 진리의 말씀을 욕심으로 이용해먹지 말아야 한다. 우리 주변엔 그런 사람들이 없지 않다. 애당초 그릇이 아니라면 아예 문제도 안 되겠지만 그런 사람들이 일단 그릇의 형태를 가지고 있다는 게, 즉 진리에 종사하는 사람임을 표방한다는 게 문제인 것이다. 잘못된 그릇, 엉터리 학자들을 조심해야 할 필요가 바로 여기에 있다. 원효는 참 예사로운 스님이 아니었다. 과연 대사다. '대'단한 '사'람이다.

퇴계 이황

모기는 산을 짊어질 수 없고
작대기는 큰 집을 지탱하지 못한다

퇴계 이황(退溪 李滉, 1502-1571)은 적어도 한국에서는 초저명인사다. 역사의 한 페이지에 등장한다. 천 원짜리 지폐에도 그의 얼굴이 새겨져 있다. 후배인 율곡 이이와 함께 조선 유학(성리학)의 대표자로 손꼽힌다. 그는 소위 이기이원론을 지지했다. 여러 관직에 오르면서도 《성학십도》, 《자성록》, 《퇴계집》, 《도산십이곡》, 《주자서절요》, 《사단칠정분리기서》 등 많은 작품과 저술을 남겼는데, 임진왜란 때 그의 저술 일부가 일본으로 반출되어 일본 성리학에도 영향을 끼쳤다. 유학의 이념적 가치 중 '성(誠)'과 '경(敬)'을 특히 중시하고 체화해 실천한 선비로 추앙된다. 안동에 도산서원을 세워 류성룡, 김성일을 비롯한 후학의 양성에도 힘썼다.

워낙 유명해 그에 관한 일화들도 제법 일반에 알려져 있다. 그는 한참 어린 고봉 기대승(奇大升, 1527-1572)과 예의를 갖춘 편지를 주고받으며 이기(理氣)논쟁을 펼쳤고, 남명 조식(曺植, 1501-1572)과 정치적-철학적으로 노선을 달리해 대립했고, 양명학에 대해 비판적이었고, 부인 허씨가 일찍 죽고 새로 맞이한 둘째 부인 권씨가 정신이 온전치 못했으나 정성으로 대했고, 단양군수 시절 알게 된 기생 두향과 마음을 나누었는데 그녀는 퇴계 사후 강물에 투신해 순사했고, 둘째 아들이 일찍 죽자 며느리의 앞날을 염려해 당시 풍토에서는 어려웠던 개가를 허락했고 … 기타 등등. 또 청렴한 선비 치고는 전답 3천 두락에 노비 250여 명을 거느린 제법 부자였다는 것도 화제가 되고는 한다.

그가 남긴 많은 저술들은 주로 주자학 관련이라 요즘 식으로 말하자면 형이상학에 해당해 일반인들에게는 접근이 쉽지 않다. 철학자들에게조차 좀 따분할 수 있다. 주돈이, 정호, 정이, 주희 등의 송대 신유학이 절대적인 영향력을 갖던 시대였으니 이기론, 사칠론 등이 주제 내지 관심사가 될 수밖에 없었겠지만, 사실 윤리학이자 정치철학이었던 공맹의 진의가 이들에게서 고답적 형이상학 이론으로 변질된 것은 오늘날 비판의 대상이 되기도 한다.

그런데 그 딱딱하고 점잖은 선비가 남긴 말 중에서 우리는 좀 뜻밖에 멋진 비유로 된 흥미로운 문장을 하나 만나게 된다.

모기는 산을 짊어질 수 없고 작대기는 큰 집을 지탱하지 못한다.

蚊不能負山, 梃不能支廈.

명종 13년(1557) 58세 때에 임금에게 올린 상소문 〈무오사직소(戊午辭職疏)〉에 나오는 말이다. 일종의 사표, '사직서'다. 요즘 같으면 "일신상의 이유로 사직코자 하오니 재가하여 주시기 바랍니다." 하면 끝날 일을 장황하기 짝이 없는 문장으로 상소문을 썼다. 거의 논문 한 편 분량이다. 거기에 이 말이 불쑥 등장한다. 그 서두는 이렇다.

절충장군 전 첨지 중추부사 신 이황은 삼가 목욕재계하고 엎드려 절하며 머리를 땅에 대고 주상전하께 아뢰옵니다. […] 옛날에 선왕(先王)들이 사람을 쓸 때에는 재량(才量)을 헤아려서 알맞게 직책을 내렸으며, 재량이 큰 자에게는 큰 임무를 주었고 작은 자에게는 작은 것을 주었으며, 대소사에 모두 합당하지 않은 자는 물리쳤다고 했습니다. 그리고 어쩌다가 불행하게 윗사람이 사람을 잘 알아보지 못하고 잘못 쓰게 된 경우가 있다 하더라도, 그때에는 선비 된 자가 반드시 스스로 자기의 재량이 직책을 감당하지 못함을 헤아려 가지고 사퇴할 것을 청원했으며, 위에서도 이를 들어주었다고 했습니다. […]

이렇게 시작하는 것을 보면 이미 짐작되지만, 인재를 역량에 맞게 골라 적재적소에 배치해야 하는데 본인은 중책을 맡을 깜냥이 아님에도 분에 넘치는 자리에 앉게 되었으니 나라에 폐가 되지 않게 좀 잘라주십시오 하는 취지다. 이 문장에 이어 좀 구차하다 싶을 정도의 자기비하를 주저리주저리 늘어놓는다. 하여간 옛날 선비님들이란…. 이런 걸 매일 엄청나게 읽어야 했을 '주상전하'들이 좀 딱하게 느껴질 정도다.

그러나 퇴계의 이 한마디는 사실 대단히 의미 있는 진리성을 담고 있다. 특히 인재의 발탁-배치에서 기준이 되어야 할 중요한 철학이다. 그런 점에서 명언에 해당한다.

퇴계 본인이 실제로 그럴 리는 만무하겠지만, 현실에서는 깜이 아닌 사람이 중책을 맡는, 그래서 그 중임을 감당하지 못하고, 그 자리가 해야 할 일을 제대로 못하고, 일을 망쳐버리는 경우가 허다하다. 세상에 중요한 자리는 너무나 많은데 엉뚱한 엉덩이가 욕심만으로 그 자리를 차지하고 앉아 일을 그르치는 경우도 너무나 많은 것이다. 모기나 작대기에 해당하는 인사들이 세상에서는 오히려 설쳐대며 행세를 한다. 그런 자들은 요령이 있어 좋은 자리들을 잘도 '꿰찬다.' 그런 자들은 사리사욕에도 밝다.

"이름을 구하는 자는 반드시 이득을 위하고 세상을 깔보는 자는 반드시 협세(挾勢)[3]하는 바가 있는 법입니다."

라는 말을 보면 퇴계도 이걸 알고 있었음이 틀림없다.

어차피 그 본성을 말릴 수는 없을 테니 모기는 그저 사람들 귓가에서 왱왱거리며 잠시 피나 빨면 될 일이다. 작대기는 그저 가려운 등이나 긁으면 될 일이다. 지팡이로 쓰면 등 굽은 노인에겐 요긴할 것이다. 그런데 모기가 산을 짊어지겠다 하고 작대기가 빌딩을 버티겠다 하고 나서니 문제인 것이다. 그게 될 턱이 없다. 그래서 사람을 쓸 때는 그 역량을 살펴서 적재적소에 배치해야 마땅하다고 퇴계는 주상전하에게 진언하는 것이다. 가슴에 새겨야 할 진리가 아닐 수 없다.

명종은 결국 이 사표를 수리하지 않았다.

참고로 이 말이 등장하는 앞뒤 문맥을 이하에 소개해둔다.

무릇 조정에서도 이렇듯 인재 등용을 그릇되게 하지 않았으며, 선비들도 이렇듯 저마다의 지조를 지켰던 것입니다. 따라서 대신(大臣)들에게 있어서는 소임(所任)을 감당 못하고 국사(國事)를 망치게 했다는 비난을 받는 일이 없었으며, 또한 소신(小臣)들에게 있어서도 무능무재(無能無才)한 주제로 국록(國祿)만 축을 내는 잘못을 저지르는 일도 없었으며, 현명한 사람이

3) 남의 위세에 꼽사리 낌.

자리에 앉고, 능력 있는 자가 직책을 맡아가지고 저마다 충성과 힘을 마냥 다해 바침으로써 조정에 있어서의 다스림을 바르게 성취했으며 한편 재능 없는 자들을 야(野)에 물러가 있도록 허락하여줌으로써 저마다 분수를 지키고 제힘으로 먹고살면서 예의염치를 지켜 백성으로서 나라 다스림을 잘 좇게 했던 것입니다. 이렇게 함으로써 옛날에는 현명한 사람이나 어리석은 사람이 저마다 자리를 얻어, 예양(禮讓)이 흥성했으며 또한 바른 정치도가 실천되었던 것입니다.

만약 이렇게 하지 않는다면, 사람을 쓰는 데 있어 재량의 적합을 헤아리지 않고, 작은 것을 크다 하고 짧은 것을 길다 하여 시행을 잘못하고 직책을 억지로 맡기게 될 것이며, 또한 본인이 스스로 자기의 능력 없음을 알고 물러나 사퇴코자 해도 이를 들어주지 않을 뿐만 아니라 도리어 또한 무거운 직책을 가해주게 될 것이니, 결국 그 선비 된 자는 대세의 속박과 몰림에서 벗어나지 못하고 할 수 없이 직책을 맡게 됩니다. 그리고 마침내는 모기(蚊)가 산(山)을 짊어질 수 없고, 한 가닥 막대기로 큰 집을 지탱하지 못하는 꼴이 되어가지고, 직책을 다하지 못했다는 비난과 더럽고 천하다는 치욕은 말할 것도 없고 주벌(誅罰)마저 받게 되는 것입니다. 이러한 경우, 그 선비가 절개를 지키지 못하여 엎어진 것이니, 마땅히 죄를 받을 만합니다. 그러나 그 선비를 그런 경지에 이르게 한 것이 바로 조정이 인재를 잘못 쓴 탓이 아니라, 다만 조정이 그의 사퇴를 들어주지 않고 강제로 그에게 직책을 맡겨준 까닭이 아니겠습니까. 이것이 말세에 있어 굽고 곧음이 뒤집히고, 염치의 도의가 상실되고 정치의 사리가 문란해지는 원인이 되기도 합니다.

율곡 이이

잡초를 제거할 때, 뿌리를 뽑으면 다시 나지 않고
흙으로 덮기만 하면 그 뿌리가 다시 난다

율곡 이이(栗谷 李珥, 1537-1584)는 선배인 퇴계 이황과 함께 조선 유학(성리학)을 대표하는 양대 봉우리의 하나로 평가된다. 5천 원권 지폐에 등장하는 것도 그런 평가를 반영한 것이다.

그는 5만 원권 지폐의 주인공인 신사임당의 아들로 어려서부터 똘똘해 신동으로 소문났고, 실제로 9번이나 과거에 장원급제해 구도장원공(九度壯元公)이라 불리기도 했고, 어머니 사후 3년간 시묘생활을 하고 나서 금강산에 들어가 석담(石潭)이라는 법명으로 승려생활도 했고, 환속 후 승승장구해 이조판서, 형조판서, 병조판서[행안부 장관, 법무부 장관, 국방부 장관에 해당] 등 요직을 거치며 여진족 니탕개(尼湯

介)의 난을 진압하는 등 국가에 공을 세우기도 했고, 외적의 침입에 대비해 양병을 하라는 진언을 하기도 했고,[4] 당시 폐단이 드러나던 이른바 동인과 서인 사이의 당쟁을 조정하려 노력하기도 했고, 《동호문답(東湖問答)》, 《성학집요(聖學輯要)》, 《인심도심설(人心道心說)》, 《시무육조소(時務六條疏)》 등 수많은 저술을 남기기도 했다. 하여간 대단한 학자요 경세가였다.

그의 철학은 잘 알려진 대로 기본적으로 주자에 기반한 성리학이며 소위 '이기일원론', '기발이승일도설(氣發理乘一途說)' 등을 펼쳤다. 퇴계가 주리론인 데 비해 율곡은 주기론인 셈이다. 이런 형이상학은 일반인들의 입장에서는 접근하기도 쉽지 않고 좀 따분할 수도 있다.

그런데 그의 《어록(語錄)》에 보면 흥미로운 문장이 몇 개 등장한다.

잡초를 제거할 때, 뿌리를 뽑으면 다시 나지 않고, 흙으로 덮기만 하면 그 뿌리가 다시 난다.

譬之除草, 絶其根柢, 則無復生矣, 以土覆之而已, 則其根復生矣.

4) 왜란을 내다본 소위 '십만양병설'에 대해서는 진위 논란이 있음.

겨울철일지라도 어찌 볕[陽]이 없겠는가.

如冬月亦豈無陽乎.

물에 비유하면, 천리는 물의 원천이고 인성은 그릇에 있는 물이다. 원천의 물은 맑지 않은 것이 없는데, 이것을 흰 그릇에 담으면 이것과 같은 색이 되고, 이것을 푸른 그릇에 담으면 또한 이것과 같은 색이 된다.

譬之於水, 則天理源頭之水也, 人性在器之水也, 源頭之水無有不淸, 而盛之於白盌中, 則同是一般色, 盛之於靑盌中, 又是一般色也.

이 중 첫 번째 것을 좀 자세히 들여다보자. 들으면 그 의미가 곧바로 이해된다. 인간의 '사욕(私欲)'이 그 주제다. 일종의 아포리즘 같은 그 문맥은 이렇다.

문: 사욕의 생각은 비록 막아도 다시 생기는 것이 있고, 다시 생기지 않는 것이 있음은 무슨 까닭입니까?

답: 이것을 잡초를 제거하는 데 비유하면, 그 뿌리를 뽑아버린 것은 다시 나지 않고, 흙으로 덮어두면 곧 그 뿌리가 다시 나는 것이다. 이런 까닭에 주자(周子)가 정자(程子)의 사냥에 대한 말에 답하기를, "이 마음이 잠재할 때는 발하지 아니하지만, 하루아침에 맹동(萌動)하면 다시 처음과 같아진다." 하

였다.

問: 私欲之念, 雖有防之, 而惑復生, 惑不復生何耶.

曰: 譬之除草, 絶其根柢, 則無復生矣, 以土覆之而已, 則其根復生矣. 是以, 周子答程子田獵之言曰, 此心潛隱未發, 一日萌動復如初矣.

우리는 그의 이 말에 공감하지 않을 수가 없다. 납득하고 수긍한다. 자기를 봐도 주변의 타인을 봐도 곧바로 확인되는 진리다.

애당초 우리 인간이라는 것은 욕망의 덩어리다. 인간의 삶이라는 것은 그 욕망의 실현을 위해 이리저리 애쓰는 것이다. 뭔가 '하고 싶고' '갖고 싶고' '되고 싶고' 하는 것이 삶의 실질이다. 그런 게 욕심, 욕망, 희망, 소망, 꿈, 희구, 탐욕, 대원 등 다양한 형태로 변주된다.

그중 하나의 형태로 '사욕'이라는 것이 있다. '사리사욕'이라는 표현으로 우리에게 익숙하다. 이는 특히 공직에 있는 사람이 그 공익보다 사익을 탐할 때, '문제'로서 부각된다. 그 공직, 자리를 통해 추구해야 할 전체의 이익이 있는 법인데, 그런 것은 아랑곳 않고 내 배를 불리려 하는 것이 사욕이다. 수뢰, 횡령 등이 대표적이다. 이걸 어떻게 다룰 것인가 하는 문제를 율곡은 제기하는 것이다. 문제는 이걸 막아도 막아도 다시 생긴다는 것이다.

율곡의 진단이 바로 이 말이다. 뿌리를 뽑지 않고 적당히 덮기 때문에 자꾸 다시 생긴다는 것이다. 옳은 진단이다. 그렇다면 처방도 자명하다. 사욕은 뿌리를 잘라야/뽑아야 하는 것이다. 어떻게? 그 답은 일단 여기서는 보이지 않는다. 간단한 문제는 아니다. 다양한 고찰과 논의가 필요하다. 교육도 감화도 처벌도 기회 박탈도 다 답이 될 수 있다. 그게 구체적으로 어떤 형태가 되든 적당히 덮어서는 원천적인 해결책이 되지 못한다. 횡령, 배임 등에 대한 느슨한 경고나 감봉 따위도 적당히 흙으로 덮는 일[봐주기]에 해당할 것이다. 사욕은 잡초처럼 언제나 어디서나 다시 자라나는 강한 생명력을 지니기 때문이다. 본능이기 때문이다. 그래서 뿌리를 잘라야 하는 것이다. 뿌리를 뽑아야 하는 것이다. 율곡이 이런 말을 한 것은 그 뿌리 뽑기가 현실에서 쉽지 않다는 것을 인식했기 때문일 것이다. 충분히 짐작된다.

그의 이 말은 거의 500년이 지난 '지금도 여전히' 아니 '지금은 더욱' 유효하다. 인간세상의 곳곳에서 사욕이라는 이 잡초는 무성히 자라고 있다. 칡넝쿨보다 더욱 강하게 뻗어간다. 청렴이라는 구호는 어느 시대나 넘쳐나지만 '수뢰'를 비롯한 사욕(사익의 추구)은 사라질 기미가 보이지 않는다. 뿌리를 잘라야 한다는 이 철학이 끊임없이 되풀이되어야 하는 이유가 바로 거기에 있다.

타락하고 부패한 관리들의 사욕은 아마 지금도 열심히 율곡의 얼굴이 그려진 5천 원권과 사임당의 얼굴이 그려진 5만 원권을 뒷주머니에 챙기고 있을 것이다. 위인인 두 모자의 마음이 결코 편치 않을 것이다.

참고로 석담스님이었던 율곡이 금강산을 떠날 때 남긴 시 한 편과 온 나라의 기강이 무너져 제대로 돌아가지 않음을 지적한 뒤 주장한 〈변법경장(變法更張)〉을 소개해둔다.

〈연비어약(鳶飛魚躍)〉
솔개 날고 물고기 뛰는 이치 위나 아래나 매한가지
이는 색도 아니요 또한 공도 아니네
실없이 한 번 웃고 내 신세 살피니
해 저무는 숲속에 홀로 서 있네
鳶飛魚躍上下同(연비어약상하동)
這般非色亦非空(저반비색역비공)
等閑一笑看身世(등한일소간신세)
獨立斜陽萬木中(독립사양만목중)

〈변법경장(變法更張)〉
문벌이나 출신보다는 능력 있는 사람을 기용하자.
신분을 가리지 말고 평민을 포함하여 폭넓게 인재를 양성하자.

중앙에서는 외척의 권력 집중화를 막고, 지방에서는 수령의 자질을 높이며 이서(吏胥)들에게도 녹봉을 주어 민폐를 막아야 한다.

붕당을 막기 위해서는 사림의 공론을 존중하고 사기를 높여야 한다.

민생을 괴롭히는 방납을 시정해야 한다.

왕실 사유재산을 억제하고 왕실의 경비를 줄여야 한다.

군포에 대한 족징과 인징을 금지해야 한다.

공노비의 선상(選上)을 개선하여 부담을 줄여야 한다.

사창제를 실시하여 빈민을 구제해야 한다.

다산 정약용

보름달 뜨면 구름이 자주 끼고
꽃이 활짝 피면 바람이 불어댄다

다산 정약용(茶山 丁若鏞, 1762-1836)은 비교적 유명하다. 고등학교만 나와도 그의 책《목민심서》,《흠흠신서》,《경세유표》정도는 알게 된다. 그런데 정작 그가 왜 유명한지는 잘 모른다. '실학'의 대표자로 알고 있지만, 그 실학이 어떤 건지도 대개는 잘 모른다. 그래서 조금은 들여다볼 필요가 있다. 그를 조금만 들여다보면 우리는 탄복을 하게 된다. 그는 제대로 된 학자요 이만한 학자가 드물기 때문이다. 주자학(성리학, 송대의 신유학)의 폐단을 지적하고 수사학(洙泗學, 공맹의 본유학)을 강조한 그의 방향만 봐도, 실학을 개척한 그의 정신만 봐도, 500권이 넘는 그의 저술만 봐도 이미 충분히 주목할 만한데, 그 내용을 들여다보면 그 수준을 인정하지 않을 도리가 없다. 게다가 돋보이는 인품까지 갖추었다. 가히 한국이 자랑할 거철이 아닐 수 없다.

그 작은 한 토막을 확인해보자. 1804년 유배지 강경에서 쓴 〈독소(獨笑)〉라는 시가 있다.

有粟無人食(유속무인식) 양식 많은 집은 자식이 귀하고
多男必患飢(다남필환기) 아들 많은 집엔 굶주림이 있으며,
達官必準愚(달관필준우) 높은 벼슬아치는 꼭 멍청하고
才者無所施(재자무소시) 재주 있는 인재는 재주 펼 길 없다.

家室少完福(가실소완복) 완전한 복을 갖춘 집 드물고
至道常陵遲(지도상릉지) 지극한 도는 늘 쇠퇴하기 마련이며,
翁嗇子每蕩(옹색자매탕) 아비가 절약하면 아들이 방탕하고
婦慧郎必癡(부혜랑필치) 아내가 지혜로우면 남편이 바보다.

月滿頻值雲(월만빈치운) 보름달 뜨면 구름이 자주 끼고
花開風誤之(화개풍오지) 꽃이 활짝 피면 바람이 불어댄다.
物物盡如此(물물진여차) 세상일이란 모두 이와 같다.
獨笑無人知(독소무인지) 홀로 웃으니 아는 사람 없다.

그냥 그 많은 한시 중의 하나인가 하면 그뿐일 수도 있겠지만, 그냥 시가 아니다. 이 시에는 철학이 있다. 세상의 묘한

이치를 철학자의 눈으로 꿰뚫어 보고 있는 것이다. 이 시의 핵심 메시지는 '소완복(少完福)'에 있다. 요즘 식으로 풀어 말하자면 '세상에 (특히 인간의 삶에서) 완벽하게 좋기만 한 것은 없다'는 말이다. '물물진여차(物物盡如此)'란 세상 모든 것이 다 그렇다는 뜻이다. 세상과 인생을 조금이라도 아는 사람은 인정하지 않을 도리가 없을 것이다. 그런 한에서 이 말은 진리다. 그 표현이 쉽고 문학적이라 자칫 가볍게 볼 수도 있지만, 실은 이런 것이야말로 진리인 것이다. "보름달 뜨면 구름 자주 끼고 꽃이 활짝 피면 바람이 불어댄다"는 것은 그 상징이다. 유명한 '호사다마(好事多魔)'라는 말도 비슷한 맥락이다.

다소 부정적인 세계관처럼 비칠 수도 있겠으나 이를 뒤집어보면 거기에 긍정적인 면모도 없지 않다. 자식이 귀한 집엔 양식이 많을 수도 있고, 가난한 집엔 자식이 많을 수도 있고, 아들이 방탕하면 아비가 알뜰할 수 있고, 남편이 바보이면 아내가 지혜로울 수 있다. 유명한 '새옹지마(塞翁之馬)'라는 말도 비슷한 맥락에서 이해할 수 있다. 희망과 위로의 메시지가 될 수도 있는 것이다.

세상사 좋기만 한 것도 아니고 나쁘기만 한 것도 아니다. 상반되는 양면이 동시에 있는 게 그게 세상사의 실상이요 이치인 것이다. 다산은 그걸 이렇게 꿰뚫어 알고 있었다.

물론 그는 빛 뒤에 있는 그늘을 강조하기는 했다. 방점은 확실히 거기에 찍혀 있다. 그건 잘나가는 사람을 위한 경계이기도 하고 어려운 처지에 놓인 사람을 위한 위로 내지 격려이기도 하다. 이런 방향 자체가 이미 도덕적이다. "알고 보니 문학도 철학이었다"라고 나는 말한 적이 있다. 다산의 이 시도 그 말의 한 증거가 될 수 있다.

지금도 누군가의 하늘은 만월이 휘영청 밝을 것이다. 누군가의 뜨락엔 백화제방 온갖 꽃이 만발했을 것이다. 아름다우리라. 행복하리라. 그러나 두고 보라. 그 달은 자주 구름에 가려질 것이고 그 꽃은 언제든 바람에 흔들릴 것이다. 그런 줄 알면 기뻐하되 너무 기뻐하지는 말 일이다. 특히 어려운 사람을 멸시하거나 뻐기거나 해서는 절대 안 된다. 그런 조심을 철학에서는 지혜라는 말로 부르기도 한다.

다산 정약용

천하의 사물은 모두 지킬 것이 없다
오직 나만은 마땅히 지켜야 한다

한국의 지폐에는 몇몇 위인들의 얼굴이 등장한다. 퇴계, 율곡, 세종대왕, 신사임당이다. 그리고 동전에는 이순신 장군이 등장한다. 다 그럴 만한 인물들이다. 그런데 아쉽게도 누락된 위인이 있다. 다산 정약용이다. 아마 언젠가는 틀림없이 그의 등장이 있을 것이다. 그는 퇴계나 율곡에 못지않은, 아니 어떤 면에서는 그들보다 더 훌륭한 천재적 학자요 경세가였다. 이런 평가의 근거가 될 수 있는 말 한마디를 소개한다.

천하의 사물은 모두 지킬 것이 없다. 오직 나만은 마땅히 지켜야 한다.

大凡天下之物 皆不足守 而唯吾之宜守也.

사람들이 "너 자신을 알라"나 "나는 생각한다, 고로 존재한다" 같은 말은 알면서 다산의 이 말은 잘 모른다. 좀 유감이다. 이 말의 철학적 의미는 저 말들보다 결코 가볍지 않다. 일단 그 전체를 들어보자.

무릇 천하의 사물은 모두 지킬 것이 없다. 오직 나만은 마땅히 지켜야 한다. 내 밭을 등에 지고 달아날 자가 있는가? 밭은 지킬 것이 없다. 내 집을 머리에 이고 도망갈 자가 있는가? 집은 지킬 필요가 없다. 내 동산의 꽃나무와 과일나무를 능히 뽑아 가겠는가? 그 뿌리가 땅에 깊이 박혀 있다. 내 서적을 가져다 없앨 수 있겠는가? 성현의 경전이 세상에 물과 불처럼 널려 있으니 누가 능히 이를 없애랴. 내 옷과 양식을 훔쳐가서 나를 군색하게 할 수 있겠는가? 이제 천하의 실이 모두 내 옷이요, 천하의 곡식이 모두 내 밥이다. 저가 비록 한둘쯤 훔쳐간대도 천하를 통틀어 다 가져갈 수야 있겠는가? 결국 천하의 사물은 모두 지킬 것이 없다. 오직 이른바 '나'라는 것은 그 성질이 달아나기를 잘하고, 들고 나는 것이 일정치가 않다. 비록 가까이에 꼭 붙어 있어서 마치 서로 등지지 못할 것 같지만, 잠깐만 살피지 않으면 가지 못하는 곳이 없다. 이익으로 꼬이면 가버리고, 위협과 재앙으로 으르면 가버린다. 구슬프고 고운 소리를 들으면 떠나가고, 푸른 눈썹 흰 이의 요염한 여인을 보면 떠나간다. 한 번 가기만 하면 돌아올 줄 모르고, 붙들어도 끌고 올

수가 없다. 그래서 천하에 잃기 쉬운 것에 '나'만 한 것이 없다. 마땅히 꽁꽁 묶고 잡아매고 문 잠그고 자물쇠로 채워서 굳게 지켜야 하지 않겠는가?

大凡天下之物 皆不足守 而唯吾之宜守也. [⋯] 則凡天下之物 皆不足守也. 獨所謂吾者 其性善走. 出入無常. 雖密切親附 若不能相背 而須臾不察 無所不適 利祿誘之則往 威禍怵之則往 聽流商刻羽靡曼之聲則往 見靑蛾皓齒妖豔之色則往. 往則不知反 執之不能挽 故天下之易失者莫如吾也. 顧不當縶之維之扃之鐍之 而固守之邪.

이 말은 소크라테스나 맹자의 말과 견주더라도 그 우열을 가릴 수가 없다. 그 표현도 좋거니와 뚜렷한 자기의 철학이 있기 때문이다. 이 말에서는 '천하의 사물(物)'과 '나(吾)'라는 것이 대비되고 있다. 그리고 '지킬 수 없다(不足守)'와 '지켜야 한다(宜守)'는 것이 대비되고 있다. 왜? 현실에서는 그 반대다. 사람들은 사물을 지키려고 안달이다. 나라는 것은 굳이 지키려 하지 않는다. '나'의 상태에 대해서는 거의 관심도 없다. 그래서 다산의 이 말은 실은 소크라테스의 '너 자신을 알라'는 말과도 그 맥이 닿아 있다.

사물에 대한 사람들의 관심은 지대하다. 평소의 그리고 평생의 관심사가 사물을 지키는 것이다. (모으는 것과 지키는 것은 결국 같은 말이다.) 내 밭, 내 집, 내 동산의 꽃나무와 과일나무, 내 서적, 내 옷과 양식, 다산은 이런 걸 예로 들고 있다. 요즘 식으로 말하자면 부동산, 지식, 의식주[예쁜 옷, 맛있는 음식, 크고 비싼 집] 등이다. 지킨다는 것은 요즘 식으로 말하자면 '소유'하는 것이다. 말하자면 부귀공명의 추구다. 다산은 이런 것들을 '지킬 수 없다(不足守)'고 단언한다. 그 논거가 살짝 약하기는 하다. '그게 어디 가겠느냐' 하는 말인데, 그보다는 사실 그런 게 과연 일생을 걸고 지킬 가치가 있는 것이냐 하고 말하는 게 조금 더 그럴듯해 보일지도 모른다. 다만, 다산이 그런 말 대신에 이런 말을 한 것은 그가 '실학자'로서 이런 현실적인 것들의 (즉 사물의) 가치를 인정하고 있었기 때문으로 이해할 수 있다. 그게 '백성'들의 삶이라는 것을 그는 기본적으로 인정했기 때문이다. 그런 건 그것대로 칭찬할 일이다.

문제는 그런 '사물을 지킴'과 대비되는 '나를 지킴(吾之宜守)'이다. 그가 말하는 이 '나'라는 것은 문맥상 실은 '마음'이라는 것이다. '선성'이나 '도심'으로 해석해도 좋다. 현대적으로 말하자면 '훌륭한 자아' 뭐 그런 것이다. 이걸 마땅히 지켜야 한다는 것이다. 왜? 두 가지 대답이 있다. 하나는 이게 다산의 가치관 내지 철학이기 때문이고, 또 하나는 이 나라는 것이, 마음이라는 것이, 선성이라는 것이, 도심이라는 것이, "천하에 잃기 쉬운 것(天下之易失者)"이기 때문이다. "그 성질이 달아나기를 잘하고, 들고 나는 것이 일정치가 않"

기 때문이다. 다산은 여러 실례를 들고 있다. 이익, 위협과 재앙, 구슬프고 고운 소리, 푸른 눈썹 흰 이의 요염한 여인 등의 작용과 유혹이다. 이런 게 있으면 나라는 것은 곧바로 '가버린다(適, 往)', '잃어버린다(易)', "한 번 가기만 하면 돌아올 줄 모르고, 붙들어도 끌고 올 수가 없다." 진실이다. 세상 사람들이 대개 다 그렇다. 우리는 이런 유혹에 얼마나 약한가. 그래서다. 그래서 다산은 "마땅히 꽁꽁 묶고 잡아매고 문 잠그고 자물쇠로 채워서 굳게 지켜야 하지 않겠는가?"라고 말하는 것이다. 우리에게 도덕교육이, 인격교육이, 그리고 수행이 필요한 까닭이 바로 거기에 있다.

그래서 돈에도 다산의 얼굴을 박아둘 필요가 있는 것이다. 그 뒷면에 이 말까지 새겨둔다면 금상첨화다. "무릇 천하의 사물은 모두 지킬 것이 없다. 오직 나만은 마땅히 지켜야 한다." 훗날 10만 원권이 발행된다면 거기엔 다산의 얼굴이 들어가기를 나는 강력히 권고한다.

중국 편

공자

부귀는 모든 사람이 바라는 바이지만
정도로 얻는 것이 아니면 누리지 않는다

공자(孔子, BC 551-BC 479)는 아마 석가모니와 함께 동양세계에서 가장 유명한 철학자일 것이다. 그런데 그의 이미지는 상당히 왜곡되어 있다. 이른바 '공자 왈 맹자 왈' 하는 말이 일종의 비아냥처럼 사용되는 것도 그 한 증거다. 물정 모르는 '고리타분한 꼰대', 그런 이미지가 없지 않다. 그런데 정말 그럴까? 천만의 말씀이다. 오해도 이런 오해가 없다. 아마도 조선 500년, '에헴' 하는 지배층이었던 이른바 양반 유림들이 알게 모르게 그런 선입견에 기여했을 것이다. 아니 어쩌면 훨씬 이전 한대의 동중서(董仲舒)와 송대의 주희(朱熹) 등이 그런 왜곡의 씨앗을 뿌렸을 것이다. 그들을 통해 형성된 '공자상'과 실제의 공자 본인은 미묘하게 다르다. 어떻게? 실제의 공자 본인은 이상적 성인군자라기보다 인간과 세상의 실상을 날카롭게 꿰뚫어 보고 대자적-대타적으로 문제를 바로잡고자 한 지극히 현실적인 철학자였다. 시도 음악도 좋아하고 제자(안연[顏淵])의 죽음에 비탄하는 등 인간적인 면모도 강했다. 그런 한편 매력적인 언어를 구사한 언어의 천재이기도 했다. 가장 돋보이는 것은 뭐니 뭐니 해도 진정한 가치의 화신이라는 사실이다. 숭고한 이념[인의예지[5] 등 윤리, 도덕]을 갖고 있었고 그것을 체화한 인물이었다. 이런 사람은 인류의 역사를 통틀어 정말 흔치 않다. 확실한 위인이다. 비교적 잘 알려진 다음 말에서도 이런 모습은 확인된다.

부귀는 모든 사람이 바라는 바이지만 정도로 얻는 것이 아니면 누리지 않는다. 가난하고 천한 것은 모든 사람이 싫어하는 바이지만 정도로 얻는 것이 아니면 떠나지 않는다. 군자가 어짊을 떠나서야 어떻게 이름을 이루겠느냐? 군자는 잠시 동안도 어짊에 어긋남이 없어야 하니 위급한 경우에도 반드시 이래야 하고 파탄의 경우에도 반드시 이래야 한다.

富與貴, 人之所欲也. 不以其道得之, 不處也. 貧與賤, 是人之所惡也. 不以其道得之, 不去也. 君子去仁, 惡乎成名. 君子無終食之間違仁, 造次必於是, 顚沛必於是.

---

5) 졸저 《공자의 가치들》 참조. 50가지 가치를 정리했다.

유명한 말이다. 들으면 바로 알지만, 부귀와 빈천을 논하는 말이다. 놀랍게도 그는 2,600년 전 이미 이런 것이 사람들을 움직이는 욕망의 핵심임을 정확히 간파하고 있다. 부귀(富貴)는 사람들이 원하는 바고 빈천(貧賤)은 사람들이 싫어하는 바다. 사람들은 부귀를 누리고 싶어 하고, 그리고 빈천을 피하고 싶어 한다. 21세기의 우리도 실제로 그렇다. 그도 기본적으로는 그것을 인정한다. 단, 조건이 있다. 그 조건이 바로 '도(道)'인 것이다. 부귀를 누리는 것도 빈천을 피하는 것도, '도'를 벗어나서는(不以其道得之) 안 된다는 것이다. 오직 '도'에 입각했을 때만 그 누림과 피함은 인정될 수 있다. 그게 '이기도득지(以其道得之: 도로써 얻는 것)'이다. 이 문맥은 전혀 어렵지 않다. 우리 자신의 현실에 그대로 대입 혹은 적용 혹은 확인이 가능한 내용이다. 그래서 이른바 '해석학적 이해'[6]가 가능한 텍스트다. 그 점을 전제로 '지평의 융합'을 시도해보면 (즉 내가 아는 이것으로 그의 경우를 짐작해보면) 여기서 공자가 말하는 '도로써(以其道)'는 '정당한 수단과 방법으로' 혹은 '정의롭게'라는 의미로 풀이될 수 있다. 그의 도는 곧 정도인 것이다. 정의(justice)인 것이다. 정당함(righteousness)인 것이다. 이런 표현들은 그래도 '도'라

---

6) 해석자의 지평과 텍스트의 지평이 일치하는 이른바 '지평융합'. 가다머의 해석학. 쉽게 말해 '아, 이게 그거구나!' 혹은 '아, 그게 바로 이거구나!' 하고 알게 되는 것.

는 표현보다는 훨씬 이해가 쉽다. (물론 '정의란 무엇인가'도 엄청난 주제이기는 하다. 그것은 마이클 샌델이나 존 롤스 등을 참고하기로 하자.)

그런데 도는 곧 인(仁, 어짊, 사람-타자에 대한 사랑[愛人]) 이기도 하다. 이 말에 이어 곧바로 '인'에 대한 언급이 있는 걸 보면 문맥상 '도'와 '인'은 서로 통한다. 서로 교환 가능한 개념이다. 도가 아니면 부귀를 추구하지도 말고 도가 아니면 빈천을 면하려 하지도 말라, 그렇게 말하고, 그리고 곧바로, 인을 떠나면 어찌 이름을 이루겠느냐, 잠시라도 인에 어긋남이 없어야 한다, 위급한 경우에도 파탄의 경우에도 반드시 그래야 한다, 그렇게 말하고 있으니 이 두 개념은 이어진 것이다.

공자의 말들은, 들어보면 알지만, 그의 진심이 실려 있다. 정말로 그렇기를 그는 절실히 바라는 것이다. 단순한 지식이 아니다. 잘난 체가 아니다. 그래서 그가 위대한 것이다. 인류의 사표인 것이다.

공자 때나 지금 우리 때나 사람들은 수단방법 가리지 않고 (즉 남을 아랑곳하지 않고 자기만을 위해) 부귀를 추구한다. 부귀를 위해서 횡령도 하고 사기도 친다. 뇌물도 바친다. 투기도 한다. 별의별 악행도 마다하지 않는다. 그렇게 해서라도 돈을 벌고 높은 자리에 오르려 한다. '불이기도득지' 하는 것이다. '거인(去仁)', '위인(違仁)', '인'을 떠나고 '인'을 위배

하는 것이다. 위급한 경우나 파탄의 경우는 더더욱 그렇다. 그럴 때는 정의고 뭐고 없다. 무슨 짓을 해서라도 벗어나려 한다. 이런 상황과 조건들을 공자는 이미 다 알고 있었던 것이다. 그래서 이런 말을 남긴 것이다.

부귀의 추구와 '도'라는 조건 혹은 기준, 명심해두자. 보통 시민들 입장에서는 부담스러울 수도 있다. 하지만 이런 가치관이 인간세상 어느 구석엔가는 살아 있기에 그나마 이 세상이 '동물의 왕국'과는 좀 다른 것이다. 이걸 잃으면… 그런 걸 저 공자의 후예들은 '금수(禽獸, 짐승)'라 부르기도 했다. 누군들 이런 소릴 듣고 좋아할 사람이 있겠는가. 인간은 금수와는 다르다. 인간에게는 도가 있고 인이 있다. 도가 있고 인이 있어야 비로소 인간이다.

공자

함께 말할 만한데도 말하지 않는 것은 사람을 잃는 것이고,
함께 말할 만하지 않은데도 말하는 것은 말을 잃는 것이다

《논어(論語)》를 통해 전해지는 공자의 말은 사실 어느 것 하나 명언 아닌 것이 없다.

그 수단 삼는 바[어떻게]를 보고 그 연유되는 바[왜/무엇을 위해]를 살피고 그 만족하는 바를 살펴보라. 사람이 어찌 숨길 수 있겠느냐? 사람이 어찌 숨길 수 있겠느냐?

視其所以, 觀其所由, 察其所安. 人焉廋哉. 人焉廋哉.

그 마을의 모든 사람이 좋아한다면 그는 아직 아니다. 그 마을의 모든 사람이 싫어한다면 그는 아직 아니다. 그 마을의 좋은 사람이 좋아하고 그 마을의 나쁜 사람이 싫어하는 것만 못

하다.

子貢問曰 鄕人皆好之 何如. 子曰 未可也. 鄕人皆惡之 何如. 子曰 未可也. 不如鄕人之善者好之 其不善者惡之.

자기에게 싫은 바를 남에게 베풀지 말라.

己所不欲 勿施於人.

이를 아는 이는 이를 좋아하는 이만 못하고 이를 좋아하는 이는 이를 즐기는 이만 못하다.

知之者不如好之者, 好之者不如樂之者.

이런 것도 잘 알려진 명언이다. 참으로 알면 알수록 대단한 인물이다.

그런데 아주 유명하지만 않지만 듣고서 무릎을 치며 감탄할 명구가 하나 있다. 이것이다.

함께 말할 만한데도 [그 사람과] 말하지 않는 것은 사람을 잃는 것이고 함께 말할 만하지 않은데도 [그 사람과] 말하는 것은 말을 잃는 것이다. 지혜로운 자는 사람을 잃지도 않고 말을 잃지도 않는다.

可與言而不與言, 失人. 不可與言而與之言, 失言. 知者不失人, 亦不失言.

'말'과 '사람'에 대한 말이다. 너무나도 재치 있는 이 말에서 공자는 '실인(失人)'과 '실언(失言)', 즉 '사람을 잃는 일'과 '말을 잃는 일'을 거론한다.

지혜로운 자는 사람도 말도 둘 다 잃지 않는다는 것이다. '실인', 즉 사람을 잃는 일은 "함께 말할 만한데도 말하지 않는 것(可與言而不與言)"이고, '실언', 즉 말을 잃는 일은 "함께 말할 만하지 않은데도 말하는 것(不可與言而與之言)"이다. 그래서 지자는 더불어 말할 만한 사람과 말하고 더불어 말할 만하지 않은 사람과는 말하지 않는다. 말할 상대가 어떤 사람이냐에 따라 그 사람과 말을 할 것인지 말 것인지를 가려야 한다는 말이다. 저절로 감탄사가 나오게 되는 통찰이자 표현이 아닐 수 없다. 사람들은 이 평범한 진리를 의외로 잘 알지 못한다. 그래서 정작 훌륭한 사람과는 별로 말을 나누지도 않고 훌륭하지 못한 사람과는 마구 떠들어댄다. 그래서 아까운 사람을 버리고 아까운 말을 버린다. 여럿이 모인 휴게실 같은 데서 보면 곧잘 이런 현상이 관찰된다. 소위 SNS에서도 마찬가지다. 보통 훌륭한 사람은 별로 말이 없다. 반면 훌륭하지 못한 사람은 대체로 좀 말이 많다. 그래서 사람들은 곧잘 사람도 잃고 말도 잃는다. 언어행위의 양상을 보면 온 세상이 대체로 좀 이렇다.

'더불어 말한다(與言)'는 것은 사실 우리 인간의 삶에서 가장 기본적인 '일상 행위'의 하나다. 누군가와 말을 나누는 것이다. 이건 그냥 '안녕하세요', '건강하시죠', '날씨가 덥네요', 단순히 그런 게 아니다. 함께 시간을 나누는 것이고 함께 생각을 나누는 것이고 함께 일을 도모하는 것이다. 사람이…, 세상이…, 나라가…, 이치가…, 그런 걸 더불어 함께 염려하는 것이다. 마음 쓰는 것이다. 그런데 이런 언어행위에는 반드시 상대가 있다. 그 상대가 누구냐, 어떤 사람이냐 하는 데 따라 이 '말'의 의미가 완전히 달라진다. 그 상대라는 것은 사람이기 때문에 종류가 있고 질이 있다. 훌륭한 사람이 있고 고약한 사람이 있다. 그걸 분간해야 한다는 말이다. 말도 상대를 봐가면서 해야 한다는 말이다. 말할 가치가 있는 사람인지 없는 사람인지를 가늠해야 한다는 말이다. 훌륭한 사람과는 말을 나누어야 하고 고약한 사람과는 말을 나눌 필요가 없다는 말이다. 훌륭한 사람은 '함께 말할 만한(可與言) 사람'이고 고약한 사람은 '함께 말할 만하지 않은(不可與言) 사람'이다. 훌륭한 사람은 말을 나누면 배울 것이 있다. 큰 도움이 될 수 있다. 그러니 그런 사람과 말을 나누지 않으면 배움과 도움을 얻을 수 없다. 놓치게 된다. 그 사람의 좋은 점을 살리지 못한다. 그래서 공자는 '사람을 잃는다(失人)'고 말한 것이다. 고약한 사람은 말을 나누어 봤자 배울 것이 없다. 시간 낭비고, 나쁜 물이 들 수도 있고, 심지어 해를 입기도 한다. 시간만 아깝고 말만 아까운 것이다. 그래서 '말을 잃는다(失言)'고 공자는 말한 것이다. 사실상 버리는 것이다.

말은 누구나 하는 것이지만, 매일 매 순간 하는 것이지만, 그게 얼마나 중요한 것인지를 보통은 잘 인식하지 못한다. 철학은 언어철학 등에서 그것을 강조하고 또 강조한다. 좀 과장하자면 말이라는 것은 사람의 '절반 이상' 혹은 '거의 대부분'이다. 그 사람의 인품 내지 영혼이 말에 실려 있다. 지식과 지혜는 말할 것도 없다. 그것이 오고가는 것, 그것이 교류되는 것, 그것을 주고받는 것, 그것을 나누는 것, 그게 바로 '더불어 말하는 것(與言)'이다. 그러니 그게 어찌 중요하지 않을 수 있겠는가.

우리의 현실을 보자. 우리의 주변엔 사람도 넘쳐나고 말도 넘쳐난다. 그런데 그 사람 중 상당수가 고약한 사람이고 그 말 중 상당수가 쓸데없는 말이다. 이 말은 즉, 나머지 상당수가 훌륭한 사람이고 훌륭한 말이라는 뜻이기도 하다. 지금도 사람들은 누군가와 더불어 말을 나눈다. 누군가와는 말을 나누지 않는다. 그렇게 상당수의 말이 버려지고 상당수의 사람이 버려진다. 더불어 말할 만한 사람과 그의 말은 현실에서 별로 인기가 없다. 그렇게 버려지는 사람이 너무나 많다. 너무나 아까운 노릇이다. 나는 그렇게 버려지고 있는 아까운 사람을 여럿 알고 있다. 쓸데없는 사람과의 쓸데없는 대화로 버려지는 말은 그보다 훨씬 더 많다. 그것도 아까운 노릇이다. 사람도 말도 버리지 말아야겠다. 그런 '지자'가 되자. 그렇다면 '더불어 말할 만한 사람'으로는 누가 있을까? 그런 사람으로 공자를 강력히 추천한다. 버려두기에는 너무나 아까운 사람이다. 너무나 오랜 세월 그와 더불어 말하는 사람이 별로 없다. 그는 아깝게 버려져 있다.

맹자

하늘이 장차 큰일을 맡기고자 할 때는
반드시 먼저 그 심지를 괴롭게 하고…

중국뿐만 아니라 한국, 일본을 포함한 동아시아에서 유교는 확고한 가치관의 하나로 자리 잡고 있다. 2천 년 넘는 역사가 있으니 그 뿌리도 엄청 깊다. 넓고 깊고 높은 큰 철학인 셈이다. 그 원점은 말할 것도 없이 공자지만, 이 유교라는 것을 우리는 흔히 '공맹철학'이라 부르기도 한다. 맹자(孟子, BC 372?-BC 289?)가 공자와 함께 짝지어져 있는 것이다. 아닌 게 아니라 그는 공자의 사상을 계승하여 이를 자기 나름으로 발전시킨 공로자로 평가된다. 그래서 일찍부터 그를 공자에 준하는 '아성(亞聖)'으로 받들기도 했다. 맹모(장씨[仉氏])의 저 '삼천지교(三遷之敎)'가 대성공을 거둔 셈이다.

같은 유학이라도 공자와는 일단 구별되는 맹자의 철학이라는 게 분명히 있다. 예컨대 이런 것들이다.

왕은 하필 이로움을 말하십니까? 다만 인의가 있을 뿐입니다.
王何必曰利, 亦有仁義而已矣.

일정한 생업이 없이 일정한 마음이 있는 것은 오직 선비만이 할 수 있습니다. 백성 같은 경우는 일정한 생업이 없으면 그로 해서 일정한 마음이 없어집니다.
無恆產而有恆心者, 惟士爲能. 若民, 則無恆產, 因無恆心.

사람은 모두 남에게 차마 모질게 하지 못하는 마음이 있다.
人皆有不忍人之心.

측은해하는 마음이 없으면 사람이 아니며, 부끄러워하거나 미워하는 마음이 없으면 사람이 아니며, 물러나서 양보하는 마음이 없으면 사람이 아니며, 옳음과 그름을 변별할 줄 아는 마음이 없으면 사람이 아니다. 측은지심은 어짊의 실마리이고, 수오지심은 의로움의 실마리이며, 사양지심은 예절의 실마리이며, 시비지심은 지혜의 실마리이다.
無惻隱之心 非人也. 無羞惡之心 非人也. 無辭讓之心 非人也. 無是非之心 非人也. 惻隱之心 仁之端也. 羞惡之

心 義之端也. 辭讓之心 禮之端也. 是非之心 智之端也.

나는 '말(言)'을 알며, 나는 나의 '호연지기'를 잘 기른다.
我知言. 我善養吾浩然之氣.

신하가 임금을 죽이는 것이 가하겠습니까? […] 인(仁)을 해치는 자를 '해롭다'라 말하고, 의(義)를 해치는 자를 '잔인하다'라 말하니, 잔인하고 해로운 사람은 '일개 보통사람(一夫)'에 불과합니다. '일개 보통사람에 불과한 주(紂)를 죽였다'는 말은 들었어도, '임금을 시해하였다'는 말은 아직 들어본 적이 없습니다.
曰, 臣弑其君, 可乎. 曰, 賊仁者謂之'賊', 賊義者謂之'殘'. 殘賊之人謂之'一夫'. 聞誅一夫紂矣, 未聞弑君也.

지유인의, 무항산무항심, 불인인지심, 성선설, 비인론, 4단론, 호연지기, 민본주의, 역성혁명, 이런 게 다 말하자면 맹자표 유교다. 이런 점에서 그는 확실히 철학자인 것이다. 그는 주목할 만한 충분한 가치가 있는 숱한 말들을 《맹자》에 담아 남겼다. 그중에 특별히 돋보이는 명언이 하나 있다. 제법 유명하고 많은 사람들이 좋아하고 즐겨 인용하는 말이기도 하다. 〈고자 하〉 15장에 나오는 말이다.

하늘이 장차 그 사람에게 큰일을 맡기려고 하면, 반드시 먼저 그 마음과 의지를 괴롭게 하고, 근육과 뼈를 깎는 고통을 주고, 몸을 굶주리게 하고, 생활은 빈곤에 빠뜨리고, 하는 일마다 어지럽게 한다. 그 이유는 마음을 흔들어 참을성을 기르게 하기 위함이며, 지금까지 할 수 없었던 일을 할 수 있게 하기 위함이다.

天將降大任於是人也, 必先苦其心志 勞其筋骨 餓其體膚 空乏其身 行拂亂其所爲. 所以動心忍性 增益其所不能.

큰일을 하고자 하는 사람이 큰 고충을 겪고 있을 때, 참으로 위로가 되고 격려가 되는 말이다. 실제로 이런 경우가 많다. 어려움 없이 큰일을 하게 되는 사람은 거의 없다. 반드시 같은 경우라고는 할 수 없지만, 이 말을 들으면 저 구약성서에 등장하는 욥과 요나의 경우가 떠오르기도 한다. 이런 경우가 어디 하나둘이겠는가. 온갖 고난을 겪고 나서 결국 큰일을 해낸 저 장영실과 정약용도, 역시 온갖 고초를 겪고 나서 마침내 대권을 쥐고 뜻을 펼친 박정희와 김대중도, 그리고 저 정주영과 넬슨 만델라 등도 아마 그 고난의 세월을 떠올리며 이 말에 격하게 공감할 것이다.

꼭 대임이 아니라도 거친 세상에서 인생을 살고 있는 우리는 대개 누구나 온갖 괴로움과 고통과 굶주림과 '안 풀림'을 겪게 된다. 그러고 나서야 찔끔 뭔가 약간의 성과 같은 것이 보상처럼 주어진다. 거기서 우리는 나름의 성취감과 만족과 보람과 행복을 느끼며 감지덕지한다. 그런데 이런 과정이 실은 다 하늘의 '기획'이라고 맹자는 해석하는 것이다. '하늘(天)'이라는 것은 공자에게서도 자주 등장하는 장치요 개념이지만,[7] 맹자는 이것을 본격적인 주제로 무대에 올린다. 이 '하늘'은 오늘날 우리가 '신'이라 부르는 존재와 근본적으로 다르지 않다. 그 호칭이 다를 뿐이다. 절대적 능력을 가진 그 하늘이 우리 인간에게, 특히 큰일을 맡기고자 하는 사람에게, 고난을 줌으로써 그 마음을 움직여 참을성과 능력을 기르게 한다는 것이다. 고난이 대임을 맡기기 위한 하늘의 사전 기획이라는 말이다. 멋지고 기발한 해석이다. 귀가 솔깃해진다. 설득력도 있다. 세상 그 어떤 고충도 하늘을 동원하면 다 설명된다. 하늘이 그렇게 한다는데 아무리 힘든들 우리 인간이 무슨 토를 달겠는가. '알겠습니다', '고맙습니다' 하고 받아들일 수밖에 없다. 고난을 당하는 인간의 입장에서는 좀 얄궂은 기획이지만 달리 도리가 없는 것이다. 원망해봐야 아무 소용없다. 그 원망 때문에 오히려 하늘에게 밉보여 혼이 날 수도 있다. 큰일을 안 맡길 수도 있다. 맹자의 이런 해석이 나름 설득력이 있기 때문에 우리는 위로와 격려를 받고 그 고난을

---

7) '獲罪於天', '天何言哉', '天生德於予', '天喪予', '不怨天', '知我者其天乎' 등.

감내하며 인내심을 기르고 큰 파도와 맞설 수 있는 용기도 갖는 것이다. 능력도 당연히 자라난다.

지금 우리의 처지는 어떤가? 온갖 괴로움과 고통과 굶주림과 궁핍과 일이 안 풀림을 겪으며 힘들어하고 있다면 주눅들지 말고 좌절하지 말고 견뎌내자. 용기를 내자. 기뻐하자. 하늘이 장차 나에게 큰일을 맡기려고 지금 이 고난을 겪게 하고 있을지도 모르지 않는가. 그 큰일이 어떤 것일지는 아직 아무도 모른다. 오직 하늘은 알고 있을 것이다. 그가 이 모든 것을 기획한 것일 테니까.

노자

상급의 선은 물과 같다

중국철학의 역사에서 노자(老子, BC 6세기경)는 공자와 함께 최상급의 대표적 철학자로 손꼽힌다. 그가 함곡관의 관령(關令)인 윤희(尹喜)에게 써서 남겼다는 《도덕경(道德經)》 5천 언을 읽어보면 이런 평가를 납득하지 않을 수가 없다. 세계와 인간에 대한 엄청난 통찰과 지혜가 거기 담겨 있다. 그런데 그 인물에 대해서는 모든 것이 뿌연 안갯속이다. 사마천(司馬遷)의 《사기(史記)》 등에서 이런저런 정보를 전해주지만, 그 사실 여부, 진위 여부를 확인할 길이 없다. 그의 생몰년도나 이름조차도 분명치 않다. 노담(老聃)이다, 이이(李耳)다 하지만 신뢰성이 낮다. 심지어는 실존인물이 아니라는 설도 있다. 그러나 그 책에 적힌 그 내용만은 부인할 수가 없다.

그 수준도 인정할 수밖에 없다. 아무튼 《도덕경》을 쓴 엄청난 누군가가 있었고 그를 사람들은 '노자'라고 불렀다. 그 노자를 공자가 만났다는 설도 있다. 사마천의 기록을 믿는다면, 공자는 노자에게 크게 감동한 모양이다. 그를 극찬하고 있다.

"새는 잘 난다는 것을 알고, 물고기는 헤엄을 잘 친다는 것을 알며, 짐승은 잘 달린다는 것을 안다. 달리는 짐승은 그물을 쳐서 잡을 수 있고, 헤엄치는 물고기는 낚시를 드리워 낚을 수 있고, 나는 새는 화살을 쏘아 잡을 수 있다. 그러나 용이 어떻게 바람과 구름을 타고 올라갔는지 나는 알 수 없다. 오늘 나는 노자를 만났는데 그는 마치 용 같은 존재였다.
(鳥吾知其能飛. 魚吾知其能遭. 獸吾知其能走. 走者可以爲岡. 遭者可以爲輸. 飛者可以爲增. 至於龍吾不能知其乘風雲而上天. 吾今日見老子其擔龍邪)"

사마천의 《사기열전》에 나오는, 노자를 만난 공자의 소감으로 알려진 대목이다. 이게 정말로 공자의 말인지, 공자가 정말 노자를 만났는지, 공자가 만난 이 인물이 정말 《도덕경》의 저자인 그 노자인지, 확실한 건 하나도 없다. 하지만 적어도 이런 평가만은 액면 그대로 인정될 수 있다. 노자는 그만큼 경이로운 인물이기 때문이다. 그 내용이 그것을 증명하기 때문이다.

그가 쓴 그 《도덕경》의 엄청난 말들 중에 '상선약수(上善若水: 상급의 선은 물과 같다)'라는 것이 있다. 이 말은 정말 명언 중의 명언이다. 전체 문맥은 이렇다.

상급의 선은 물과 같다. 물은 만물을 잘 이롭게 하나 다투지 않고 뭇사람이 싫어하는 [낮은] 곳에 머문다. 고로 도에 가깝다. […] 무릇 오직 다투지 않는다. 고로 허물이 없다.

上善若水. 水善利萬物而不爭, 處衆人之所惡. 故, 幾於道. […] 夫唯不爭, 故, 無尤.

들으면 탄복하게 된다. 그는 아득한 2천 수백 년 전, 어떻게 이런 걸 통찰할 수 있었을까? 이런 놀라운 말을 한 노자는 정말 놀라운 인물이다.

호들갑이 아니다. 실제로 그만한 가치가 있다. 얼마나 많은 사람들이 이 말을 좋아하는지 모른다. '대기만성(大器晩成)', '화광동진(和光同塵)' 등도 있지만, 노자의 말 중 이 말이 단연 인기 최고다. 우리 한국만 하더라도 수많은 벽에 아마 이 문구가 걸려 있을 것이다. 내가 직접 본 것만 해도 여럿이고 예전엔 제경소 같은 데서 이걸 액자로 만들어 팔기도 했다.

그 인기는 공감의 증거일 것이다. 이 말의 배경에는 물처럼 그렇게 하지 못하는 사람들이 너무나 많다는 사실이 있다.

물처럼 그렇게 하는 사람은 너무나 드물다. 만물을 잘 이롭게 하면서도 만인이 싫어하는 곳, 즉 낮은 곳, 드러나지 않는 곳에 머문다는 게 보통사람으로서는 참 쉬운 일이 아니다. 보통은 아예 이롭게 하는 일 자체를 잘 못하거나 혹은 관심도 없거나 혹은 이롭게 하기는커녕 해롭게 하는 경우가 훨씬 많다. 그런 건 선이 아니라 '악'인 것이다. 세상엔 만물과 만인을 해롭게 하는 악들이 예사로 횡행하고 있다. 작게는 비난과 욕설에서부터 사기, 폭력은 물론 크게는 살인과 테러와 전쟁까지, 한도 끝도 없다. '물' 그 자체를 더럽히는 악도 있다. 그래서 요즘은 상선약수를 실천하고 싶어도 그 물 자체가 오염되다 보니 그게 만물을 이롭게 할지 해롭게 할지조차 알 수 없는 지경이다. 물뿐만 아니라 공기도 그렇고 땅도 그렇고 온 자연이 다 그렇다.

물론 물 자체야 본질이 선한데 무슨 죄가 있겠는가. 오염시킨 인간들이 문제다. 물은 언제나 어디서나 여전히 '선'이다. 이롭게 하는 선이다. 특히 상선이다. 이 '상(上)'이라는 글자도 철학적으로 큰 의미가 있다. 실제로 인간들의 선에는 상중하, 즉 중선도 하선도 있기 때문이다. 이를테면, 훌륭한-좋은 일(善)을 행하고서 은근히 평가를 '기대하는' 것이 중선이요, 자신의 행위를 '내세우는' 것, '생색내는' 것, '과시-자랑하는' 것이 하선이라고 볼 수도 있다. 그런 사람들, 참 많다. 그런 건 물처럼 사람들이 싫어하는 낮은 곳, 드러나지 않는 곳에 머무는 게 아니라 거꾸로 돋보이려 하고 올라가려 한다. 한편 상선은 드러내지 않는다. 예컨대 예수가 말한 '오른손이 하는 일을 왼손이 모르게 하는' 사람, 그런 경우가 상선이다. 그런 사람도 실제로 드물지 않게 있다. 남모를 선행을 들키기도 한다. 끝내 드러나지 않는 숨은 선도 아마 제법 많을 것이다. 반면에 기대와 생색과 과시는 그 선행의 가치를 반감시킨다. 좀 꼴불견인 경우도 있다. '내가 너한테 어떻게 해줬는데…'라는 말을 우리는 너무나 자주 듣는다.

그런데 '도(道)'는 그렇지 않다. 도는 베풀되 기대하거나 과시하지 않는다. 그래서 물은 '도에 가깝다(幾於道).' 도는, 객관적인 형이상학적 법칙-질서로 끝나는 게 아니라 윤리적 '덕(德)'을 함유한 것이다. 아주 아주 중요한 사실이다. 도와 덕은 그렇게 별개가 아니라 연관되어 있다. 그것을 간파한 게 노자철학의 큰 특징이다. 자연에서 윤리를 배우는 것이다.

아래로 흐르며 만물을 이롭게 하는 물의 움직임이 곧 자연의 도요, 타인을 이롭게 하며 자신의 그 선을 드러내지 않고 낮은 곳에 머문다는 그 태도가 곧 인간의 덕이다. 이롭게 함, 선, 낮춤, 그런 점에서 도와 덕은 공통이다. 사실 물의 선이랄까 공덕은 어마어마한 것이고 무량한 것인데, 물은 결코 그걸 드러내지 않고 오히려 아래로 즉 낮은 곳으로 흐른다.

물의 공덕은 서양철학의 시조로 알려진 탈레스(Thales)의 철학에서도 드러난다. 그는 "물(hydor)이 자연(physis)의 근원(arche)"이라고 말했다. 좀 엉뚱하고 생뚱맞은 발언 같지만, 사실 인체의 약 70퍼센트가 물이고 지구의 약 70퍼센트가 물이라는 객관적인 사실, 물이 동식물 등 온갖 생명체의 근원이라는 사실, 그런 걸 생각하면 그 물이 지닌 공덕의 무량함을 인정하지 않을 수 없다. 사막이나 가뭄 같은 '물의 결핍' 상태를 생각하면 그 공덕의 크기가 더욱 자연스럽게 부각된다. 물은 정말로 선리, 즉 만물을 이롭게 하는 것이다.

그런데 물의 공덕은 '선리(善利, 이롭게 함)'에만 있는 게 아니라 '부쟁(不爭, 다투지 않음)'에도 있다. 지금 우리 시대는 다툼을 즉 '경쟁'과 '투쟁'을 덕으로 치부하고 있다. 물론 그게 좋은 건지 나쁜 건지, 이건 철학적으로 간단한 주제는 아니다. 왜냐하면, 경쟁은 즉 타인의 위에 서고자 하는 것은, 니체가 말한 "권력에의 의지(Wille zur Macht)" 같은 인간의 본능 혹은 본질에 속하는 것이기도 하고, "싸움(polemos)은 만물의 아버지, 만물의 왕이다"라는 헤라클레이토스의 말대로 대립, 갈등, 다툼이, 만물은 몰라도, 인간 현실과 역사 발전의 변증법적 원리인 것도 부인할 수 없고, 특히 마르크스의 사회주의에서는 '투쟁(Streit)'이 이상적 사회 건설을 위한 근본 동력이 되니, '부쟁'이 선이다 도다 하는 이야기는 누구에게나 무조건 받아들여질 말은 아닐 수도 있다.

그런데 '부쟁'과 '투쟁'은 양립할 수 있다. 또 실제로 양립하고 있다. 그러니 '부쟁'이 언제나 어디서나 요구되는 모든 경우의 선이다, 그런 건 아니다. '모든', '항상', '절대'라는 말은 그 자체 안에 폭력과 위험을 내포하고 있다. 여기서는 부쟁, 저기서는 투쟁, 이때는 투쟁, 그때는 부쟁, 이럴 때는 투쟁, 저럴 때는 부쟁, 그게 진실이다. 어떤 사람은 부쟁, 어떤 사람은 투쟁, 그럴 수도 있다. 그것도 실제이니 일단 그 양쪽 가능성을 다 인정해야 한다.

투쟁주의와 평화주의 양쪽 모두에게 비난을 받을 수도 있지만, 그건 '선택'의 문제로 남겨두자. 각자 알아서 선택하라고. 어차피 우리 인간은 그럴 수밖에 없다. 그런 게 우리의 '실존(Existenz)'이다. 바로 그 '선택(choix)'이 인간의 실존이라는 걸 사르트르가 명쾌히 알려주었다. "이것이냐 저것이냐(enten-eller)", 내용이 조금 다르기는 하지만 키에케고도 그런 선택을 요구했다.

아무튼 물은 다투지 않는다. 나는 일단 기본적으로 그런 '부쟁'을 지지한다. 말하자면 평화주의다. 물처럼. 물은 다른 물을 만나면 부딪치지 않고 곧바로 합쳐서 하나의 물방울이 된다. 놀라운 덕이다. 나는 그런 걸 가치로 인정하고 동경한다. 우리 한국사회에서 특히 그런 덕이 절실하다. 분열과 대립과 다툼이 너무 치열하기 때문이다. 동서, 남북, 상하, 좌우, 전후, 원근, 음양까지 다 갈라져 서로 으르렁 다투고 있다. 거기에 '선리(善利)'는 아예 없다. 그게 다 '우(尤)' 즉 허물이다. 그렇다. 다툼에서 허물이 생긴다. 다툼에서는 허물만 보인다. 서로 죽을 둥 살 둥 다투는 한국의 정치무대에서, 특히 청문회 같은 데서, 얼마나 많은 허물이 들추어지는지를 보면 바로 납득이 된다. 인간치고 허물없는 사람이야 어디 있겠는가. 하지만 다툼이 없다면 어떤 허물도 덮어줄 수 있다. 부모 자식 간이 그렇고 친구도 그렇지 않은가. "부유부쟁, 고, 무우(夫唯不爭, 故, 無尤)", 다투지 않으므로 허물이 없다. 즉 '부쟁'이 '무우(無尤)'의 원천적 조건이다. '다투지 않음'이 '허물없음'의 조건이다.

우리는 물에게 배워야 한다. 물은 더없이 훌륭한 도덕선생이다. '낮춤'은 '다툼'의 거의 대부분을 해소해준다.

장자

오리 다리가 짧다고 이를 늘이면 우환이고
학의 다리가 길다고 이를 자르면 비극이다

장자(莊子, BC 369?-BC 286)는 유명 철학자다. 유교, 도교를 흔히 공맹철학, 노장철학이라고도 하니 중국철학을 대표하는 4인 중의 하나인 셈이다. 이 넷 중 아마 가장 별난 인물이 장자일 것이다. 그의 책 첫머리 〈소요유(逍遙遊)〉에 상상 초월의 크기를 갖는 물고기와 새, 곤(鯤)과 붕(鵬)을 등장시키는 것도 그렇고, 자기가 나비인지 장주인지 모르겠다는 말도 그렇고, 아내가 죽었을 때 항아리를 치며 노래를 부른 것도 그렇다. "[도는] … 똥오줌 속에 있다(在屎溺)"[8]는 식

8) "東郭子問於莊子曰: 所謂道, 惡乎在. 莊子曰: 無所不在. 東郭子曰: 期而後可. 莊子曰: 在螻蟻. 曰: 何其下邪. 曰: 在稊稗. 曰: 何其愈下邪. 曰: 在瓦甓. 曰: 何其愈甚邪. 曰: 在屎溺. 東郭

의 표현법도 그렇다. 탈정형적-파격적이라는 점에서는 서양 철학의 니체와 좀 비슷한 부류일지도 모르겠다. 보통 노자와 함께 도가로 분류되지만, 그 스타일이나 사상은 실은 노자와도 상당히 다르다. 그에 대해서는 선호가 좀 엇갈린다. 아주 좋아하는 사람도 있고 좀 싫어하는 사람도 있다. 그런데 그런 선호와는 별개로 누구든 인정할 수밖에 없는 진리가 그의 말 속에는 가득하다. 이것도 그중 하나다.

그렇기 때문에 오리의 다리가 비록 짧다고 하더라도 늘여주면 우환이 되고, 학의 다리가 비록 길다고 하더라도 자르면 슬픔이 된다. 그러므로 본래 긴 것은 잘라서는 안 되며 본래 짧은 것은 늘여서도 안 된다. [그런다고 해서] 우환이 없어질 까닭이 없다. 생각건대 인의(仁義)가 사람의 본성일 리 있겠는가! 저 인(仁)을 갖춘 사람들이 얼마나 근심이 많겠는가.

是故 鳧脛雖短 續之則憂 鶴脛雖長 斷之則悲. 故性長非所斷 性短非所續. 無所去憂. 意仁義其非人情乎 彼仁人何其多憂也. 〈騈拇(변무)〉

엄청 유명한 말이다. "학의 다리가 길다고 자르지 마라"는 형태로 책의 제목이 된 적도 있다. 물론, 읽어보면 바로 알겠

子不應."

지만, 그는 여기서 유교적 가치의 대표 격인 '인의(仁義)'를 비판하고 있다. 이것도 별나다. 동의하기 어렵다. 인의를 사람의 본성이 아니라는 식으로 해석하고 그것을 마치 '억지 조장'처럼 간주한다. 인한 사람의 걱정 많음(多憂)을 비아냥거린다. 수긍하기 어렵고 찬성하기 어렵다. 논란이 된다. 그러나 그 앞부분은 누구든 인정하지 않을 수 없다. '본래 긴 것은 잘라서는 안 되며 본래 짧은 것은 늘여서도 안 된다'는 게 그의 철학적 메시지다. 본성에 반하는 무리한 짓을 해서는 안 된다는 말이다. 여기서 '본래(性)'라는 게 중요하다. 그 '본래'는 각 사물에 따라 각각 다르다. 긴 것도 있고 짧은 것도 있다. 오리의 다리는 짧은 것이고 학의 다리는 긴 것이다. 오리에게는 짧은 다리가 좋은 것이고 학에게는 긴 다리가 좋은 것이다. 민들레와 해바라기도 비슷할 것이다.

좋다 나쁘다의 기준을 자의적으로 정하고 자기 잣대로 남을 재단해서는 안 된다는 걸, 특히 자신의 기준으로 남을 바꾸려 해서는 안 된다는 걸 장자는 말하고 싶은 것이다. 긴 게 좋다고 오리 다리를 늘여 학의 다리처럼 만들면 그 오리는 더 이상 오리가 아니다. 그건 우환이다. 짧은 게 좋다고 학 다리를 잘라 오리 다리처럼 만들면 그 학은 더 이상 학이 아니다. 그건 비극이다. 참 멋진 비유다. 그 의미가 곧바로 가슴에 다가온다.

물론 실제로 이런 경우는 없다. 우리는 다리가 늘여진 오리를 본 적도 없고 다리가 잘린 학도 본 적이 없다. 그렇게 하겠다고 마음먹은 사람도 더욱이 시도한 사람도 본 적이 없다. 그러나 장자라고 그걸 모르겠는가. 이건 어디까지나 비유인 것이다. 세상을 보면 사람들은 실제로 '이런' 성격의 짓거리를 한다. 예컨대, 만화를 잘 그리는 아이에게 수학학원을 다니게 하여 의대를 가게 만든다. 노래를 잘하는 아이에게 논술학원을 다니게 하여 법대를 가게 만든다. 완전히 엉뚱한 잣대를 그 아이에게 들이대는 것이다. 그러면 그 아이는 이미 그 아이가 아니게 된다. 다리 긴 오리, 다리 짧은 학이 되고 마는 것이다. 그래서 사람을 망치게 되기도 한다. 실제 우환이고 비극이다. 아마 뜨끔한 엄마 아빠가 적지 않을 것이다. 그게 세상의 실상이다.

세상 만유는, 그리고 각각의 인간은 그 각각의 본성이 있다. 나는 그것을 '마련'이라 부른 적도 있고, 본유라 부른 적도 있다. 그 본성대로 사는 게 최선이다. 내가 좋아한다고 수영선수에게 철봉을 시키고, 야구선수에게 축구를 시켜본들 좋은 성적이 나오겠는가. 혹여 좋은 성적이 나온다 한들, 그 선수가 과연 그걸 하며 행복을 느끼겠는가. 오리는 짧은 다리로, 학은 긴 다리로 사는 게 최선이다. 하늘이 어련히 알아서 그 다리들을 달아주었겠는가. 인간들의 '억지로'가 만들어내는 문제들이 너무나 많다.

인도 편

리그베다

하나의 진리를 현자들은 여러 가지로 말한다

인도는 여러 가지로 참 특이한 나라지만 유럽, 중국과 함께 철학의 대주주 중 하나로 손꼽힌다. 가히 사유의 왕국이다.

석가모니 부처의 탄생 훨씬 이전에, 지금으로부터 대략 3천 년 전에, 인도에는 리그베다(Rig-veda)라는 브라만 경전이 있었다. 자연신에 대한 찬가 등 10권, 1,028의 시구(詩句)로 되어 있는데, 거기에 이런 명구가 나온다.

하나의 진리를 현자들은 여러 가지로 말한다.

Ekam sad vipra bahudha vadanti

지금도 인터넷에서 검색하면 바로 나오는 엄청 유명한 말이다. 나는 45년 전 학부 시절 인도철학 시간에 이 말을 처음 듣고 묘한 매력을 느꼈었다. 동국대학에서 출강해주신 털보 S교수님은 이 말을 소개하며 '하나'와 '여러 가지'라는 대비, 그리고 '진리'와 '말'의 대비를 강조하며 이런저런 설명을 하셨던 것 같은데, 너무 오래전이라 자세한 내용은 당연히 잊어버렸다.

나는 이 분야 전문가가 아니라 그 전후 문맥은 알지 못한다. 번거롭게 그것을 뒤져볼 의무도 의사도 없다. 그러나 이 말의 의미를 포기하고 싶지는 않다. 여전히 매력적이기 때문이다. 이 명구는 '하나의 진리'를 언급하고 있다. 나는 우선 '진리'라는 이 언급 자체를 높이 평가한다. 그것은 이런 '종류'에 대한 관심의 표명이기도 하고 방향의 제시이기도 하기 때문이다. 이것을 언급했다는 자체가 칭찬할 만한 일인 것이다. 요즘은 거의 아무도 진리라는 것을 입에 담지 않는다. 그 인기가 바닥을 치고 있다. 아예 사라진 것은 아니지만 천덕꾸러기 신세다. 그런데 이게 어디 보통 말인가. 예를 들면 이건 거철 파르메니데스와 소크라테스의 주제였고 성자 예수와 아우구스티누스의 주제였다. 이 이름들만 보더라도 이게 보통 말이 아닌 건 충분히 짐작할 수 있다. 진리란 참으로 숭고한 그 무엇이다. 물론 진리란 무엇이며 무엇이 진리인가 하는 철학적 물음을 제기한다면 그 답변이 간단한 것은 아니다. 서양

철학만 해도 플라톤, 아우구스티누스, 하이데거, 하버마스, 타르스티 등에 의한 진리론이 있고, 그 내용은 각각 상당히 다르다. 하지만 어쨌거나 그게 '실제로 그러한 그 무엇'이며 '변함없이 그러한 그 무엇'이라는 점은 대체로 인정된다. '시간적-공간적으로 보편적인 것, 본질적인 것, 즉 언제나 어디서나 누구에게나 무엇에게나 어떤 경우에나 그러한 그 무엇'이다. 그런 게 진리다. 이를테면 '모든 인간은 죽는다', '지구는 자전하고 공전한다', '화무백일홍', '가화만사성', '인생무상' … 그런 게 진리다. 그 구체적인 내용들은 거의 무한정이다. 이 우주에 가득 차 있다. 아니 하이데거 식으로 말하자면 이 우주의 존재 자체가 이미 진리다.

그런데 리그베다는 이 진리가 '하나'임을 말한다. 이게 또 만만치 않은 말이다. 이 말의 의미도 설명하고 논하자면 플로티노스의 '일자'론[to hen], 칸트의 '범주'론[Einheit]을 비롯해 책 한 권은 필요하다. 그러나 한 가지 분명한 것은 진리라는 것이 시간에 따라 장소에 따라 사람에 따라 경우에 따라 '달라지는 것이 아니다'라는 사실이다. 그런 의미에서 하나인 것이다. 이건 누구나 인정할 것이다. 헤라클레이토스도 그것을 강조했다.

그런데 그런 '하나의 진리'를 현자들은 '여러 가지로 말한다'고 리그베다는 말한다. 흥미로운 말이 아닐 수 없다. 이건 해석이 필요한 부분이다. '여러 가지로 말한다'는 이 말 자체에 대해 우리는 여러 가지로 말할 수가 있다. 다양한 관점-입장에서 다양한 해석이 가능한 것이다.

나는 이 말을 이런 식으로 풀어본다. 진리 즉 진정으로 중요한 문제는 시간과 장소를 초월해서 현자들 즉 훌륭한 사람들의 눈에 띄고 그들의 관심사가 되고 그들에 의해 말해지는데, 그게 그들 각자의 방식으로 즉 '여러 가지로' 즉 다르게 다양하게 말해진다는 것이다. 정말로 그럴까? 정말로 그렇다.

나는 오랜 세월 나름 열심히 철학공부를 하면서 자주 그런 경우를 목격했다. 예를 들면 "너 자신을 알라"는 소크라테스의 말. 이른바 '무지의 지'. 사람은 모름지기 자기 자신의 무지함을 알아야 한다는 진리다. 오만을 경계하는 겸손의 도덕이다. 그런데 이 말이 실은 "자기 자신을 아는 일은 어렵다"라는 현자 킬론의 말에서 유래한다는 것을 보통사람들은 잘 모른다. 철학의 시조 탈레스도 비슷한 취지의 말을 한 바 있다. 하나의 진리를 현자들은 여러 가지로 말하고 있는 것이다. 각자의 방식으로. 각자의 표현으로. 더욱 흥미로운 것은 이들과 전혀 무관할 것 같은 중국의 공자와 노자도 비슷한 말을 하고 있다는 사실이다. 공자는 "지지위지지 무지위부지 시자야(知之謂知之 不知謂不知 是知也: 아는 것을 안다고 하고 모르는 것을 모른다고 하는 것, 이게 안다는 것이다)"라고 말했다. 들으면 곧바로 알겠지만, 같은 취지다. 노자는 "지부지, 상의, 부지지, 병의. 성인불병, 이기병병. 시이불병.

(知不知, 尙矣, 不知知, 病矣. 聖人不病, 以其病病. 是以不病: 모르는 게 뭔지 아는 것은 우러를 일이다. 아는 게 뭔지 모르는 것은 병이다. 성인은 병이 아닌데, 그건 병을 병으로 여기기 때문이다. 그래서 병이 아니다)"이라고 말했다. 역시 같은 취지다. 그런데 그 말의 방식은 다르다. '여러 가지로 말하고' 있는 것이다.

하나의 진리를 여러 가지로 말하는 이런 예는 또 있다. "남에게 대접을 받고자 하는 대로 너희도 남을 대접하라"라는 말이다. 이것도 진리다. 사람에 대한 사람의 태도가 마땅히 이래야 한다는 진리다. 타인 존중의 도덕이다. 성경에 나오는 예수의 말이다. 그런데 이 말도 이미 저 유대인들의 경전《탈무드》에 나온다. 그런데 이걸 알 턱이 없었던 공자도 이와 똑같은 이야기를 하고 있다. "기소불욕 물시어인(己所不欲 勿施於人: 자기가 원하지 않는 바를 남에게 베풀지 말라)"이라는 것이다. '하라', '말라', 말의 방식은 뒤집혀 있지만, 그 취지는 같다. 역시 하나의 진리를 현자들은 여러 가지로 말하는 것이다.

또 어린아이들의 순수함에 대해서는 헤라클레이토스와 예수가 비슷한 말을 했고, 인생의 허무함에 대해서는 솔로몬[헛되도다]과 부처[제행무상]와 가수 최희준[하숙생]이 역시 비슷한 말을 했고, 사랑에 대해서도 예수와 공자가 똑같이 강조했고, 자기를 낮추는 것에 대해서는 예수와 에크하르트와 노자가 같은 말을 했고, 남을 불쌍히 여기는 것에 대해서는 예수와 맹자가 서로 통하고, 인간의 신성함에 대해서는 피코와 동학의 최제우와 포이어바흐가 같은 말을 했다. 물론 다른 방식으로. 각자의 언어로. (물론 이 '여러 가지로'는 단 하나의 변함없는 진리의 존재를 전제로 한다.)

이런 사례들을 나열하자면 한도 끝도 없다. 그래서 저 리그베다의 말은 진리인 것이다. "하나의 진리를 현자들은 여러 가지로 말한다." 이것도 진리인데, 이 비슷한 말을 한 다른 현자들은 없을까? 한번 찾아봐야겠다.

부처

조견 오온개공 도 일체고액

석가모니(शाक्यमुनि [샤캬무니], 속명 Gautama Siddhārtha, BC 6세기경)는 너무 유명해 그 소개 자체가 생뚱맞을 수 있다. 인류 4대 성인의 하나로 손꼽힌다. 보통 부처(Buddha, 깨달은 자)로 통한다. 약 2,600년 전 인도 카필라 왕국의 왕자로 태어나 사문유관을 하며 무상을 깨닫고 29세에 출가해 6년간 고행, 명상 등 수행을 하며 깨달음을 얻었고, 널리 대중들에게 그 불법을 전했으며 80에 이르러 열반에 들었다는 그 기본 행적도, 그리고 결혼, 득남 등 그 사이사이의 수많은 세부 에피소드들도, 웬만한 사람은 웬만큼 다 알고 있다. 비교적 장수한 만큼 그가 설한 법문도 엄청나게 방대하다. 그것을 기록해 남긴 경전이 논과 소를 포함해 무려 8만에 이른다는 대장경이다.

그 방대한 부처의 '말씀' 중에 이런 것이 있다.

관자재보살이 깊은 반야 바라밀다를 행할 때, 오온이 공한 것을 비추어 보고 온갖 고통을 건너느니라.

觀自在菩薩 行深般若波羅蜜多時 照見 五蘊皆空 度 一切苦厄.

뜻은 잘 몰라도 어디선가 한 번쯤 목탁 소리와 함께 들어봤을 것이다. 핵심 경전 《반야심경》에 나오는 말이다. 이 부분이 이 유명한 경전에서 부처가 가장 강조하고 싶은 핵심 메시지라고 보아도 좋다. 아니 불교 전체의, 팔만대장경 전체의 가장 결정적인 한 문장이라고 말해도 좋다. 왜냐하면 여기에 불교의 알파와 오메가, 시작과 끝, 즉 '고(苦)'와 '도(度)'가 함께 언급되어 있기 때문이다. 단언하지만, 불교는 '고'에서 시작해 '도'에서 끝난다. 그 가운데에 '조견(照見)' 즉 '비추어 봄'이 있다. 알게 되는 것이다. 무엇을? '오온개공' 즉 인간의 모든 구성요소들이 다 실체가 아닌 헛것이라는 사실을. 그런데도 그걸 모르고 그 헛된 것에 갈애를 일으키고 집착해 거기서 일체고액이 생겨난다는 것을. 그걸 비추어 보아 알게 되었다는 것이다.

한국에 살면서 이 경전과 이 구절을 한 번도 들어보지 못한 사람은 거의 없을 것이다. 그러나 이 독경 소리를 들으면서 이런 의미를 새겨보는 사람들은 과연 몇이나 될까? 이걸 읊조리는 스님들은 과연 그 의미를 생각하고 있을까? 누군가는 그렇고 누군가는 아닐 것이다.

나는 이 의미를 강조하고 또 강조하며 여러 사람들에게 소개하고 싶다.

서두에서 부처는 '관자재보살(관세음보살, 관음보살, 관음)'이 이걸 행했고 이걸 알았다고 말을 꺼내는데, 이 존재는 석가모니 부처와 달리 실존인물이 아니므로 나는 특별히 언급하지 않고 괄호 속에 넣어둔다. (유의미한 학문적 논의를 위해 불확실한 것을 다루지 않는 이런 '괄호 치기/밀쳐두기/판단중지/스위치 끄기'는 내가 후설의 현상학에서 배운 바이다.) 아미타불이니 미륵불이니 문수보살이니 보현보살이니 하는 존재도 마찬가지다. 나는 이 존재들에 대해 전혀 아는 바가 없다. 확인 불가능이다. 그래서 언급을 피한다.

관세음보살이 행했다는 '반야 바라밀다'라는 개념도 나는 특별히 주목하지 않는다. 물론 그것은 '지혜'라는, 그리고 '수행-실천'이라는 아주 아름답고 고귀한 말이기는 하다. '마하(maha, 위대한)'라는 수식어가 붙을 만한 것이다. 하지만 결국 중요한 것은 그 지혜와 그 수행의 내용이기 때문이다. 그 내용이 결국 "조견 오온개공 도 일체고액"인 것이다. 이걸 음미해보자.

'일체고액(모든 괴로움)', 강조하지만, 이게 불교의 출발점이자 근본 전제다. 불교를 이야기할 때는 아무리 강조해도 지나침이 없다. 2고,[9] 3고,[10] 4고,[11] 8고,[12] 그리고 소위 108번뇌 …, 우리네 삶은 정말 고해(苦海, 괴로움의 바다)다. 이게 좋을 턱이 없다. 그래서 이걸 '건너야' 하는 것이다. 그 고가 없는, 괴로움이 사라진/없어진/소멸된/극복된, 괴로움의 저편으로, 피안으로, 즉 열반의 경지로 '건너가야' 하는 것이다. 그 건너감이 바로 '도(度)'다. 그게 '도 일체고액'이다. 관세음보살이 그걸 해냈다는 것이다. 어떻게? '조견 오온개공'이다. '오온이 모두 공임을 비추어 보고' 그 일체고액을 건너갔다는 것이다.

'오온개공', 오온이 모두 다 공이라는 것, 이게 부처가 깨달았다는 핵심 중의 핵심이다. '오온(五蘊)', 이건 무슨 뜻일까. 이건 설명하자면 길어지지만, '색수상행식(色受想行識)', 즉 육신-감각-사고-행위-의식, 우리 인간의 소위 '자아/나'라는 것을 구성하는 다섯 가지 근본 요소다. 우리가 그토록 집

9) 내고, 외고, 즉 정신적 괴로움과 육체적 괴로움.

10) 고고, 괴고, 행고, 즉 아픈 괴로움, 상실의 괴로움, 변화의 괴로움.

11) 생, 로, 병, 사의 괴로움.

12) 생로병사+애별리고, 원증회고, 구부득고, 오온성고, 즉 사랑하는 사람과 헤어지는 괴로움, 미워하는 사람과 만나는 괴로움, 원하나 얻지 못하는 괴로움, 육신-감각-생각-행위-의식이 왕성해 제어되지 않는 괴로움.

착하는 삶의 실질적 요소들이다. (생각해보라, 우리는 얼마나 강하게 이 '나'라는 것에 집착하는가. 좀 더 구체적으로는 나의 육신, 나의 감각, 나의 생각, 나의 행동, 나의 의식에 집착하는가. 거기에 온갖 정성과 돈과 노력을 쏟아붓고, 주장하고, 그 때문에 싸우고 상처주고 상처받고 심지어 목숨도 건다.) 이게 '일체의 고(一切皆苦)'를 초래하는 것이다. 그런데 이게 실은 다 '공(空)'이라는 것이다. 그걸 알았다는 것이다. 그걸 알고 저 일체의 고를 건너갔다는, 거기서 벗어났다는 것이다.

여기서 핵심은 결국 '공'이다. 이른바 '공(Śūnyatā)'사상이다. 이건 상당히 유명한 부분이다. 이 '공'이란 대체 뭘까? 한어로 번역된 이 말은 쉽지 않다. 그게 뭔지를 논하는 논문만 해도 용수(Nāgārjuna)의 '중론'[13]을 비롯해 아마 엄청나게 많을 것이다. 그걸 다 읽고 이해하려면 여러 해가 걸리고, 아마 머리가 터질지도 모른다. 나는 그걸 포기한다. 부처 본인도 아마 별로 권하지 않을 거라고 확신한다. 대신 우리는 '문맥'에서 혹은 '실제'(혹은 현실)에서, 자기의 지평에서, 그게 뭔지를 가늠할 수 있다. 내가 가늠하기로는, 그 오온이 절대적-항구적 '실체가 아니다'라는 것이다. 최소한 고정불변이 아니라는 것이다. (이른바 '무아론'[나라는 실체가 없다는 것]

13) "衆因緣生法 我說即是無 / 亦為是假名 亦是中道義 / 未曾有一法 不從因緣生 / 是故一切法 無不是空者."

과 '연기론'[모든 존재가 인(因)과 연(緣)에 의해 생겨난다는 것]이 이것에 얽혀 있다.) 그래서 '헛된 것'이라는 말이다. 최소한 '허망한 것'이라는 말이다. 그렇게 이해하면 일단은 문맥이 통하고 실제에 부합한다.

나의 육신이라는 것도, 나의 감각이라는 것도, 나의 생각이라는 것도, 나의 행동이라는 것도, 나의 의식이라는 것도, 결코 고정불변의 실체가 아니다. 다 이런저런 주변 조건들로 인해 '형성된/구성된' '임시적 존재'라고나 할까, 그런 것이다. 이런저런 만족을 우리에게 주는 것이지만, 항구적이 아닌, 결국은 허망한/헛된 것이다. 우리의 육신이라는 것도, 우리의 감각이라는 것도, 우리의 생각이라는 것도, 우리의 행동이라는 것도, 우리의 의식이라는 것도, 다 사실은 '내'가 아니고, '내 것'이 아니다. 그런데도 우리는 그 헛된 것에 그토록 강하게 매달리며 온갖 고뇌를 초래한다. 엄연한 현실이다. 그러니 그걸 알라는 것이다. 그걸 알면, 즉 헛된 줄 알면, 그토록 치열하게 갈애할 일도 집착할 일도 애당초 없고, 따라서 고통에 허덕일 일도 아예 없다는 것이다. 그런 논리다. 이게 바로 "조견 오온개공 도 일체고액"의 의미였다. 부처가 가장 말하고 싶은 핵심적(hrdaya) 내용이었다. 진실이 실제로 그러할진대 어찌 명언이 아닐 수 있겠는가.

간디

세상에는 일곱 가지 죄가 있다. 노력 없는 부,
양심 없는 쾌락, 인격 없는 지식, 도덕성 없는 상업,
인성 없는 과학, 희생 없는 기도, 원칙 없는 정치다

'철학'이라고 할 때 아리스토텔레스나 칸트나 헤겔 같은 이를 떠올린다면 간디(Mohandas Karamchand Gandhi, 통칭 Mahatma Gandhi, 1869-1948)는 철학자가 아닐지 모른다. 그러나 유럽에도 소크라테스나 니체처럼 종류나 성격이 다른 철학도 있으니 조금만 넓게 보자면 간디를 철학자가 아니라 할 수도 없다. 베다철학이나 불교철학 같은 인도 특유의 전통을 생각해보면 더욱 그렇다. 무엇보다 일반에게도 널리 알려진 '사티아그라하(satiagraha, 진리 부여잡기)'나 '아힘사(ahimsa, 해치지 않기)' 같은 간디표 사상은 그 개념만으로도 이미 충분한 철학의 자격을 갖추고 있다. 전 세계에 큰 반향을 불러일으킨 비폭력 평화주의 저항운동이다. 그는 이런 정

신으로 식민 지배자였던 영국의 제국주의에 맞섰다. 여러 면에서 역설적이지만 그의 힌두교적 배경과 영국 유학 그리고 남아공에서의 충격적인 인도인 차별 체험 등이 이런 사상 형성에 자양이 되었을 것이다. 어린 여성과의 섹스 없는 동침 등 성에 대한 특이한 기준이나 자신의 경우와 달랐던, 아내에 대한 영국 의사의 진료 거부 등 논란이 되는 부분도 없지는 않았으나 그의 숭고한 이념은 시성 타고르가 붙여준 호칭대로 '마하트마(mahatma, 위대한 영혼)'라 하기에 손색이 없었다. 그런 선상에서 그는, "미래는 현재 우리가 무엇을 하는가에 달려 있다(The future depends on what we do in the present)." "비폭력은 인류가 활용할 수 있는 가장 강력한 힘이다(Non-violence is the greatest force at the disposal of mankind)."를 비롯해 숱한 명언들을 남겼다. 그중 대표적인 하나로 이런 것이 있다.

세상에는 일곱 가지 죄가 있다. 노력 없는 부, 양심 없는 쾌락, 인격 없는 지식, 도덕성 없는 상업, 인성 없는 과학, 희생 없는 기도, 원칙 없는 정치가 그것이다.

There are seven sins in the world: Wealth without work, Pleasure without conscience, Knowledge without character, Commerce without morality, Science without humanity, Worship without sacrifice and politics without principle.

그가 1925년에 쓴 《젊은 인도》라는 책에서 지적한 일곱 가지 '사회적 악덕(social sins)'이다. 그 분야의 전문가가 아닌 우리는 당시의 인도사회가 어떠했는지는 잘 알지 못한다. 그의 이 말이 인도사회를 겨냥한 것인지 영국 등 서구사회를 겨냥한 것인지도 잘 알지 못한다. 그러나 한 가지 분명한 것은 그가 이러한 '사회적 현상들'을 겨냥했다는 것이고 이것을 '악덕[사회적 죄악]'으로 규정했다는 것이다.

이런 종류의 발언들은 그 자체로서 하나의 사회적 행위이고, 더욱이 그 행위는 그 행위자의 도덕적 가치관 내지 삶의 방향을 반영한다. 그런데 우리는 제대로 알고 있는 것일까? 이런 종류의 발언은 어떤 머리 좋은 사람의 재치에서 우연히 나온 것이 아니라는 사실을.

이런 종류의 발언은 뼈저린 체험에서 나온 것이고 더욱이 숭고한 이상에서 나온 것이다. 그런 이중의 배경 없이는 아예 나올 수가 없는 발언인 것이다. 그 점을 생각해보면 이 말을 한 간디라는 인물이 얼마나 훌륭한지가 비로소 찬연히 드러난다. 그는 우리 인간들의 삶에서, 특히 사회적 삶에서, '부와 쾌락과 지식과 상거래와 과학과 신앙과 정치'가 얼마나 중요한 것인지를 이미 꿰뚫고 있다. 그리고 그것들보다 더욱 중요한 것이 '노동과 양심과 인격과 도덕성과 인간성과 희생과 원칙' 같은 것임을 강조하고 있는 것이다. 이른바 '가치의 세계'다.

그런데 현실은 그렇지가 못하다. 부에서 정치까지, 전자들은 엄연한 혹은 불가피한 현실이건만, 노력에서 원칙까지, 후자들은 그 종적을 찾을 길이 없다. 'without(없는)'이라는 단어가 그런 아픈 현실을 고스란히 담고 있다. 그런데 아는가? '없다'는 것, 이건 그냥 하나의 단어가 아니라 병인 것이다. 그것도 아주 고질병, 난치병이다. 바로 이 병으로 수많은 사람들의 삶이, 아니 사회 전체가 끔찍한 고통 속에서 허덕인다.

간디가 지적한 이 사회적 죄악들은 지금 고스란히 우리 한국의 사회적 현실이기도 하다. '없는', '없는', '없는' …이라는 이 단어가 너무나 아프게 들려온다. 무엇보다도 아픈 것은 지금 우리에게는 이런 경고의 목소리를 외치는 간디 같은 인물조차도, 그런 목소리조차도 별로 없다는 사실이다. 아니, 아예 없지는 않을지도 모른다. 어쩌면 간디 못지않은 인물이 많을지도 모른다. 그러나 그들의 목소리가 사람들의 귀에 들리지를 않는다. 사람들이 들으려고도 하지 않는다. 지금 우리 사회는 총체적인 청각장애를 앓고 있다. 바야흐로 '귀 없는 세상'이다.

간디가 지적 소유권을 주장하지는 않을 테니까 우리라도 그를 대신해서 외쳐봐야겠다. 원칙 있는 정치, 노동 있는 부, 양심 있는 쾌락, 인격 있는 지식, 도덕성 있는 상거래, 인간성 있는 과학, 희생 있는 신앙, 그런 것을 우리는 추구하자고. 그렇게 해서 온전한 세상에서 온전한 삶을 살아보자고.

참고삼아 그가 남긴 다른 명언들도 일부를 이하에 소개해 둔다.

겁쟁이는 사랑을 드러낼 능력이 없다. 사랑은 용기 있는 자의 특권이다.

A coward is incapable of exhibiting love; it is the prerogative of the brave.

항상 생각과 말과 행동이 완전한 조화를 이루도록 하라. 늘 생각의 정화를 목표로 하면 모든 것이 잘될 것이다.

Always aim at complete harmony of thought and word and deed. Always aim at purifying your thoughts and everything will be well.

인간은 오직 그의 사고(思考)의 산물일 뿐이다. 그가 생각하는 그것이 된다.

A man is but the product of his thoughts. What he thinks, he becomes.

눈에는 눈 식의 보복을 고집한다면 모든 세상의 눈이 멀게 된다.

An eye for an eye only ends up making the whole world blind.

가슴 깊은 신념에서 말하는 'No'는 그저 다른 이를 기쁘게 하거나 위기를 모면하기 위해 말하는 'Yes'보다 더 낫고 위대하다.

A 'No' uttered from deepest conviction is better and greater than a 'Yes' merely uttered to please, or what is worse, to avoid trouble.

죄는 미워하되, 죄인은 사랑하라.

Hate the sin, love the sinner.

솔직한 의견 차이는 대개 진보를 위한 좋은 신호다.

Honest disagreement is often a good sign of progress.

양심에 있어 다수결의 원칙은 설 자리가 없다.

In matters of conscience, the law of majority has no place.

내가 이해하는 민주주의 개념은 약자와 강자에게 모두 똑같은 기회를 주는 것이다.

I understand democracy as something that gives the weak the same chance as the strong.

내일 죽을 것처럼 살고, 영원히 살 것처럼 배우라.

Live as if you were to die tomorrow. Learn as if you were to live forever.

한 사람의 명예를 유지하기 위해서는 어떠한 대가도 지나치지 않다.

No cost is too heavy for the preservation of one's honor.

힘은 육체적인 역량에서 나오지 않는다. 그것은 불굴의 의지에서 나온다.

Strength does not come from physical capacity. It comes from an indomitable will.

이 세상의 유일한 악마는 우리 마음에서 날뛰고 있기에, 모든 전투는 마음속에서 이뤄져야 한다.

The only devils in this world are those running around in our own hearts, and that is where all our battles should be fought.

세상에는 배가 너무 고파 신이 빵의 모습으로만 나타날 수 있는 사람들이 있다.

There are people in the world so hungry, that God cannot appear to them except in the form of bread.

약한 자는 절대 누군가를 용서할 수 없다. 용서는 강한 자의 특권이다.

The weak can never forgive. Forgiveness is the attribute of the strong.

인생에는 속도를 올리는 것 말고도 더 많은 것이 있다.

There is more to life than increasing its speed

평화로 가는 길은 없다. 평화가 길이다.

There is no path to peace. Peace is the path.

사랑이 있는 곳에 생명이 있다.

Where there is love there is life.

그대 자신이 세상에서 보고 싶은 그 변화가 되어야 한다.

You must be the change you want to see in the world.

네 믿음은 네 생각이 된다. 네 생각은 네 말이 된다. 네 말은 네 행동이 된다. 네 행동은 네 습관이 된다. 네 습관은 네 가치가 된다. 네 가치는 네 운명이 된다.

Your beliefs become your thoughts. Your thoughts become your words. Your words become your actions. Your actions become your habits. Your habits become your values. Your values become your destiny.

라즈니쉬

곧장 보라. 그대는 왜 다른 사람의 눈을 빌리려 하는가

철학의 세계에서 인도는 좀 특별하다. 베다와 우파니샤드와 불교만으로도 그것은 철학의 세계에서 확실한 대주주의 지분을 갖는다. 그리스, 중국, 유대와 더불어 철학의 4대 기원 중 하나로 평가되기도 한다. 인도의 그런 철학적 전통이 현대에서도 다양한 형태로 전개된다. 그중 주목되는 하나가 오쇼 라즈니쉬(Rajneesh Chandra Mohan Jain, 통칭 Osho[14] Rajneesh, 1931-1990)다.

그는 어린 시절 반항적이고 독립적인 정신의 소유자였고, 남들로부터 주어지는 지식이나 신념에 기대기보다는 스스로

---

14) 1989년 그 자신이 새로 붙인 이름. 화상(和尙) 즉 승려를 높여 부르는 일본어 표현.

진리를 체험하고자 했고, 21세에 깨달음을 얻었고, 사가르대학을 수석으로 졸업한 뒤 자발푸르대학에서 9년간 철학교수로 지냈고, 그 사이 인도 전역을 돌아다니며 강연을 하고 기성 종교 지도자들을 공개적으로 비난했고, 전통적인 신념에 의문을 던지면서 수많은 사람을 만났고, 또한 광범위한 독서를 통해 현대인의 신념 체계와 철학에 대한 이해를 넓혔고, 1960년대 후반에 이르러 특유의 '다이내믹 명상법'을 개발하기 시작했고, 현대인들은 과거의 낡은 전통과 현대생활의 온갖 욕망에 짓눌려 있기 때문에 깊은 정화과정을 통해 무념의 이완 상태에 이르러야 한다고 말했고, 전 세계에서 온 제자들과 구도자들에게 강의한 내용은 30개가 넘는 언어를 통해 600권이 넘는 책으로 발간되었고, 1990년 세상을 떠난 후 푸나에 있는 그의 대규모 공동체는 영적 성장을 위한 메카가 되어 있고, 이곳에서 이루어지는 명상, 치료, 창조적 프로그램 등에 참가하기 위해 전 세계로부터 해마다 수천 명이 방문하고 있다.[15] 그렇게 그는 제법 알려져 있다. 미국에서의 문제적 활동 등 그를 둘러싼 논란도 없지 않지만, 한국에서도 그를 '구루(Guru, 선생)'로 숭앙하는 이가 적지 않다.

기존 철학에 대한 강론을 포함해 생전에 나온 책이 600권이 넘는다 하니 그 전모에 접근하는 것은 애당초 불가능하지

15) 인터넷 문서상의 소개.

만, 그 일부를 힐긋 엿보는 것은 의미가 있다. 그에게는 흥미로운 부분이 분명히 있다. 예컨대 다음과 같은 문장.

〈물에 비친 달〉

진실을 경전이나 철학 속에서 찾는다는 것은 물에 비친 달을 보는 것과도 같은 것이다.

그러므로 만약 네가 어떤 이에게 삶을 어떻게 살아야 하느냐고 묻는다면, 너는 그릇된 가르침을 청하고 있는 것이다.

왜냐하면 그 사람은 오직 그의 삶에 대해서만 말할 수 있기 때문이다.

결코 두 개의 삶이 동일할 수는 없는 것이다.

그가 너에게 어떤 말을 하든지 그것은 그의 삶에 관한 것이다.

진짜 달은 저 하늘에서 너를 기다리고 있다.

저 달은 너의 달이고, 저 하늘은 바로 너의 하늘이다.

곧장 보라.

왜 너는 다른 사람의 눈을 빌리려 하는가?

너에게도 볼 수 있는 아름다운 눈이 있다.

직접 보라.

왜 다른 사람의 깨달음을 빌리려 하는가?

명심하라.

그것이 어떤 이에게는 깨달음일지라도, 네가 그것을 빌리는 순간, 너에게는 지식이 되어버린다. 그것은 더 이상 깨달음이 아니다.

이른바 진리를 추구하는 이들에게 주는 중요하고 의미 있는 조언이다. 진실을 경전이나 지식 속에서 찾는 것을 경계하는 말이다. 또 이렇게도 말한다.

지식 있는 자(a man of knowledge)가 아니라, 아는 자(a man of knowing)가 되도록 하라.

그대의 모든 지식은 다 먼지다. 앎이 그대의 순수성이고 지식은 먼지다.

All your knowledge is dust. Knowing is your purity, knowledge is dust.

이 말도 같은 취지다. 그의 소신임을 알 수 있다. 21세에 깨달음을 얻었다니 굳이 경전이나 철학 속의 '지식'이 그에게는 소용없었을지 모르겠다. 물에 비친 달이 아니라 중요한 것은 달 그 자체를 보는 것이다. 이런 이야기는 사실 불교에서도 이미 하고 있다. 서양철학에서도 하고 있다. "나는 그 누구의 제자도 되지 않았다. 나는 나 자신을 탐구해서 모든 것을 자신으로부터 배웠다"고 한 헤라클레이토스, "나는 나 자신 안에서 찾아낼 수 있는 학문, 혹은 세계라는 커다란 책 안에서 찾아낼 수 있는 학문 이외에 어떠한 학문도 추구하지 않기로 결심했다"고 한 데카르트, "문제 그 자체로(Zu den Sachen selbst)!"를 표어로 내건 후설과 하이데거, 그들도 모두 그런 방향을 지향한 철학자들이었다. 말하자면 물에 비친 달이 아니라 달 그 자체를 보자는 것이다. 다 좋다. 그런 것이 과연 철학답다.

그러나 진리의 탐구라는 것이 그렇게 간단하고 쉬운 일은 아니다. 라즈니쉬처럼 21세에 깨달을 만큼 우수한 인재라면 모르겠지만 그런 건 누구에게나 허락되는 조건이 아니다. 전인미답의 길을 개척하는 것이기 때문이다. 평범한 보통사람들은 미리 그 길을 가본 사람의 말을 들어볼 필요가 있다. 이정표가 필요한 것이다. 그런 게 공부다. 그런 게 배움이다. 그건 그것대로 의미가 있다. 가다머의 소위 해석학이라는 것이 그런 방향을 알려주는 철학이다. 전통 내지 텍스트의 의미를 '이해'하고 '해석'하는 것이다. 진리라는 목표로 곧장 가는 것도 좋지만 텍스트를 읽음으로써 에둘러 가보는 것도 나쁘지 않은 것이다.

사실 진리를 탐구하는 이에게는 이 두 가지가 다 필요하다. 때로는 곧장, 때로는 에둘러 혹은 거쳐서. 때로는 직접, 때로는 간접 체험을 통해 우리는 진리로 접근할 수가 있는 것이다. 이걸 제대로 안 사람이 공자였다. 그가 "배우고 생각하지 않으면 막막하고 생각하고 배우지 않으면 위태롭다(學而不

思則罔 思而不學則殆)"고 말한 것도 이 두 가지가, 즉 학(學)과 사(思)가, 배움과 생각이, 물에 비친 달과 달 그 자체가 다 필요함을 강조한 것이다. 물에 비친 달도 달의 비침이지 별의 비침이 아닌 것이다.

라즈니쉬인들 이걸 모르기야 했겠는가. 그가 독특한 형태로 기존의 철학들을 강독한 것도 사실 물에 비친 달을 논한 것이었다. 그는 다만, 어쩌면 그런 연구의 체험을 토대로, 그게 상대적으로 덜 중요함을 깨달았기에, 이런 말을 했을 것이다. 곧장 보라. 직접 보라. 당연히 필요한 말이다. 이 말은 진리를 보기 위해 라즈니쉬의 눈을 빌려서 볼 필요도 없다는 말로 들리기도 한다.

오늘날 한국에서는 인문학의 총체적 퇴조 속에서도 '지식'이 제법 인기를 끌고 있다. '지적 대화를 위한 넓고 얕은 지식들'이 특히 그렇다. 그걸 누가 나무라겠는가. 그런 인기만 해도 감지덕지다. 그러나 역시 거기서 그쳐서는 곤란하다. 모든 게 '난 이런 것도 알아' 하는 식의 지식으로 끝나고 만다면 그런 건 진짜 철학도 아니고 진짜 진리도 아니다. 스스로의 깨달음은 역시 필요하고 중요하다. 그런 게 진정한 힘을 갖는다. 라즈니쉬는, 적어도 이 점에서는, 우리를 깨우쳐준 '구루(선생, 스승)'였다.

참고로 그의 명언들 중 몇 가지를 이하에 첨부해둔다. 필요할 때 꺼내 쓰기 바란다. 비록 물에 비친 달이긴 하겠지만….

화가 변하여 연민이 된다. 섹스가 변하여 기도가 된다. 탐욕이 변하여 나눔이 된다.

Anger transformed becomes compassion. Sex transformed becomes prayer. Greed transformed becomes sharing.

삶이 가져다주는 것에 대한 무조건적인 축복, 그게 나의 태도이다.

Celebration is my attitude, unconditional to what life brings.

삶에 대해 화내지 말라. 그대를 좌절시키는 것은 삶이 아니라, 삶에 귀 기울이지 않는 그대이다.

Don't be angry at life. It is not life that is frustrating you, it is you who are not listening to life.

완전함에 의해 방해받지 말라. '다함'으로 '완전함'이란 말을 대체하라. 다함은 그대에게 또 다른 차원을 열어줄 것이다.

Don't be bothered by perfection. Replace the word 'Perfection' by 'Totality'. Totality will give you a different dimension.

얻기를 잊고 그저 주라. 그러면 내가 보장한다, 그대는 더 많이 얻게 될 거라고.

Forget about getting, simply give; and I guarantee you, you will get much.

그대의 머리에서 나가 그대의 가슴으로 들어가라. 적게 생각하고 많이 느껴라.

Get out of your head and get into your heart. Think less, feel more.

관계 속에서 행복하라, 고독 속에서 깨어 있으라. 그것들이 서로 도울 것이다, 새의 양 날개처럼.

In relationship, be blissful, in aloneness be aware and they will help each other, like two wings of a bird.

삶은 논리가 아니고 삶은 철학이 아니다. 삶은 춤이고 노래이고 축복이다! 그것은 사랑 같은 게 많고 논리 같은 게 적다.

Life is not logic, life is not philosophy. Life is a dance,

a song, a celebration! It is more like love and less like logic.

삶은 그 자체로 아름답기에, 삶의 의미에 대해 묻는 것은 단순히 난센스이다.

Life in itself is so beautiful that to ask the question of the meaning of life is simply nonsense.

사랑하는 사람들은 가끔씩 성자들이 알지 못했던 것을 알게 된다.

Lovers have known sometimes what saints have not known.

어떤 사람의 명령도 그게 그대 자신의 내부에서도 오는 게 아니라면 절대 복종하지 말라.

Never obey anyone's command unless it is coming from within you also.

그대 말고 다른 누구도 그대를 파괴할 수 없다. 그대 말고 다른 누구도 그대를 구원할 수 없다. 그대가 유다이고 그대가 예수이다.

Nobody else can destroy you except you; nobody else can

save you except you. You are the Judas and you are the Jesus.

'지금'이 유일한 실재다. 다른 모든 것은 기억이거나 상상이다.

NOW is the only reality. All else is either memory or imagination.

아이들이 저토록 아름다운 이유는 그들이 아직 희망에 차 있고, 꿈들로 가득하고, 그리고 아직 두려움을 모르기 때문이다.

That's why children look so beautiful because they are yet full of hope, full of dreams, and they have not yet known frustration.

머리가 적을수록 상처는 더 많이 치유된다. 머리가 없으면 상처도 없다. 머리 없는 삶을 살라. 온전한 '있음'으로 움직이고, 사물들을 받아들여라.

The less the head, the more the wound will heal. No head there is no wound. Live a headless life. Move as a total being, and accept things.

마음: 아름다운 종, 위험한 주인.

The Mind: a beautiful servant, a dangerous master.

그대가 무엇을 하고 있든, 과거가 그대 마음을 움직이게 하지 말고, 미래가 그대를 방해하게 하지 말라. 왜냐하면 과거는 이미 없고 미래는 아직 없기 때문이다.

Whatever you are doing, don't let past move your mind; don't let future disturb you. Because the past is no more, and the future is not yet.

그대의 정직, 그대의 사랑, 그대의 연민은 그대의 내면적 존재에서 오는 것이지 가르침이나 성서에서 오는 것이 아니다.

Your honesty, Your love, Your compassion should come from your inner being, not from teachings and scriptures.

그대는 완성에 점점 더 가깝게 다가갈 것이다. 그러나 그대는 결코 완전해지지는 않을 것이다. 완성은 실존의 길이 아니다. 성장이 길이다.

You will come closer and closer to perfection, but you will never be perfect. Perfection is not the way of existence. Growth is the way.

유대 편

탈무드

사람에게 하나의 입과 두 개의 귀가 있는 것은
말하기보다 듣기를 두 배로 하라는 뜻이다

다윗과 솔로몬의 나라 유대는 현재의 이스라엘, 요르단 일대에 존재했던 유대인의 고대국가로 기원전 6세기 바빌로니아에 의해 멸망하고 1948년 이스라엘로 재건될 때까지 땅도 실체도 없이 유대 민족의 관념 속에 존재했던 참으로 특이한 나라다. 침략, 지배, 유랑으로 점철된 그 고난의 역사는 기독교 성서 등 여러 경로를 통해 사람들에게 어느 정도 잘 알려져 있다. 예수의 삶과 죽음도 그 일부였다.

그 엄청난 고난 속에서도 유대 민족은 우수한 정신적 명맥을 유지했는데 그 밑바탕에는 그들의 신앙과 함께 《탈무드》가 있었다는 것을 우리는 특별히 주목할 필요가 있다.

《탈무드》는 유대인의 성전, 지혜의 서다. 인터넷상의 문서에 보면 '1975년 기준으로 약 3백만에 달하는 단어로 구성되어 있으며, 그 무게는 약 75킬로그램이다. 본래 최초 이스라엘 민족이 공동생활을 시작하면서 민간전승으로 구전되던 가르침을 AD 500년경에 최초 기술자로 이름이 알려진 랍비 아키바를 비롯하여 당대의 유명한 랍비들이 지속적으로 문서화한 것'이라고 설명되어 있다. 그 영어 번역본이 300쪽짜리 140권 분량이라고 하니 간단한 책이 아님을 알 수 있다. 외국의 한 교수가 유대인을 연구하기 위해 탈무드를 빌릴 수 있느냐고 랍비에게 요청했더니 랍비가 "빌리는 것은 괜찮지만 빌리려면 트럭을 가져와야 할 것이다"라고 말했다는 이야기가 있으니, 우리가 주변에서 흔히 접하는 한 권짜리 탈무드는 그야말로 빙산의 일각, 아니 그 일각의 일각도 못 되는 셈이다.

그런데 그 한 권짜리 책을 보더라도 그 내용이 심상찮은 것임을 단박에 알 수가 있다. 그야말로 지혜의 보고다. 그 방대한 지혜의 창고로 들어가는 작은 실마리의 하나로 아래의 문구를 소개한다.

사람에게 두 개의 귀와 하나의 입이 있는 것은 듣기를 말하기보다 두 배로 하라는 뜻이다.

We have two ears and one mouth so we can listen twice as much as we speak.

귀담아들어야 할 말이다. 입과 귀, 말하기와 듣기에 관한 말이다. 굳이 해석도 필요 없다. 곧바로 그 의미가 가슴에 다가온다. 말하기보다 듣기가 중요하다는 의미다. 말하기도 듣기도 당연히 관계 속에서 이루어지는 행위다. '나'와 '상대방'이 전제돼 있다. '이쪽에서 저쪽으로' 가는 것이 말하기고 '저쪽에서 이쪽으로' 오는 것이 듣기다. 적게 말하라는 것은 상대방에 대해 나를 낮추라는 뜻이고 많이 들으라는 것은 나에 대해 상대방을 높이라는 뜻이다. 이런 게 윤리의 기본이다. 상대방이 갑이고 내가 을인 셈이다. 항간에는 이런 자세-태도를 '성스러움'으로 해석하는 사람도 있다. '성(聖)'이라는 글자를 보면 '귀 이(耳)'와 '입 구(口)'가 함께 나오는데 귀가 입보다 먼저라는 것이다. 그게 성스러움의 본질 내지 핵심 의미라는 것이다. 재치 있는 해석이다. 탈무드의 이 말과도 일정 부분 닿아 있다.

그런데 인간세상의 현실은 그 반대다. 대개의 경우 입이 먼저고 귀는 나중이다. 말하기는 많고 듣기는 적다. 많은 경우 일방적으로 자기 말만 늘어놓고 상대방의 말에 대해서는 귀를 닫는다. 아예 말할 기회도 잘 주지 않는다. 인간관계의 문제 중 상당수가 그런 일방적 관계에서 발생한다. 특히 말을 들어주지 않는 데서 발생한다. 부모 자식 간에도 그렇고 사제 관계에서도 그렇고 친구-동료 관계에서도 그렇다. 국제관계에서도 대부분 그렇다.

조금만 살펴봐도 보이는데, 실은 듣기의 효용이라는 게 만만치 않다. 상대의 말을 들어주는 것만 해도 실은 문제해결의 단초가 된다. 적지 않은 경우 말을 하게 하고 그것을 들어주는 것만으로 치료의 효과를 보기도 한다. 심리상담이나 정신분석의 경우에 그것이 입증된다. 그것으로 양자의 (특히 부모 자식 간의 그리고 친구 간의) 관계 회복의 단초가 되기도 한다. 그뿐만이 아니다. 듣기는 많은 경우 '배우기'가 되기도 한다. 내가 모르는, 상대방이 아는, 그런 내용을 귀는 듣게 되는 것이다. 그래서 저 유대인 랍비들은 이런 말을 지혜로서 남겨놓은 것이다.

일방적으로 떠들어대는 입의 문제를 지적하는 말들은 또 있다.

"물고기가 입으로 낚싯바늘을 물어 잡히듯 인간 또한 언제나 그 입이 문제다."

"자신보다 현명한 사람 앞에서는 침묵하라."

"한 닢의 동전이 들어 있는 항아리는 요란한 소리를 내지만 동전이 가득 찬 항아리는 조용하다."

이게 결국 다 같은 취지다. 모름지기 우리 인간은 입을 조심해야 한다. 입은 온갖 문제를 일으키는 화근이 되기도 한다. 그러니 말하기보다 듣기를 높이 치자. 기억해두자. '사람

에게 하나의 입과 두 개의 귀가 있는 것은 말하기보다 듣기를 두 배로 하라는 뜻이다.'

그런데 듣기가 뭐겠는가. 귀는 그저 소리를 듣는 것이 아니다. 말을 듣는 것이다. 말 속에 엄청난 것들이 담겨 있다. 진리라는 것도 그 속에 있다. 말은 곧 그 사람이기도 하다. 그래서 듣기는 그 사람의 영혼을 듣는 것이기도 하다. 아니, 그 사람의 존재를 듣는 것이기도 하다. 듣기가 중요할 수밖에 없는 연유가 거기에 있다.

인터넷상에 유포되어 있는 탈무드의 명언들 중 일부를 참고삼아 아래에 소개해둔다. 삶의 과정에서 각자의 관심에서 쓸모가 없지 않을 것이다.

명예는 많은 재산보다 소중하고, 존경받는 것은 금은보다 값지다.

하느님께서 말씀하셨다. "악인들의 배는 찰 줄 모른다."

돈에 대한 탐욕은 영혼을 썩게 한다.

빼앗긴 고지야 다시 되찾으면 되지만, 사령관이 용기를 잃으면 어떻게 하겠는가.

네게 싫은 것은 남에게도 행하지 말라. 그것이 성경의 전체요 나머지는 설명에 불과하다.

교훈을 따르면 복이 뒤따르고, 충고를 물리치면 재앙이 뒤따른다.

책을 읽고 깊이 있게 생각하지 않는다면, 당나귀가 책을 싣고 길을 걷는 것과 다를 바 없다.

아이에게 물고기를 잡아주어라. 그러면 한 끼를 배부르게 먹을 것이다.
아이에게 물고기를 잡는 법을 가르쳐주어라. 그러면 평생을 배부르게 먹고살 수 있을 것이다.

아이에게 무언가를 약속하고 지키지 않는 것은 아이에게 거짓말을 가르치는 것이다.

인내심 없이는 절대 남을 가르칠 수 없다.

슬기로운 자와 벗하면 자연히 현명해지고, 어리석은 자와 벗하면 반드시 해를 입는다.

항아리를 보지 말고 그 안에 든 것을 보아라.

지혜로운 사람은 본 것을 이야기하지만, 어리석은 사람은 들은 것을 이야기한다.

남을 헐뜯는 것은 세 사람을 죽인다. 자기 자신과 상대방, 그리고 그것을 듣고 있는 사람.

상대방의 입장에 서지 않고는 결코 상대방을 판단하는 오류를 저지르지 마라.

선을 행할 때는 그것이 초래하는 어려움과 그것이 가져다줄 행복을 함께 저울에 올려보고, 악을 행할 때는 일시적인 쾌락이 주는 즐거움과 그것에 뒤따를 불행을 함께 저울에 올려보라.

운동이 건강한 몸을 위한 약속이라면, 독서는 건강한 정신을 위한 양식이다.

끝이 좋으면 모든 게 다 좋다.

예수

네 이웃을 네 몸과 같이 사랑하라

기원전 5만 년부터 시작해 현재까지 탄생한 인간의 총수는 약 1,082억 명으로 추산된다고 한다. 그중 현재의 인구가 약 77억 명, 엄청난 숫자다. 가히 천문학적이다. 그런데 그 엄청난 인간들 중에서 딱 한 명, 다른 모든 인간들에게 가장 잘 알려지고 가장 큰 영향을 끼친 인물을 딱 한 명 골라보라고 한다면 결과적으로 누가 뽑힐까? 아마도 예수일 것이다. 단연 압도적이다.

이건 사실 보통 일이 아니다. 그는 이 세상에 그다지 오래 머물지도 않았다. 베들레헴의 마구간에서 태어나 골고다의 십자가에서 인간의 생을 마감하기까지 불과 30여 년이다. "회개하라. 천국이 가까웠나니"라는 말로 공식 활동을 시작하고

"다 이루었다"라는 말로 그 활동을 마무리하기까지는 채 몇 년도 되지 않는다. 그런데도 그는 역사를 통틀어 압도적인 초저명인사로 손꼽힌다. 엄청난 추종자, 신도를 거느린다. 그의 생일인 크리스마스만 보더라도 이 객관적 사실을 부인하기는 쉽지 않다. 부처도 공자도 무함마드도 소크라테스도 이 점에서는 그의 상대가 되지 못한다. 그 어떤 유명인의 이름을 떠올려보아도 이 조건에서 예수를 능가하는 인물은 없다.

도대체 뭣 때문일까? 그의 이름에는 '하나님의 아들'이라는 수식어가 따라다닌다. (예수 자신은 다른 사람들에 대해서도 이 호칭을 사용했고 자신은 굳이 '사람의 아들[인자]'이라고 강조하기도 했다.) 이게 정말인지 어떤지는 소위 신앙의 문제지 우리가 그걸 확인할 수 있는 건 아니다. 그럼에도 불구하고 그는 그렇게 불리며 기독교 내에서는 심지어 신 자신으로 해석되기도 한다. 처녀수태, 수상보행, 기적치료, 예지, 부활 등 신화적인 부분에 대해서는 당연히 논란도 존재하지만, 어쨌거나 그를 신격화하는 이런 평가가 있다는 것은 객관적인 사실이다. 이게 터무니없고 황당한 과장일까? 아니다. 이런 평가가 나올 만한 부분이 분명히 있다. 그는 그럴 만큼 유명하며 영향력이 있다. 무엇보다 그 내용이 그럴 만하다. 그래서 다시 물어본다. 도대체 그게 뭘까? 결국은 그 삶과 말이다. 마태-마가-누가-요한 등이 적은 신약성서의 소위 4대 복음서가 그 말과 삶을 소상히 알려준다.

그 내용, 즉 '기독교' 혹은 '예수'의 가르침이라는 말을 들었을 때, 사람들이 가장 먼저 떠올리는 것은 무엇일까? 사람에 따라 조금씩 다를 수는 있겠으나 가장 대표적인 것은 아마도 '사랑'일 것이다. 기독교는 사랑의 종교다.

예수께서 가라사대 '네 마음을 다하고 목숨을 다하고 뜻을 다하여 주 너의 하나님을 사랑하라' 하셨으니, 이것이 크고 첫째 되는 계명이요, 둘째는 그와 같으니 '네 이웃을 네 몸과 같이 사랑하라' 하셨으니, 이 두 계명이 온 율법과 선지자의 강령이니라. (마태 22:37-40) (마가 12:30-31)

ὁ δὲ ἔφη αὐτῷ, Ἀγαπήσεις κύριον τὸν θεόν σου ἐν ὅλῃ τῇ καρδίᾳ σου καὶ ἐν ὅλῃ τῇ ψυχῇ σου καὶ ἐν ὅλῃ τῇ διανοίᾳ σου: αὕτη ἐστὶν ἡ μεγάλη καὶ πρώτη ἐντολή. δευτέρα δὲ ὁμοία αὐτῇ, Ἀγαπήσεις τὸν πλησίον σου ὡς σεαυτόν. ἐν ταύταις ταῖς δυσὶν ἐντολαῖς ὅλος ὁ νόμος κρέμαται καὶ οἱ προφῆται.

너무나도 유명한 이 말은 실은 예수에게 트집을 잡고자 하는 대제사장과 바리새인의 악의적 질문에 대한 대답으로 나온 말이었다. 그래서 오히려 핵심 중의 핵심을 찍고 있다. 이 말을 철학적으로 좀 음미해보기로 하자.

"… 하나님을 사랑하라"라는 이 첫째 계명은 사실 기독교에서는 지상의 명제이겠으나, 비기독교인들의 입장에서는 그 이해가 간단치 않다. '하나님'이 어떤 존재인지가 우선 분명치 않고 그분을 사랑한다는 것이 어떤 것인지도 감이 잘 잡히지 않는다. 이것은 신학적으로도 철학적으로도 엄청나게 거대한 주제에 속한다. 나는 철학의 전체 역사를 나름 열심히 공부해본 자로서 이에 대해 할 말이 적지 않게 있으나, 너무나 큰 주제이므로 일단, 그 하나님의 능력, 즉 창조의 결과로 해석되는 우주, 자연, 인간, 사물, 법칙 등 일체 존재에 대해 진심으로 경외하는 것과 특히 [그분의 좋으심을 위해] 우리 안에 심어진 가치관념을 진심으로 따르는 것이 그 사랑의 기본임을 말하는 정도로 넘어가기로 한다.

그러나 "네 이웃을 네 몸과 같이 사랑하라"는 둘째 계명은 상대적으로 좀 구체적이다. 나는 이 말을 '위대한 명제'로 인식하고 있다. 물론 사랑이라는 것 자체도 아가페니 필리아니 에로스니 하는 구별을 차치하고서라도 하나의 학문분야나 강좌가 따로 있을 만큼 광대한 주제이지만, 나는 그 핵심에 '따스함' 내지 '부드러움' 그리고 '소중히 여김', '주고 싶음'이 있는 인간적 감정 내지 태도가 사랑이라고 해석한다. 그런 것을 우리는 부모 자식 관계, 부부관계, 연인관계 등에서 확인한다. 그러니까 차갑고 거칠고 인색한 관계라면 그건 사랑이 아닌 것이다. 그런데 예수의 사랑은 그런 당연한 관계를 넘어 '이웃'으로까지 그 범위를 확장한다. 그리고 심지어 '원수'까지도 사랑하라고 가르친다. 거기에 예수의 위대함이 있다. 그런데 보통은 특별히 강조되는 일이 좀 드물지만, 그 사랑의 기준에 '네 몸과 같이'라는 것이 있다. 나는 수도 없이 강조해왔지만, 이 기준이 참으로 절묘하다. 주목할 필요가 있다. '나의 좋음'이 남에 대한, 이웃에 대한 태도 내지 행위의 표준이 된다는, 되어야 한다는 말이다. 내가 좋은 것을 남에게도 (해)주고, 내가 싫은 것은 남에게도 (해)주지 않는다는, (해)주지 말아야 한다는 말이다. 이 후자를 말한 것이 공자의 저 유명한 말, "기소불욕 물시어인(己所不欲 勿施於人)"이기도 하다. 탈무드에도 같은 말이 있다.

말이 그렇지 이게 어디 쉬운 일인가. 보통의 경우라면 좋은 것은 나만 혹은 '우리'만 가지려고 한다. 그게 세상과 세상 사람들의 여실한 모습이다. 실은 그런 태도에서 세상의 온갖 문제들이 야기된다. 서로가 좋은 것을 차지하려고 난리인 게 현실이지 않은가. 거기서 온갖 범죄들이 발생하기도 한다. 그러니 상상해보라. 그 반대인 사랑을 실천하면, 적어도 그런 관계, 그런 공간에서는 수많은 문제들이 자동 해결될 뿐 아니라, 그 대상이 되는 '이웃'들은 나름의 만족 내지 행복을 느낄 수가 있다. 그것이 '이웃'을 넘어 정말로 '원수'까지도 확장된다면("또 네 이웃을 사랑하고 네 원수를 미워하라 하였다는 것을 너희가 들었으나 나는 너희에게 이르노니 너희 원수를 사랑하며 너희를 핍박하는 자를 위하여 기도하라"[마태

5:43-44]) 그렇게 된다면, 그야말로 천국이 따로 없다. 말도 안 되는 무리라고 생각할 수도 있지만, 현실을 보면 이런 예수적 사랑, 기독교적 사랑을 실천하는 이들도 적지 않게 있다.

말도 많고 탈도 많은 요즘의 기독교이기도 하지만, 묵묵히 사랑을 실천하는 그런 이들을 보면 예수의 말, 예수의 철학이 세상의 한켠에서 꾸준히 외쳐져야 할 필요 내지 당위를 느끼게 된다. 만일 그런 말 퍼트리기도 기독교에서 말하는 '선교'의 일부라면 나는 기꺼이 그 선교사의 한 사람이 될 용의가 있다. "네 이웃을 네 몸과 같이 사랑하라." 아니 네 몸의 반만큼이라도 사랑하라. 아니 반의반, 아니 아니 무시하지만 말고 미워하지만 말라. 해코지만 하지 말라. 요즘 시대에는 그것도 사랑의 범위에 들어간다고 나는 재해석을 하고 싶다.

세상에 넘쳐나는 경시와 함부로와 증오와 그런 마음들로 인한 끔찍한 범죄들을 보면 예수도 어쩌면 이런 느슨한 적용을 봐줄지도 모르겠다. 그런 풍경을 배경으로 예수가 떠나기 전 제자들에게 남긴 말을 다시 한 번 되뇌어본다.

새 계명을 너희에게 주노니 서로 사랑하라. 내가 너희를 사랑한 것같이 너희도 서로 사랑하라. (요한 13:34)

ἐντολὴν καινὴν δίδωμι ὑμῖν, ἵνα ἀγαπᾶτε ἀλλήλους: καθὼς ἠγάπησα ὑμᾶς ἵνα καὶ ὑμεῖς ἀγαπᾶτε ἀλλήλους.

예수

진리가 너희를 자유케 하리라

인류의 전체 역사에서 가장 놀라운 인물이 유대 출신인 예수 그리스도다. 신앙 여부와 상관없이 객관적으로 보았을 때 그렇다. 그는 20대 후반부터 30대 초반의 짧은 기간 동안 놀라운 말들을 쏟아냈다. 신약성서는 그 전체가 예수의 명언집이라 해도 과언이 아니다. 특히 마태복음의 이른바 '산상수훈'[마가복음에서는 '평지수훈']은 인류역사상 최고의 명강의로 평가되기도 한다. 보석같이 반짝이는 말들이 너무나 많다. 다른 복음서도 마찬가지다. 그중 하나를 소개한다.

그러므로 예수께서 자기를 믿은 유대인들에게 이르시되, "너희가 내 말에 거하면 참 내 제자가 되고 진리를 알지니 진리가 너희를 자유케 하리라." 저희가 대답하되 "우리가 아브라함의 자손이라 남의 종이 된 적이 없거늘 어찌하여 우리가 자유케 되리라 하는가." 예수께서 대답하시되 "진실로 진실로 너희에게 이르노니 죄를 범하는 자마다 죄의 종이라. 종은 영원히 집에 거하지 못하되 아들은 영원히 거하나니, 그러므로 아들이 너희를 자유케 하면 너희가 참으로 자유하리라." (요한 8:31-36)

Ἐὰν ὑμεῖς μείνητε ἐν τῷ λόγῳ τῷ ἐμῷ, ἀληθῶς μαθηταί μού ἐστε, [⋯] ἐὰν οὖν ὁ υἱὸς ὑμᾶς ἐλευθερώσῃ, ὄντως ἐλεύθεροι ἔσεσθε.

"진리가 너희를 자유케 하리라." 이 말은 엄청 유명하다. 현상학-존재론의 메카인 독일 프라이부르크대학 철학부 건물 외벽에도 이 말이 독일어로(Die Wahrheit wird euch frei machen) 커다랗게 새겨져 있다. 붉은 외벽에 황금색 글씨다.

그런데 정작 이 말이 예수의 입에서 나왔다는 걸 아는 사람은 그다지 많지 않다. 그리고 그 의미가 어떤 것인지도 사람들은 잘 알지 못한다. '진리', '자유' ⋯ 도대체 무슨 의미일까? 소위 진리론, 자유론을 학문적-철학적으로 논하자면 한도 끝도 없다. 적어도 책 한 권, 아니 최소한 논문 한 편은 필요할 것이다. 그런 학문적 논의는 일단 접어두자.

간단히 풀어본다.

'자유케 하리라'는 것은 '자유롭지 못하다'는 것을 전제로 한다. 자유롭지 못하다고? 구속 상태가 아닌 한, '나는 해당 사항 없다'고 느끼는 사람도 많을 것이다. 아닌 게 아니라 예수에게 이 말을 들은 유대인들도 곧바로 이의를 제기했다. 우리는 (아브라함의 자손이고) 남의 종이 아닌데 무슨 자유가 더 필요하냐고. 그런데 예수는 이 대목에서 단언한다. '너희들은 자유롭지 못한 종이 맞다'라고. 누구의 종? 그는 친절하게 설명까지 해준다. '죄의 종'이라는 것이다. 인간이 죄인이라는 것은 기독교의 대전제다. 그런 이상, 모든 인간은 그 죄의 종이고 그 죄에서 자유롭지 못한 것이다. 따라서 자유가 필요한 것이다.

그렇다면 우리는 어떻게 그 죄의 상태에서 벗어나 자유로운 상태가 될 수 있는가? 그 답이 '진리'다. 진리가 우리를 자유케 하리라고 예수는 일러준다. 그렇다면 그 진리란 무엇인가? 역시 간단한 문제는 아니다. 철학을 들여다보면 엄청나게 어렵고 복잡한 진리론들이 전개된다. 그러나! 적어도 예수의 문맥에서는 간단하다. "내가 곧 길이요 진리요 생명이니…"(요한 14:6)라고 그는 말했다. 예수 본인이 진리인 것이다. 부연하자면 그의 말들이, 그의 가르침들이, 그의 삶과 죽음이, 곧 진리인 것이다. 회개, 허심, 긍휼, 온유, 화평, 용서, 사랑 등등, 그런 게 다 그 구체적인 내용이다. 그런 가르침을 실천하면, 우리는 죄에서 멀어진다. 죄의 종이라는 상태에서 벗어난다. 죄의 손아귀에서 해방되는 것이다. 자유롭게 되는 것이다. 아주 아주 간단한 논리다.

나는 여러 차례 강조했다. 그중 어느 단어 하나만 제대로 실천해도 거기 거의 천국이 펼쳐진다고. 천국이 그 가까이에 있다고. 이 단어들이 비록 짧고 간단하지만, 학자들의 방대한 전집 수십 권보다 더 가치 있다고 나는 단언한다. 조그만 보석 하나 진주 하나가 거대한 돌덩이보다 더 귀하지 아니하던가. 질이 양에 우선한다.

자유란 편안함으로 확인된다. 거기엔 죄인의 불안함과 두려움이 없다. 조마조마도 안절부절도 두근두근도 없다. 예수의 표현을 빌리자면 '집에 거함'이다. 집에 거하는 것만큼 편안한 게 어디 있는가. 우리는 역사를 통해 겪어봤지만, 사람들은 자유를 위해 때로 목숨도 건다. 그런데 예수라는 진리는 위험이 없다. 그것은 은혜로 주어진다. 내가 나아가 받아들이기만 하면 되는 것이다. 부르지 않았는데도 찾아와 준 것이니 얼마나 고마운 일인가.

이 진리를 식탁에 청해 따뜻한 차라도 한잔 대접하면서 지나온 삶의 과정에서 묻은 죄의 때들을, 혹은 쌓인 죄의 먼지들을 한번 점검해보기로 하자. 아마 그 시커먼 것들이 각자 적지 않을 것이다. 그것을 조금이라도 닦아내고 털어내고 하면서 조금씩 깨끗해지기로 하자. 그 죄의 무게를 덜고 가벼워지기로 하자. 자유의 가벼움, 자유의 편안함을 느껴보기로 하

자. '신의 아들'이라는 예수가 그렇게 해주겠다지 않는가. 고마운 일이 아닐 수 없다.

러시아 편

톨스토이

'가장 중요한 시간은 지금이고, 가장 중요한 사람은 바로 당신 앞에 있는 사람이고, 가장 중요한 일은 당신 옆에 있는 사람을 행복하게 하는 것이다.'

영국이 셰익스피어를 자랑스러워하는 것만큼, 프랑스가 고흐를 자랑스러워하는 것만큼, 독일이 칸트를 자랑스러워하는 것만큼, 러시아는 아마 톨스토이(Лев Никола́евич Толстóй [Lev Nicolayevich Tolstoy], 1828-1910)를 자랑스러워할 것이다. 레닌은 "톨스토이는 거대한 바위이자 엄청난 거인이다. 유럽에 그와 비견될 수 있는 예술가는 없다"고 했고, 차이콥스키는 "난 톨스토이가 지상에 존재했던 가장 위대한 예술가라고 생각한다"고 했고, 도스토옙스키는 "톨스토이는 예술의 신이다"라고 말했다. 엄청난 찬사다. 어디 러시아인뿐인가. 프랑스의 마르셀 프루스트는 "톨스토이는 거룩한 신이다"라고 했고, 미국의 버지니아 울프는 그를 "모든 소설가들

중에서 가장 위대한 사람"이라고 했다. 그에 대한 이런 극찬은 차고 넘친다.16) 《안나 카레니나》, 《전쟁과 평화》, 《부활》 등을 읽어보면 이런 찬사가 결코 과장이 아님을 알게 된다. 그는 과연 위대한 문호였다.

그런데 왜 철학세계를 둘러보는 여기서 그의 이름이 등장할까? 그도 철학자라 할 수 있는가? 할 수 있다. 철학 교과서에서 그의 이름을 찾을 수는 없지만, 그가 남긴 엄청나게 많은 소위 '명언'들을 살펴보면 인간과 삶에 대한 깊은 통찰이 문장마다 알알이 박혀 보석처럼 빛나고 있다. 그런 통찰과 지혜가 철학이 아니라면 대체 뭐가 철학이란 말인가. 그는 '문학'이라는 틀에만 가둬둘 수 없는 엄연한 철학자다.

그의 보배로운 명언들 중 우리나라 사람들에게 비교적 잘 알려진 것 하나를 대표로 소개한다.

오직 하나의 가장 중요한 시간이 있음을 기억하라. 지금 이 순간만이 우리가 통제할 수 있는 유일한 시간이다. 가장 중요한 사람은 언제나 현재 당신이 함께 있는 사람, 바로 당신 앞에 있는 그 사람이다. 왜냐하면 당신이 장차 다른 어떤 사람과 관계를 유지하게 될지 어떨지 누가 알겠는가? 가장 중요한 일은 당신 곁에 서 있는 그 사람을 행복하게 하는 일이다. 왜냐하면 그

16) 나무위키의 '톨스토이' 항목을 참조 바란다.

것만이 삶의 추구할 바이기 때문이다.

Remember that there is only one important time and it is Now. The present moment is the only time over which we have dominion. The most important person is always the person with whom you are, who is right before you, for who knows if you will have dealings with any other person in the future? The most important pursuit is making that person, the one standing at your side, happy, for that alone is the pursuit of life.

이 말이 흔히 간추려져 '가장 중요한 시간은? 지금이다. 가장 중요한 사람은? 당신이다. 가장 중요한 일은? 지금 하고 있는 일이다.'라는 형태로 보급되어 있다. 간략한-간명한-간단한 것이 눈에 확 들어오므로 이것도 나쁘지 않다. 중요한 것은 그 의미다. 그 내용이다. 여기서 톨스토이가 전하고 싶은 메시지가 있는 것이다.

여기서 톨스토이는 세 가지 '가장 중요한 것'을 제시한다. '시간'과 '사람'과 '일'이다. 셋 다 인생의 중요한 테마들이다. 철학적 주제들이다. 그런데 참 날카롭다. 그는 이 주제들의 안을 들여다본다. 막연하고 추상적인 이야기가 아니다. 구체적이다. '지금'과 '바로 앞에 있는 사람'과 '그 사람을 행복하게 하는 일'이다. 시간도 많고 사람도 많고 일도 많은데 그게 다 중요한 것은 아니기 때문이다. 시간에는 과거도 있고 미래도 있다. 그건 내가 어떻게 할 수 없는 것들이다. 현재는 내가 어떻게 할 수 있는 것이다. 그것을 채우는 구체적인 내용은 이렇게도 저렇게도 할 수 있다. 유일하게 통제와 지배가 가능한 것이다. 그래서 가장 중요한 것이다. 사람에도 이런 사람 저런 사람 별의별 사람이 다 있다. 나와 전혀 관계없는 사람도 있다. 그런데 바로 앞에 함께 있는 사람이 있다. 지금은 그 사람이 최우선일 수밖에 없다. 그래서 그가 가장 중요한 사람인 것이다. 일도 별의별 일들이 다 있다. 먹고 입고 자는 일에서부터 일도 공부도 운동도 치장도 … 무한히 많은 일들이 있다. 그중에서도 바로 옆에 있는 사람을 행복하게 해주는 게 가장 중요하다고 그는 말하는 것이다.

이건 단적인 제시다. 톨스토이의 가치관인 것이다. 이 말을 통해 우리는 톨스토이가 어떤 인간인지를 곧바로 이해하게 된다. 보통의 사람들은 자기가 우선이다. 제 생각만 한다. 그런데 톨스토이는 내 옆에 있는 사람을 챙겨주라고 한다. 그를 행복하게 해주라고 한다. 나의 행복이 아니다. 그의 행복이다. 어려운 이야기가 아니다. 여기서 말하는 '당신 옆에 있는 사람'은 아내일 수도 남편일 수도 딸일 수도 아들일 수도 친구일 수도 동료일 수도 … 있다. 이 … 속에 다양한 사람이 대입될 수 있다. 톨스토이 자신은 거기에 가난한 소작 농민들을 대입하기도 했다. 자신의 영지도 재산도 그들에게 나눠주었다. 말이 그렇지 그게 어디 그렇게 쉬운 일인가. 그들이 행복하기를 바라며 실제로 그렇게 했으니 그는 숭고한 인격자인 것이다. 물론 아내는 반겼을 리가 없다. 관계도 틀어졌다. 그래도 그는 그런 자신의 '철학'을 실천한 것이다. 그러니 그를 어찌 철학자가 아니라 할 수 있겠는가.

누구나 톨스토이처럼 남을 행복하게 해주려고 자기 것을 희생하는 이타주의를 실천할 수는 없다. 무리한 요구다. 그러나 가족이나 친구 같은, 바로 앞에 있는, 바로 옆에 있는, 그런 주변 사람들의 행복을 위해 지금 노력하는 것은 우리도 할 수 있다. 톨스토이를 참고하기로 하자. 그런 노력으로 내 앞/옆의 누군가가 행복하다면 아마 우리 또한 스스로 만족스러울 것이다. 삶에서는 그/그녀의 행복이 곧 나의 행복이 되기도 한다. 묘한 이치다.

참고삼아 그의 명언들 중 일부를 말미에 소개해둔다.

누구나 세계를 바꾸고 싶어 하지만, 아무도 자기 자신을 바꾸려 하지는 않는다.

Everyone thinks of changing the world, but no one thinks of changing himself.

돈이 없는 것은 슬픈 일이다. 그러나 돈이 남아도는 것은 두 배나 더 슬픈 일이다.

만일 고통이 없었다면, 인간은 자기 한계를 몰랐을 것이고, 자기 자신을 몰랐을 것이다.

If there was no suffering, man would not know his limits, would not know himself.

모든 전사들 중 가장 강한 것이 둘 있다 — 시간과 인내다.

The strongest of all warriors are these two — Time and Patience.

미녀가 여신이라고 생각하는 것은 이 무슨 이상한 환상인가.

What a strange illusion it is to suppose that beauty is goodness.

분노는 타인에게 유해하지만 분노하는 본인에게 더 유해하다.

삶은 끊임없는 기쁨일 수 있고, 또한 항시 그러해야만 하는 것이다.

서둘러 결혼할 필요는 없다. 결혼은 과일과 달리 아무리 늦어도 철이 지나는 법은 없다.

역경이 인격을 만든다.

우리가 알 수 있는 유일한 것은 우리가 아무것도 알지 못한다는 것이다. 그리고 이것이 인간 지혜의 최고 수준이다.

We can know only that we know nothing. And that is the highest degree of human wisdom.

인생의 유일한 의미는 인간성에 봉사하는 것이다.

The sole meaning of life is to serve humanity.

전투에서 가장 중요한 일은 마지막 승부에서 이기는 것이다.

조그만 변화들이 일어날 때, 진정한 삶이 살아진다.

True life is lived when tiny changes occur.

좋은 말은 언제나 단순하며, 언제나 만인에게 이해되며, 그리고 언제나 합리적이다.

타인의 불행 위에 자신의 행복을 쌓으려 해서는 안 된다. 타인의 행복 안에 자신의 행복도 있는 것이다.

타인의 죄는 눈앞에 있지만, 자기의 죄는 등 뒤에 있다.

평생 한 사람만을 사랑할 수 있다고 말하는 것은 당신이 사는 내내 하나의 촛불이 계속 탈 거라고 말하는 것과 꼭 마찬가지다.

To say that you can love one person all your life is just like saying that one candle will continue burning as long as you live.

훌륭한 인간이란 자신의 죄를 언제까지나 잊지 않고 자신의 선행은 금방 잊어버리는 사람이다. 고약한 인간이란 이와 반대로 자신의 선행은 언제까지나 잊지 않고 자신의 죄는 금방 잊어버리는 사람이다. 자신을 용서하지 말라. 그러면 타인을 쉽게 용서할 수 있을 것이다.

레닌

충분히 자주 하는 거짓말은 진실이 된다

20세기에 미국과 함께 G2로서 전 세계를 양분했던 저 소련의 위력을 거론하지 않더라도 역사에서 갖는 러시아의 존재감은 만만치가 않다. 저들은 나폴레옹과 히틀러를 떨게 만들었고, 비록 사정상 지긴 했지만 저 일본의 도고 헤이하치로와도 결전을 치렀다. 뛰어난 것은 군사력이나 기술력만이 아니다. 톨스토이, 도스토옙스키, 투르게네프, 푸시킨, 차이콥스키, 라흐마니노프 등의 이름만 들어도 우리는 고개를 끄덕이며 그 수준을 인정할 수밖에 없다. 그런데 철학의 역사에서는 좀 뜻밖에 러시아철학이라는 말이 별로 들리지 않는다. 일단 주류는 아니다. 그러나 전혀 없지는 않다. 유럽 정통 철학과 그 성격은 좀 아니 많이 다르지만, 우선 레닌(Владимир

Ильи́ч Ле́нин[Vladimir Ilyich Ulyanov Lenin], 1870-1924)의 철학이 있다. 대개 알다시피 그의 철학은 특수하다. 순수 철학이라기보다는 공산주의 혁명사상이다. 마르크스 철학에 그 뿌리를 두고 있다. 그러나 마르크스-레닌주의라는 표현에서 알 수 있듯이 그의 사상은 마르크스와 병렬된다. 그만한 뭔가가 있다는 말이다. 특히 구체적 실천에서 그의 말들은 선명한 색깔을 드러낸다. "추상적인 진리는 없다. 진리는 항상 구체적이다." "사상은 대중의 마음을 붙잡았을 때, 힘이 된다." "노동계급의 힘은 조직이다. 대중을 조직하지 않고는 프롤레타리아는 무(無)다." 같은 말도 그중 하나다. 아주 아주 새빨간 볼셰비즘의 색깔이다.

따라서 그의 사상과 언어는 혁명이라는 지극히 특수한 문맥에서 주로 울림을 갖는다. 그의 대표적 명언의 하나로 알려진 이 말도 그럴지 모르겠다.

충분히 자주 하는 거짓말은 진실이 된다.

A lie told often enough becomes the truth.

이 말이 등장하는 배경이나 맥락은 잘 알려진 바 없지만, 그가 강조했던 '전략'의 일환으로 거짓말을 활용하라는 것이 될 수도 있고 자본가들의 반복되는 감언이설을 진실로 믿지 말라는 경계가 될 수도 있다. 해석은 우리의 몫이다. 그 자신이 말한 실제 맥락과 약간 달라도 별 상관없다. 명언의 수용에는 그런 해석의 자유가 주어져 있다.

"충분히 자주 하는 거짓말은 진실이 된다." 아닌 게 아니라 그렇다. 가난한 남조선에는 거지가 득시글거린다는 반복된 거짓말은 북한 주민들에게는 진실이 되어 있다. 그런 거짓말은 나름의 전략적 가치가 있을 것이다. 공산주의자들이 '언어철학'을 특별히 중시하는 것도 그 때문이다. 투쟁적인 언어를 반복해서 들으면 투쟁적인 의식이 형성되는 것이다. 유산계급을 타도하는 혁명의 성공을 위해서는 적(敵)인 유산계급에 대한 증오심과 투쟁의지가 필요하고 그런 의식 형성을 위해 끊임없이 그것을 언어로써 부채질할 필요가 있는 것이다. 언어는 그 결정적인 수단이 된다. 그 목적을 위해 거짓말도 얼마든지 동원된다. 레닌을 그걸 꿰뚫어 알고 있었던 것이다.

꼭 공산주의 혁명의 경우만이 아니다. 그의 이 말은 보편적인 진리성을 갖는다. 어릴 적, 명절 음식용으로 준비해둔 오징어를 아이들이 몰래 갖다 먹으면 어른들은 '오징어 많이 먹으면 피가 마른다'고 거짓말을 했다. 여러 번 거듭 들으면서 그 거짓말은 아이들에게 진실이 되었다. 아이들은 지레 겁을 먹고 오징어로 가던 손을 멈칫하게 된다. 온갖 사기에도 이런 거짓말의 메커니즘은 교묘히 작용한다. 거듭된 그 거짓말이 진실이라고 믿기에 피해자는 결국 당하게 되는 것이다. 어쩌면 저 인도인들이 굳게 믿고 있는 윤회전생이라는 것도,

그리고 많은 종교인들이 믿고 있는 소위 천국이나 극락세계도 그런 '충분히 자주한 거짓말'의 과정을 거친 '진실'인지도 모른다. 물론 그것은 확인 불가능이다. 역시 확인 불가능이지만 어쩌면 적지 않은 사람들이 '진실'인 양 믿고 있는 저 사주팔자 같은 것도 이 메커니즘에 해당하는 것인지도 모른다. 이런 게 통하는 것은 어쩌면 인간지성의 한계라는 것이 그 바탕에 있기 때문인지도 모른다. 하여간 레닌의 이 말은 일리 있다. 충분히 자주 하는 거짓말은 진실이 된다. 어쩌면 그렇게 충분히 자주 거짓말하는 당사자도 나중엔 그 스스로 그 거짓말을 진실이라 믿게 되는 건지도 모른다. '…지도 모른다'는 것은 그런 게 다 확인 불가능이기 때문이다. 충분히 자주 하는 거짓말이 자기 최면을 걸어 스스로도 진실이라 믿게 된다는, 그런 것을 연구하는 심리학은 없는지 모르겠다.

어쨌거나 레닌의 이 말 자체는 진실성을 갖는다. 그러니 소위 말하는 '선의의 거짓말'이라면 활용할 필요도 있겠다. 이윽고 그 거짓말은 진실이 될 수도 있으니까. 그러나 동시에 경계를 늦추지도 말자. 진실인 줄 알고 있는 것이 실은 거듭된 거짓말로 인한 가짜일 수도 있으니까. 하여간 말을 아주 쉽게 하여 인민대중을 설득하는 특별한 재능이 있었다고 하니 레닌은 확실히 보통사람은 아니었다. 그의 명언으로 알려진 다른 말들을 봐도 그것은 확인된다.

참고삼아 그의 다른 명언들 몇 개를 뒤에 달아둔다.

가장 위험한 것은 패배보다도 자신의 패배를 인정하기를 두려워하는 것이며, 그 패배로부터 아무것도 배우지 않는 것이다.

결함을 의식하는 것은 그것을 절반 이상 고친 것이나 다를 바 없다.

경제문제를 구명하지 않는 한, 현대의 전쟁과 정치를 평가할 때 판단이 불가능하다.

누가 그대를 칭찬하는지 말해보라. 그대의 잘못이 무엇인지를 가르쳐주겠다.

무관심은 권력자, 통치자에 대한 조용한 지지이다.

생산수단의 사유가 존속하는 한, 독점자본주의적 경제기반에 선 채로 제국주의 전쟁을 피하는 것은 절대로 불가능하다.

신뢰는 좋은 것이다. 그러나 통제는 더 좋은 것이다.

배우라, 배우라, 또 배우라.

백 명의 힘은 천 명의 힘보다 큰 것이 될 수 있을까? 물론 될 수 있다. 게다가 백 명이 조직되어 있다면 실제로 그렇다.

부자와 사기꾼은 메달 앞뒷면의 차이밖에 없다.

일보 전진, 이보 후퇴

일하지 않는 자 먹지도 말라.

자본가를 부정하려는 자는 자본가들의 화폐를 파괴하지 않으면 안 된다.

책은 대단한 힘이다.

폭풍은 강한 나무를 만든다.

혁명은 전 국민적인 위기 없이는 일어나지 않는다.

베르다예프

굴종에 안주하면 고뇌가 감소하고
굴종을 거부하면 고뇌는 증가한다

베르다예프(Николай А. Бердяев[Nikolai Aleksandrovich Berdyaev], 1874-1948)의 이름을 아는 이는 그다지 많지 않다. 그러나 그는 격동의 20세기 초, 마르크스주의와 실존주의와 나치즘과 볼셰비즘 등을 현실로서 체험하며 '인격'과 '자유'라는 철학적 주제를 중심에 두는 소위 '인격주의적 사회주의'를 제창함으로써 철학의 세계에 그 존재를 부각했다. 《인텔리겐치아의 정신적 위기》, 《자유의 철학》, 《창조의 의미, 인간의 정당화 경험》, 《역사의 의미》, 《새로운 중세》, 《러시아의 이념》, 《러시아 공산주의의 기원과 의미》, 《현대 세계의 인간 운명》 등 그의 저서들도 만만치가 않다. 러시아 혁명 직후 모스크바대학 교수를 지내기도 했으나 공산주의 정부로부터 국외 추방을 당해 베를린과 파리를 떠돌았으니 평탄한 삶은 아니었다. 촛불처럼 바람에 흔들리는 그 고단한 삶의 그림자가 '인격'과 '자유'라는 저 두 단어에서도 어른거린다.

《노예냐 자유냐》에 이런 말이 보인다.

굴종에 안주하면 고뇌가 감소하고, 굴종을 거부하면 고뇌는 증가한다.

격동하는 역사의 한가운데를 통과한 사람다운 명언이다. 우리도 살아봐서 알지만, 인간이라는 게, 삶이라는 게, 참 만만한 게 아니다. 무지갯빛 희망이나 고요한 평화, 따뜻한 사랑, 그런 것만 이야기할 수가 없다. 상황은 항상 적대적으로 우리 앞에 버티고 서 있다. 그 상황이라는 게 그야말로 '노예냐 자유냐'를 물으며 우리를 압박하는 것이다. 우리는 선택해야 한다. 그런 게 실존의 과제, 실존의 운명이기도 하다. 그런 갈림길에 베르다예프의 철학은 인격과 자유라는 쪽을 가리키는 하나의 이정표로서 우뚝 서 있다. 그 반대쪽, 즉 노예를, 즉 굴종을 선택하고 그런 상태에 안주하면 편할 수도 있다. 굴종을 거부하고 자유를 선택하면 온갖 고뇌를 감수해야 한다. 그럼에도 그 유혹에 맞서라고 베르다예프는 '인격(인간성)'이라는 깃발을 휘두른다.

인격은 역행이고 항쟁이며, 자기와 세계의 정복이며, 예속에 대한 승리이며 해방이다.

역행, 항쟁, 정복, 승리, 해방이라는 부담스럽고도 솔깃한 단어가 무겁게 아프게 우리 가슴에 울려온다. 그런데 바로 그런 것이 '인격'에 다름 아니라고 그는 강조한다. 이 단어가 마치 동토에 피어난 장미처럼 붉고 향기롭다. 좀 길지만, 이 인격에 관한 그의 문맥을 살펴보면 이렇다.

인격은 고뇌를 체험할 수 있을 뿐만 아니라 어떤 의미에서 인격은 고뇌이다. 인격과 그 통합을 성취하려는 고뇌는 괴로움이 많은 과정이다. 인격의 자기실현은 저항을 일으키고, 노예화하려는 세상의 권력과의 투쟁을 요구하며, 세상을 따르는 것을 거부하려 한다. 인격을 부정하고 주위의 세상에로의 동화에 안주하려는 것은 확실히 고뇌를 더는 일이 될 것이다. 사람은 이런 길을 걸으려고 하기 쉽다. 굴종에 안주하면 고뇌가 감소하는데, 굴종을 거부하면 고뇌는 증가한다. 인간 세계의 고통은 인격의 탄생과 인간 자신의 본성을 위한 투쟁에 있다. 그러나 자유는 고난을 야기한다. 만일 사람이 자유를 거부한다면 고난을 덜 수 있을 것이다. 인간의 가치, 곧 인격성은 다시 말하면 자유는 고난을 감내하고 고통을 견디는 능력을 일깨운다.

곧바로 납득된다. 다만 현실적으로 그 고뇌와 고난을 감당하기는 쉽지 않다. 그래서 거부하고 저항하고 투쟁하는 인격이 필요한 것이다. 인격은 용기이기도 하다.

그는 이 맥락에서 '폭군으로서의 인간'을 폭로하기도 한다.

인간의 타락은 무엇보다도 그가 폭군이라는 사실 속에서 대부분 표현된 것을 발견할 수 있다. 큰 규모 또는 작은 규모 속에서, 국가 혹은 세계 역사의 페이지 속에서, 가족 속에서, 점포 속에서, 사무실 속에서, 대단히 미미한 지위를 차지하는 관료적 기구 속에서 인간은 폭군 노릇을 한다. 인간은 자신의 역할을 수행하고, 그 역할 속에서 자기에게 특별한 중요성을 부여하고, 주위의 사람들 위에서 폭군 역할을 하는 극복하기 어려운 경향을 갖고 있다. 인간은 증오 속에서 뿐만 아니라 사랑 속에서도 폭군이 된다.

크고 작은 온갖 장면에서 인간은 폭군이라는 것이다. "주위의 사람들 위에서 폭군 역할을 하는 극복하기 어려운 경향을 갖고 있다"는 것이다. 심지어 사랑 속에서도! 맥락은 좀 다르지만 요즘 더러 화제가 되는 소위 '가정 폭력'이나 '데이트 폭력'에서도 그런 경향은 확인된다. 이런 경향은 '유혹'이기도 하다. 거부하기 힘든 미녀의 윙크 같다.

인간 역사에서 최대의 유혹은 통치권(sovereignty)을 행사하려는 유혹이다.

그리고 그 가운데는 매우 강력하게 노예화하는 힘이 숨어 있다.

통치권의 유혹에는 역사상 심히 많은 종류의 형태가 있다.

이 유혹들은 그 모습을 여러 가지로 변화시키면서 사람을 그릇된 길로 인도했다.

큰 권력을 획득하려는 이 유혹은 역사상 사람에게서 떠난 적이 없었다.

통치, 지배, 권력, 폭력은 이렇게 유혹이기 때문에 우리는 경계해야 하는 것이고 뿌리쳐야 하는 것이다. 그게 베르댜예프의 '인격'이었다. 육중한 남성적 언어로 전해지는 러시아의 매력이다.

참고로 그의 명언들 몇 개를 더 소개해둔다.

각 개인의 영혼은 전체 역사보다도 더 큰 의미와 가치를 갖는다.

Every single human soul has more meaning and value than the whole of history.

공포를 이겨내는 것은 인간의 첫 번째 정신적 의무이다.

Victory over fear is the first spiritual duty of man.

나를 위한 빵은 물질적인 문제다. 이웃을 위한 빵은 정신적인 문제다.

Bread for me is a material question. Bread for my neighbor is a spiritual one.

신은 진과 선과 미와 사랑 속에서 발견되지 세계질서 속에서 발견되지 않는다.

God is to be found in truth, in Goodness, Beauty and Love, but not in the world order.

그리스 편

탈레스

물이 만물의 근원이다

대략 2,600년 전, 그리스의 이오니아 지방(현재의 터키 서부) 밀레토스에서 '철학'이라는 것이 첫발을 내디뎠을 때, 그 출발선에는 탈레스(Thales, BC 625?-BC 547?)라는 인물이 있었다. 약 200년 후 거철 아리스토텔레스는 그를 '철학의 시조'라고 평가했다. 그는 솔론, 킬론 등과 함께 고대 그리스의 '7현인' 중 한 사람으로 손꼽히기도 했다. 그는 일식을 정확히 예측했고 피라미드의 높이도 측정했고 사업적-군사적인 식견도 있었다. 엄청 머리 좋은 사람이었다.

그가 남긴 많지 않은 말들 중에 이런 것이 있다.

물이 만물의 근원이다.

to d'hydor arche tes physeos esti

무려 만학의 왕인 철학의 처음인 만큼 철학사나 개론서 같은 데서도 반드시 언급된다. 그러나 이 말의 철학적 내용에 대해서는 자세히 깊이 있게 논하는 경우가 의외로 드물다. 심지어 이 말을 비롯한 당시의 여러 철학들을 '물활론' 어쩌고 하는 엉뚱한 말로 해석하기도 한다. 지-수-화-풍[공기] 같은 물질들을 살아 있는 생명체처럼 간주했다는 해석이다. 이런 교과서적 해석은 다분히 오해의 소지가 있기 때문에 조심해야 한다. 나는 이런 해석을 별로 신뢰하지 않는다.

탈레스의 이 말은 무지한 고대인이 어쩌다 내뱉은 황당한 발언이 절대 아니다. 온갖 지식을 집대성하여 만학의 아버지라 불리는 아리스토텔레스도 자기 나름으로 이 말의 철학적 근거를 제시한다.

"그가 이러한 견해를 갖게 된 것은, 아마도 만물의 영양이 물기 있다는 것, 또 열 자체가 물기 있는 것으로부터 생겨나며, 또 그것에 의해 유지된다는 것 등을 관찰했기 때문일 것이다. […] 동시에 또 만물의 종자가 물기 있다는 본성을 가지고 있다는 것 때문이기도 하다." 《형이상학》

만유(panta) 혹은 자연(physis)의 근원(arche)이라는 것은 사실 간단한 주제가 아니다. '그것으로부터 만물이 생겨나는 그런 것'을 근원이라고 아리스토텔레스는 규정했다. 엄청나게 중요한 것이다. 그런데 '물(hydor)'이 바로 그런 근원이라고 탈레스는 제시했다. 탈레스는 왜 하필 물을 만물의 근원으로 손꼽았을까? 나름의 근거가 충분히 있다. 나는 그의 이 말을 수긍하고 지지한다. 왜? '물'은 그만큼 (즉 만유의 근원이라고 할 만큼) 중요한 그 무엇이기 때문이다.

내가 거듭 강조하는 '결여가정'을 동원해보자. '만일 물이 없다면…' 어떻게 될까? 물의 중요성은 1초도 안 돼 곧바로 드러난다. 갈증으로 목이 타는 건 한참 나중이다. 샤워도 목욕도 못한다. 청소도 못한다. 화장실도 푸세식으로 돌아가야 한다. 국도 탕도 못 끓인다. 커피나 맥주를 못 마시는 것도 한참 다음이다. 수도국과 생수회사가 망하는 것도 한참 후순위다. 무엇보다 존재의 근본이 흔들리기 때문이다. 아니 사라지기 때문이다. 인체의 대략 70퍼센트가 물이라니 전 인류의 육체가 순식간에 말라 무말랭이처럼 쪼그라든다. 물이 없다면 그 즉시로 인류 멸망인 것이다. 아니 어디 인류뿐이겠는가. 모든 동식물이 다 멸종이다. 어디 그뿐인가. 지구의 약 70퍼센트가 물이라고 하니 사실상 '수성'인 이 지구 자체가 더 이상 지구일 수 없게 된다. 구름도 없어 비도 내리지 않고 지상의 모든 강도 호수도 바다도 사라진다. 화성과 엇비슷해질 것이다. 재난도 이런 재난이 없다.

물의 존재를 찾기 위해 전 우주를 뒤지고 있는 나사의 천문학적인 투자와 노력을 생각해보라. 화성의 지하니 타이탄이니 하며 물의 '흔적'을 찾았다고 떠벌리기도 했지만, 그 물을 내 앞에 대령해 목구멍으로 넘기기 전까지는 그건 아직도 물이 아니다. 그만큼 귀하고 귀한 존재가 물인 것이다. 무엇보다도 그것은 생명의 근원이다.

그런데 보라. 바로 지금 여기, 우리의 안에 앞에 위에 그토록 대단한 물이 가득하지 않은가. 찰랑거리며 흐르는 시냇물, 강물, 그리고 바다, 비 …. 축복도 이런 축복이 없다. 게다가 이 모든 게 다 공짜다. 무제한 무기한 무료로 주어져 있다.

그런데…, 지금 우리는 그 물을 어떻게 대접하고 있는가. 불과 얼마 전, 우리 세대가 어렸을 때만 해도 우리는 빗물과 우물과 시냇물을 그대로 마셨다. 그렇게 달고 맛있을 수가 없었다. 그랬던 것이 불과 수십 년 사이에 다 썩어버렸다. 바다도 예외 없다. 내리는 빗물도 산성수란다. 비싼 돈을 내고 생수를 사 먹는 것이 전혀 낯설지 않게 되었다. 정수기에도 돈을 아끼지 않는다. 그러면서 폐수를 몰래 강이나 바다에 버리기도 한다. 후쿠시마 오염수도 바다에 버려진다. 남태평양에는 제주도보다 더 큰 쓰레기 섬이 생겨나기도 했다. 가히 물에 대한 도발이고 물에 대한 학대다. 물에 대한 불경이기도 하다.

물과 인간의 관계를 재설정하지 않으면 안 된다. 물이 인간에 대해 분노하면, 등을 돌리면, 코로나19보다 더한, 노아의 홍수보다 더한, 끔찍한 재앙이 닥칠 수도 있다. 현재 우리 주변에 펼쳐지고 있는 상황들을 보면 이 모든 게 다 '과욕한 인간에 대한 경고'라는 생각을 지울 수가 없다. 예전 같으면 만국의 군왕들이 석고대죄라도 해야 할 판국이다. '물'로써 철학의 세계에 데뷔한 시조 탈레스를 대신하여 나도 현재의 인류를 향해 경고장을, 옐로카드 아니 레드카드를 발급한다. 물의 가치를 인식하라. 물에 대한 불경과 학대를 반성하라. 물이 없는 자연은 이미 자연이 아니다.

탈레스

만물은 신들로 가득 차 있다

철학의 시조 탈레스가 남긴 많지 않은 말 중에 이런 것도 있다.

만물은 신들로 가득 차 있다.
panta plere theon einai

일반에게 그다지 널리 알려진 말은 아니다. 그러나 철학 전공자들 사이에는 제법 알려진 명언 중의 하나다.

그런데 이 말은 보통 이른바 '범신론'적 명제로 기독교적 일신론과 대치점에 있는 것으로 받아들여지기도 한다. 그래서 극단적인 어떤 기독교도들은 이런 견해의 소지자를 '사탄'

으로 단정하고 매도하기도 한다. 그런데 정말 그런 걸까? 이 말은 반기독교적인 것일까? 신성모독일까? 아니다. 그렇게 단순하지 않다. 이른바 범신론/다신론은 이른바 일신론과 모순적-대립적인 것이 아니다. 일신과 범신이니 논리적으로는 언뜻 반대처럼 보일 수도 있다. 그러나 이 두 견해는 신학적-철학적 해석에 따라 얼마든지 조화롭게 양립할 수가 있다. 아니 같은 것이 될 수도 있다. 황당한 이야기가 아니다. 이하 탈레스를 위한 철학적 변론을 한 자락 펼쳐본다.

"만물은 신들로 가득 차 있다"라고 말한 탈레스는 아마도 기독교라는 저 유대인의 종교를 몰랐을 것이다. 예수보다 약 600년 전의 인물이었으니까. 그리고 널리 알려진 대로 그의 시대는 아직 '로고스(logos)' 이전의 '뮈토스(mythos)' 시대이기도 했다. 신화적인 시각으로 세계를 바라보던 시대, 호메로스와 헤시오도스의 언어로 세계를 읽던 시대였다. 그들에게 태양은 아폴론이었고 대지는 가이아였고 우주는 우라노스였고 바다는 포세이돈이었고 아름다움은 아프로디테였고 사랑은 에로스였고 지혜는 아테나였고 정의는 디케였고 … 그렇게 자연의 일체가 각각 모두 다 신들이었다. 후대의 포이어바흐가 해석했듯 그 신들의 모습은 명백히 인간 자신의 모습이 투영된 것이었다. 다만 인간이 '죽을 자', '유한한 자'인 데 비해 신들은 '죽지 않는 자', '무한 능력자'라는 결정적 차이가 있었다. 그건 아마도 인간이 스스로의 한계를 인식하여 그 한계를 넘어선 존재를 상정한 결과일 것이다. 그 상정에는 어떤 기대의 의탁도 있었을 것이다. 인간의 한계를 넘어선 것, 그런 의미에서의 '신적인 것'은, 특히 유한한 인간의 입장에서 볼 때, 그야말로 만유에 걸쳐 있다. 그 일체 존재가 다 인간의 능력 바깥에 있는 것이다.

바로 이런 배경에서 탈레스의 저 말이 의미를 갖게 된다. 만물은 어느 것 하나 예외 없이 (인간 자신까지도 포함해서) 다 인간의 능력을 넘어서는 '신적인 것'이다. 우주도 태양도 달도 대지도 바다도 … 만유가 모두 다 인간의 능력 '저편에' 있는 것이다. 그런 모습을 다소 문학적으로 표현한 것이 바로 저 탈레스의 말인 것이다. "만물은 신들로 가득 차 있다."

그렇다면 이 말이 어떻게 저 기독교의 일신론과 연결될 수 있는가? 간단하다. 기독교적 세계관에 따르면 일체 존재는 다 유일 절대적인 그리고 전능한 신이 만드신 것, 즉 '창조'의 결과물, 피조물(ens creatum)이다. 이것은 저 구약성서의 창세기를 통해 우리에게 익숙한 서사다. 그 창조의 결과로서 존재하게 된 만유가 바로 탈레스가 말한 저 '만물'과 다른 게 아닌 것이다. 같은 것이다. 그러니 탈레스의 저 말은 실은 "만유는 신의 피조물이다"라는 저 기독교적 근본 명제와 내용적으로 서로 통하는 것이다. 결과인 만유 속에 원인인 신의 의지가 담겨 있다는 말이다. 만유에 신의 숨결이, 혹은 손길이 닿아 있다는 말이다. 정말 그럴까? 그렇다. 만유는 어느 것 하나 신의 것 아닌 것이 없다. '신의 능력' 없이는 오묘한 만유의 존재를 설명할 길이 없다. '만물은 신들로 가득 차 있다'는 말은 '만물은 신의 능력으로 가득 차 있다'는 말인 것이다.

물론 신의 존재나 그 신에 의한 만유의 창조라는 것은 이성적으로 확인 불가능한 것이고, 종교적 신앙으로 받아들여야만, 그리고 그 범위 내에서만, 비로소 유효한 것일 수 있다. 그러나 그걸 꼭 기독교적 '여호와' 신으로 부르지 않더라도, (그게 Deus이든 God이든 Gott이든 하늘이든 天이든 神様이든 또 무엇이든) 세계와 만유를 이와 같이 있게 한, 그리고 주재하는, 그런 엄청난 능력을 우리 인간은 특정 종교-신앙과 무관하게 인정하지 않을 도리가 없다. 그런 걸 인정하지 않고서는 현실적으로 우리 눈앞에 펼쳐진 이 일체존재를, 자연법칙을, 세계현상을 설명할 도리가 없기 때문이다. 그만큼 이 일체존재가 어마어마한 현상이기 때문이다. 흔해빠진 민들레 한 송이에서 이 거대한 우주공간의 존재에 이르기까지 만유는 어느 것 하나 놀라운 신비 아닌 것이 없다. 인간의 존재는 더더욱 그렇다. '신'의 존재와 의지와 능력을 전제하지 않고서는 그 어떤 첨단과학으로도 이 자연현상이 설명되지 않는다. 수학과 과학이 동원될수록 더욱 그렇다.

이런 근본 사실을 겸허하고 솔직하게 사유한다면, 그 누구도 탈레스의 저 말에 토를 달 수가 없다. “만물은 신들로 가득 차 있다.” 잘 살펴보라. 아침 햇살에 방긋 웃는 저 나팔꽃 속에도, 그 꽃을 찾아가는 저 나비의 날갯짓에도, 저 밥 한 톨에도, 저 물 한 모금에도 … 저 일월성신의 움직임에도, 저 무한공간의 침묵 속에도, 신들이 즉 신의 숨결이 가득 차 있다. 그 존재를 느끼지 못하고 듣지 못하고 보지 못한다면 그건 오만하거나 머리가 나쁘거나 고집에 사로잡혀 있거나 하기 때문이다. 말의 표현보다도 그 표현에 담긴 의미를 읽지 않으면 안 된다. “신이 곧 자연(deus sive natura)”이라고 했던, 그래서 파문까지 당했던, 저 스피노자의 말도 실은 같은 것이었다. 이 말은 신의 격하가 절대 아니다. 무지한 고집이 곧잘 문제를 일으킨다. 알아두자. 범신론은 절대 신에 대한 불경이 아니다. 신성모독이란 터무니없다. 오히려 그 반대다. 만유에 대한 신의 지배를 지칭하는 말이다.

피타고라스

수(數)[…]가 원리다

서양철학의 역사 초반부에서 우리는 피타고라스(Pythagoras, BC 570-BC 495)라는 이름을 만난다. 피타고라스 정리로 유명한 수학자가 왜 철학의 역사에? 좀 아는 사람들은 고개를 갸우뚱하게 된다. 그는 수학자가 맞다. 그런데 엄연한 철학자이기도 하다. 철학세계에서는 이런 양다리 혹은 문어다리가 드물지 않다. 아니 어떤 점에서는 거의 대부분의 철학자들이 다 그렇다. 아리스토텔레스는 요즘 식으로 말하면 인문-사회-자연과학 전체를 아우르는 만학의 아버지로 평가되고, 아우구스티누스와 아퀴나스를 비롯한 중세의 모든 철학자들은 동시에 신학자 겸 사제였고, 갈릴레이, 데카르트, 파스칼, 라이프니츠 등도 다 수학과 자연과학에서 두각을 드러냈고, 현대

철학에서도 철학 한 분야만 파고든 사람은 거의 없다. 사르트르는 문학, 러셀은 수학, 레비-스트로스는 문화인류학, 제임스는 심리학, 듀이는 교육학에 걸쳐 있다.

피타고라스는 사실 엄밀하게 따지자면 수학도 철학도 본업이 아니다. 그는 말하자면 피타고라스교라는 종교의 교주였다. 큰 규모의 추종자를 거느리며 '영혼의 정화(katharsis tes psyches)'를 외친 인물이었다. 영혼의 윤회전생을 믿는 오르페우스교와도 닿아 있는 그들의 교리는 "육체는 [영혼의] 무덤(σῶμά σῆμα[soma sema])"이라 생각했고 거기서 벗어나 거룩하고 청정한 영혼의 세계로 되돌아가기 위해 엄격한 규율을 지키며 심신을 단련하는 공동생활을 했고, 순수한 영혼의 활동에 종사하는 것이 바로 '영혼의 정화'를 위한 수행이라 여겼다. 그 구체적인 내용이 바로 수학과 철학과 음악 등이었다. 참으로 독특한 종교였다. 이탈리아 남부를 중심으로 활동했던 그들은 피타고라스 사후 백여 년 플라톤이 거기를 방문했을 때까지도 그 세력을 유지하고 있었다. 교류를 통해 플라톤 철학(특히 이데아론)의 형성에도 큰 영향을 주었다. 플라톤이 훗날 유럽 최초의 대학인 '아카데메이아'를 설립하고 그 입구에 "기하학을 모르는 자는 들어오지 말라"고 써 붙였던 것도 어떤 점에서는 피타고라스의 영향이었다.

그 피타고라스 철학의 한 핵심에 '수'가 있다. 그는 이렇게 말했다.

수(arithmoi)와 수에서의 비례(symmetria) 내지 조화(harmonia)가 원리(arche)다.

수와 수적인 질서를 모든 존재자의 원리라고 천명한 이 간단한 한마디는 위대한 철학이다. 이것은 실은 '전 인류에 대한 결정적인 공헌'으로까지 높이 평가될 수 있다. 아닌 게 아니라 그렇다. 실로 만유 속에 수적인 질서가 깃들어 있다. 그는 그것을 향한 시선을 최초로 공식화시킨 것이다. 최초의 지적, 드러냄, 그건 어마어마한 공로가 아닐 수 없다. 물론 그 이전에도 이미 수학은 존재했고, 또 그가 이룩한 그 수학적 성과도 그 이후 현재에 이르는 수학적 성과들에 비한다면 어쩌면 원시적인 수준에 불과한 것일지 모른다. 게다가 좀 엉뚱해 보이는 수론도 없지 않다. 예컨대 홀수는 선하고 짝수는 악하다, 여성은 2 남성은 3 그리고 결혼은 그것을 곱한 6이다 등등. 고개를 갸우뚱하게 만드는 주장들도 적지 않다. 또 오직 자연수만을 인정한 결과, 무리수의 존재를 인정하지 않았고 그래서 그것을 누설한 제자 히파수스를 그의 다른 제자들이 바닷물에 빠트려 죽인 사건도 있었다. 아무리 수를 받든다지만 이건 좀 아니다. 하지만! 그럼에도 불구하고! 공로는 공로다. 보이지 않는 사물들에 내재한 수학적 원리들을 바라보는 그 '시선'을 처음으로 철학화했다는 것은, 오늘날 우리가 수학의 덕분으로 누리고 있는 온갖 문명의 이기들을 생각해볼 때, 실로 엄청난 것이라 아니 할 수 없다. 인류역사상 획기적인 사건의 하나가 될 수 있다. 그런 상징적 의미가 있는 것이다. 특히 현대문명의 성립에 있어 수적인 질서의 파악은, 혹은 사물과 현상에 대한 수적인 접근은 결정적인 것이다. 수가 없이는 길이도 높이도 면적도 부피도 잴 수가 없다. 가격도 매길 수가 없고 돈도 그 의미를 상실한다. 수를 모르고서는 아무것도 돌아가지 않는다. 수학의 도움 없이 인간의 우주선이 달에까지 도달하는 것은 원천적으로 불가능하다. 건축도 그렇고 의료도 그렇고 금융도 그렇다. 컴퓨터도 휴대폰도 수가 없이는 돌아갈 수 없다. 월급도 세금도 다 숫자이니 수가 없이는 집안이나 국가나 그 경제도 돌아갈 수 없다. 그가 실제로 강조했듯, 음악에도 수적인 질서가 있어 조화로운 소리를 내고, 미술에도 명도-채도 등 수적인 조화가 숨어 아름다움을 드러낸다. 온갖 것이 다 수로 표현된다. 키도 체중도 비율도, 옷도 신발도, 거리도 시간도, 예산도 결산도, 체온도 혈압도 혈당도, 평점도 석차도, 인기도도 득표율도, 주가도 이자도 … 정말이지 한도 끝도 없다. 온 우주에 수가 가득하다. 현대인의 시선은 온통 수만을 바라본다. 수가 없이는 아무것도 가늠할 수가 없다. 이러니 '수가 원리'라는 말은 진리가 아닐 수 없다. 피타고라스의 존재는 수와 관련된 그 모든 것의 상징인 셈이다. "수가 원리다"라는 이 말 한마디가 그토록 중요한 것이다.

그런데 이런 엄청난 중요성에 비해 그는 아직도 충분히 선전되고 있지 못하다. 수많은 철학 교과서들도 그를 너무나도 간단히 취급하고 넘어간다. 그것은 부당하다. 피타고라스, 그는 위대했다. 수학자로서도 철학자로서도 그리고 종교인으로서도. 수의 힘이 사라지지 않는 한, 그리고 영혼에 대한 관심이 살아 있는 한, 사람들은 피타고라스의 이름을 함께 기억하지 않으면 안 된다.

헤라클레이토스

모든 것은 흐른다

보통사람들은 영웅 헤라클레스는 좀 알아도 철인 헤라클레이토스는 잘 모른다. 그런데 엄청 중요한 철학자다. 사회주의의 핵심인 이른바 변증법의 선구자로 평가되기도 한다.

헤라클레이토스(Herakleitos, BC 535-BC 475)는 고대 그리스 이오니아 지역[현재의 터키 서부] 에페소스의 왕족으로 고매한 인품의 소유자였다. 그러나 존경하던 인물 헤르모도로스가 추방당하자 사람들에게 환멸을 느껴 아르테미스 신전에서 아이들과 주사위놀이를 하며 정사에는 참여하지 않았다고 한다. “일반 대중들은 … 서투른 시인들을 믿고 천민들을 스승으로 삼는다. 왜냐하면 대부분의 사람들이 다 나쁘고 선한 사람들은 얼마 되지 않는다는 것을 모르기 때문이다.” “한

명이라도 가장 선한 사람이라면 내게는 만 명의 사람과 같다." 이런 말에서 그의 인간불신, 인간혐오, 인격중시를 짐작할 수도 있다. 책도 썼는데, 아무나 그것에 대해 아는 체하는 게 싫었던지 일부러 애매하게 써서 '어둠의 사람(skoteinos)', '수수께끼를 말하는 사람(ainiktēs)'이라는 별명도 얻었던 모양이다. 더욱이 "나는 나 자신을 탐구해서 모든 것을 자신으로부터 배웠다." "무엇이든 보고 듣고 배우고 할 수 있는 것, 이것이 내가 우선 존중하는 것"이라는 그의 말은 무척이나 신선하다. 자기 자신과 현상 그 자체로 눈길을 향한다는 것이 중요한 철학적 태도의 하나라는 것은 '생각하는 나'를 성찰하는 데카르트나, '이성'의 선험철학적 비판을 주창하는 칸트나, 전통의 권위를 괄호치고 '순수의식'의 영역으로 환원하자는 후설이나, 그런 철학의 효시가 된다. 그런 게 철학의 중요한 정신이고 철학의 한 축이다.

그의 주요 개념으로 우리에게 전해지는 '로고스(logos)'나 '만물유전(panta rhei)'이나 '싸움(polemos)'이나 '불(pyr)'이나 '조화(harmonia)' 같은 것도 모두 다 그 자신 속에서 직접 읽어낼 수 있었던, 혹은 그가 직접 보고 듣고 배웠던 것이라고 추측된다. 그래서 그의 철학에는 특유의 힘이 느껴진다.

그가 남긴 여러 위대한 철학적 통찰들 중에 우리 동양인들에게 특별히 와 닿는 말이 하나 있다.

모든 것은 흐른다.

πάντα ῥεῖ / panta rhei

이 말은 그가 말한 강물의 비유에서도 알 수 있듯이, "끊임없이 새로운 것이 다가와서는 멀어져 가고, 또 다가와서는 멀어져 간다"는 것을 압축한다. 즉 그 어떤 것도 멈추어 있지 않고 변화한다는 것이다. 누구든 어렸던-젊었던 자기와 수십 년이 지난 후의 늙어버린 자기를 비교해보면 그가 말한 '흐름' 즉 '변화'는 너무나도 확실한 진리임을 인정하지 않을 수 없다. 세상에 변하지 않는 것은 없다. 어떤 미인도 결국 쪼그랑 할머니가 되고, 어떤 권력자도 결국은 자리에서 내려오게 되고, 어떤 천하장사도 결국은 꼬꾸라지게 되고, 어떤 천재도 결국은 모든 지능을 세월에게 반납하게 된다. "권불십년(權不十年)"이나 "화무백일홍(花無百日紅)" 같은 말도 다 그걸 말한다. 흐르는 강물을 보며 "가는 것이 이와 같구나(逝者如斯夫)"라는 말을 남긴 공자나, "제행무상(諸行無常)"이라는 말을 남긴 부처도 그가 말한 것과 동일한 바로 그것을 보았음이 틀림없다. 중국 《역경(易經)》의 기본전제도 이와 다르지 않다. 아득한 2,500년 전 역사의 초창기에 그러한 진리를 꿰뚫어 본 헤라클레이토스의 눈에 대해 우리는 경의를 표하지 않을 수가 없다.

그런데 이런 그의 무상론을 '변화'와 '불변'이라는 도식으로 설명하는 교과서들이 많다. 불변부동의 '존재'를 역설한 파르메니데스와 그를 무리하게 대비시키는 것이다. 그런 설명은 위험하다. 만물유전의 '변화'와 존재의 '불변'은 결코 같은 도마 위에서 조리될 수 있는 성질의 것이 아니다. 변화와 불변은 병립 불가능한 모순이 아니라 실제로 공존하는 별개의 철학적 현상들인 것이다. 백 보 양보해서 그 두 가지의 외견상의 대립을 인정하더라도 헤라클레이토스 또한 그 '변화 자체의 불변'을 말했다는 것을 사람들은 알아야만 한다. "왜냐하면 모든 것은 이 [결코 저물지 않는, 즉 불변하는] 로고스에 따라서 생겨나는데도…"라고 그는 분명히 일러주었기 때문이다. 불변하는 이치의 존재 또한 그는 꿰뚫어 본 것이다. 로고스(logos, 이치)는 불변의 것이다.

그가 알려준 '로고스(logos)', '공통의 것(xynoi)', '신의 법(nomos tou theiu)', '결코 저물지 않는 것(to me dynon)', 이런 것들은 실로 의미심장한 것이다. '그것이 만물을 하나로 꿰고 있다'는 것을 그는 거듭거듭 알려주었는데도 웬일인지 사람들은 그것을 잘 보지 못한다. 그는 분명히 말했다.

나에게가 아니고 로고스에게 물어서 만물이 하나임을 인정하는 것이 지혜라고 하는 것이다. … 로고스는 내가 여기서 말하려는 바와 같은 것인데도, 사람들은 언제나 그것을 이해하지 못한다. 그것을 듣기 전에도 그것을 들은 후에도. 왜냐하면 모든 것은 이 로고스에 따라서 생겨나는데도, 사람들은 내가 각각의 사물들을 그 본성대로 나누고 또 그것이 어떻게 있게 되는가를 설명할 때에도 그리고 내가 이야기하는 말들과 사실들을 경험할 때에도, 그들은 경험하지 않은 자와 같기 때문이다. 사람들은 잠자고 있을 때의 일들을 잊어버리듯이 깨어 있을 때의 일들도 알아차리지 못한다.

오죽 답답하면 그가 이런 말을 했을까. 모든 생성-변화의 준거가 되는 불변의 로고스. 그걸 사람들은 왜 보지 못하는 걸까?

그의 이런 한탄은 아마도 사람들의 무능에 대한 질책은 아닐 것이다. 실상은 오히려 정반대다. 인간들의 능력은 대단하다. 특히나 우리가 사는 시대를 그가 와서 본다면 아마 기겁을 할 것이다. 사람들의 능력은 지구를 지배할 정도로까지 되었다. 아니 우주까지도 장악하려 한다. 반도체를 위시해 별의별 희한한 것을 다 만들어내고, 토성의 테두리가 무엇인지도 분석해내고, 인간 유전자의 지도도 낱낱이 읽어낸다. 엄청나다. 하지만 한 가지 변하지 않은 사실은 그들이 정작 물어야 할 것, 정작 알아야 할 것을 묻지도 않고 알아차리지도 못한다는 것이다. 어찌된 일인지 사람들은 그가 말하는 로고스를 주목하지 않는다. 언젠가 하이데거도 시인 헤벨의 입을 빌려 말한 적이 있었다. "친애하는 벗이여, 우리가 무언가를 매일

같이 보고 있으면서도 그것이 무엇을 의미하는지 결코 묻지 않는다는 것, 그것은 칭찬할 일이 아니라네." 그렇다. 사람들은 묻지 않는다. 그러나 그가 알려주려는 불변의 로고스는 우리가 매일같이 보고 있는 것이다. 그가 말하듯이 그것은 만물을 하나로 꿰뚫고 있는 것이고, 만물이 생성변화하는 준거가 되는 것이고, 각 사물들의 본성을 구별하고, 그것이 어떤 것인가 하는 실상을 나타내는 것이다. 더욱이 그것은 보고 듣고 경험할 수 있는 것이고 알아차릴 수 있는 것이다. 그런데도 사람들은 그것을 알지도 못하고 묻지도 않고 게다가 그의 말처럼 "많은 인간들이 제가끔 마치 자신에게 특별한 견식이라도 있는 듯이 살고 있"으니, 한심한 노릇이다. 인간은 좀, 아니 많이 오만하다.

로고스란 모든 것을 그렇도록 하는 '근본 질서', '이치'를 가리킨다. 그것은 '불변의 법칙'이다. 이 세계가 존재한다는 근본 사실도 로고스다. 이 세계에 수많은 사물들이 각각 서로 다른 이름을 갖고 독자적으로 존재한다는 사실도 로고스다. 또 그 각각의 사물들이 저마다의 고유한 질서를 지니고 있다는 것도 로고스다. 또 각각의 사물들이 서로서로 얽혀 연관되어 있다는 것도 로고스다. 이를테면 한순간 쉼 없이 천체를 움직여 밤과 낮이 오가고, 계절이 변화하고 봄이면 꽃이 피고 가을이면 열매가 익게 하는 것도 로고스다. 아기에게 엄마가 젖을 물리는 것도 로고스요 사과가 땅으로 떨어지게 하는 것도 로고스다. 이런 것을 열거하자면 한도 끝도 없다. 모든 것 속에 이 로고스가 깃들어 있다. 그러기에 그는 '모든 것이 하나'라고 말했다. 그것은 그의 BC 6세기나 우리의 AD 21세기나 전혀 변함이 없다. 그의 에페소스나 우리의 서울이나 다름이 없다. 그러기에 그는 그것을 '공통된 것'이라 불렀고 '신의 법'이라 불렀고 '저물지 않는 것'이라 불렀다. '싸움'이나 '불'이나 '조화'나 '변환'이나 다 그것의 한 사례이며 그것과 별개의 것이 아니다. 이 모든 것이 다 '불변'이다.

그러한 로고스를 간파했다는 것은 분명 그의 능력이다. 그것으로써 그는 철학의 모범을 보여주었다. 그러면서도 그는 자신의 능력을 접어두고 그 영광을 로고스 자체에 돌리고 있다. "나에게 묻지 말고 로고스에게 물어서…"라고 그는 권고한다. 그것이 철학의 한 중요한 전통이 되었다는 것을 누가 부인하겠는가. 로고스 자체가 철학의 교과서임을 그는 가르치고 있다. 인간의 오만을 접어두고 겸허하게 로고스에 귀를 기울일 때 우리는 많은 것을 들을 수 있게 된다. 거기서 진정한 지혜가 싹틀 수 있다. 헤라클레이토스, 그에게서 우리는 철학의 참된 자세를 발견한다. 철학의 역사에, 그것도 아주 초창기에 그와 같은 인물이 있었다는 것은 철학의 자랑이다. 변하는 것과 변하지 않는 것, 그것은 둘 다 각각 진리에 속한다. 변하는 것도 진리고 변하지 않는 것도 진리다. 다 아우른다. 진리는 그래서 진리인 것이다.

소크라테스

'너 자신을 알라'

'철학자'라고 했을 때 가장 먼저 누가 떠오르느냐고 물어보면 십중팔구는 '소크라테스(Socrates, BC 470?-BC 399)'라는 대답이 돌아온다. 그는 철학자의 대표 격인 셈이다. 무엇이 그를 그토록 유명하게 만들었을까? 여러 가지 이유가 있다. 우선은 그 '사람'과 삶의 화제성이다. 특별히 관심을 끄는 이야깃거리가 많은 것이다. 석공인 아버지와 산파인 어머니, 그들로부터 배운 인간의 가소성과 진리의 산파술, 수십 년 나이 차를 가진 크산티페와의 만혼, 악처로 소문난 그녀의 바가지, 그의 의연한 대응, 개성적인 외모, 전투에 출전했을 때 보여준 임전무퇴의 용기, 플라톤 등 젊은이들과의 때와 장소를 가리지 않은 철학적 대화, 집요한 토론, 미소년 알키비아데스와의 특이한 관계, 정무를 맡았을 때의 책임감, 제자 카이레폰이 델포이의 아폴론 신전에서 "소크라테스보다 더 현명한 사람은 세상에 없다"는 신탁을 받아왔을 때 그가 보여준 의외의 반응, 즉 그 확인을 위해 정치가-지식인-기술자 등 자타가 공인하는 현자들을 일일이 찾아다니며 그들의 현명함을 확인하고자 한 행동, 그들로부터 미움을 사고 고발을 당하고 재판을 받고 유죄 판결에 사형 선고를 받고 투옥되었다가 탈출의 권유를 굳이 뿌리치며 의연하게 독배를 들고 세상을 떠난 것, 그 죽음의 와중에 눈을 뜨고 "아스클레피오스에게 닭 한 마리를 바쳐야 하니 대신 전해달라"고 부탁한 것 … 정말 이야깃거리가 많다. 그러나 그것들보다 더욱 중요한 것은 그 철학적 사상의 내용이었다.

그는 철학사의 물줄기를 '자연'에서 '인간'으로 돌려놓은 사람으로 평가된다. 간단히 '인간'이라고 했지만, 인간을 진정한 인간으로 만드는 '가치'를 그는 무대 위에 올려놓았다. 제자 플라톤이 전해주는 그의 대화편들을 보면 그 행간에서 정의, 덕, 진, 선, 미, 우정, 사랑, 용기, 준법, 경신(敬神) 등의 가치들이 보석처럼 반짝이고 있음을 금방 알 수 있다. 그런 게 그의 진한 관심사요 주제였던 것이다. 그 의의를 작다 할 수 없다. 더욱이 그는 이런 가치들을 그저 지적으로 '논'할 뿐만 아니라 그 자신의 삶에서 실천적으로 구현하고자 애쓴 사람이었다.

그런 가치들 중 단연 돋보이는 것이 이른바 '무지의 지'를 강조한 이 명제다.

너 자신을 알라.
γνῶθι σεαυτόν / gnothi seauton[17)]

이것은 아마 2,600년 서양철학의 역사에서 가장 유명한 명제의 하나일 것이다. "인간은 이성적 동물이다." "나는 생각한다. 고로 존재한다." "아는 것이 힘이다." "인간은 생각하는 갈대다." 등등 무수한 명구들이 철학에는 있지만, 그중에서도 이 말은 사람들에게 특히 애용된다. 소크라테스의 말로 알려져 있다. 그런데 실은 아니다. 응? 아니라고? 정말? 정말이다. 그럼 누구의 말? 정확한 것은 알 수 없다. 고대 그리스의 7현인 중 하나인 킬론의 말이라는 설도 있다. 철학의 아버지로 평가되는 탈레스도 비슷한 말을 했다. "자기 자신을 아는 일은 어렵다"라는 게 그것이다. 그런데 왜 다들 소크라테스의 말로 알고 있지? 그럴 만도 하다. 소크라테스를 통해서 유명해졌기 때문이다. 이 말은 라케다이몬(스파르타)의 현자들에 의해 델포이의 아폴론 신전에 봉납되어 있었고,[18)] 소크

17) Nosce te ipsum(라틴), Know thyself(영), Erkenne dich selbst (독), Connais-toi toi-même(불), 认识你自己(중), 汝自身を知れ(일) 등으로 번역되어 전 세계에 널리 알려져 있다.

라테스는 이 말을 평소의 대화에서 자주 입에 담았다. 물론 얼마나 '자주'였는지 그 횟수를 확인할 수는 없다. 그러나 그가 이 말의 취지에 공감했고 그 정신을 자신의 것으로서 살리고자 했음은 분명해 보인다. 그 증거가 제자인 플라톤의 작품 곳곳에 남아 있다. *Charmides*(164D), *Protagoras*(343B), *Phaedros*(229E), *Philebos*(48C), *Nomoi*(II. 923A), *Alkibiades* (I. 124A, 129A, 132C) 등이다. 또 다른 제자인 크세노폰의 작품 《소크라테스의 회상(*Memorabilia*)》에도 남아 있다. 그 일부를 보자.

나는 이런 것들을 알려고 하는 것이 아니라, 델포이의 문구[너 자신을 알라]에 따라 나 자신에 관해 알려고 하네. 그것도 아직 모르는데, 다른 것을 생각해본다는 것은 우스꽝스럽게 보이네. 그러므로 나는 이런 문제에 대해서도 손을 떼고, [⋯] 나 자신에 대해 생각해보려고 하네. 즉 내가 과연 튀폰보다도 더 복잡하고 정욕이 들끓는 괴상한 동물인가, 혹은 나면서부터 일종의 신성하고 겸손하고 온순한 속을 지닌 단순한 동물인가 말이네. [⋯] 나는 학문을 무척 좋아하는 사람이라네. 《파이드로스》

18) 킬론과 탈레스의 말이 어떤 경로로 이렇게 정형화되었는지는 알 수 없다. 다만, 소크라테스는 라케다이몬(Λακεδαίμων, 스파르타)의 현인들이 모여서 이 말을 델포이의 신전에 봉납했다고 알려준다.

우리는 결코 지금의 이 상태와 같은 무지에 안주해서는 안 됩니다. 《라케스》

속 편한 알키비아데스, 부디 나의 말과 델포이에 있는 글귀를 받아들여 자네 자신을 알도록 하게. 적수는 이들이지 자네가 생각하는 자[아테네 정치가]들이 아니니 말일세. 《알키비아데스》

이런 텍스트를 통해 우리는 이 말에 대한 소크라테스의 진의를 대략 짐작해볼 수 있다.

단, 소크라테스는 언제나 탐구의 과정에 있지 탐구의 결과를 똑 부러지게 제시해주지는 않는다. 대화의 상대방이 스스로 자기 안의 진리를 도출하도록 유도만 한다. 소크라테스의 이런 면모를 철학에서는 '대화술(dialektike)'. '산파술(maieutike)' 운운하며 높이 평가한다.

"너 자신을 알라." 이 말은 많은 것을 생각하게 한다. 우선 이 말에는 두 개의 주제가 있다. 하나는 '자기'라는 문제이고, 또 하나는 '안다'는 문제다.[19] 물론 이 둘은 불가분리적으로 연결되어 있다. 소크라테스의 경우는 이것이 '자기의 무지'[자기를 알지 못함]라는 형태로 연결된다. 이런 문제가 바탕

---

19) 이 둘은 각각 엄청난 대주제다. 논의가 지나치게 방만해지는 것을 피하기 위해 여기서는 소크라테스적 문제의식에 한정해 논의를 개진한다.

에 깔려 있다.

그런데 왜? 그는 왜 이것을 문제로 삼았을까? 왜 델포이의 저 말이 소크라테스의 마음에 가닿았을까? 철학을 하려는 사람은 모름지기 이런 물음으로 무장을 하고 철학자와 그들의 말에 접근하지 않으면 안 된다. 왜냐하면 철학은 단순한 지적 유희가 아니기 때문이다. 문제에서 시작되는 일종의 의학이기 때문이다. 소크라테스의 경우도 마찬가지다. 그렇다면 어떤 문제? 물론 '알지 못함(무지)' 자체가 이미 문제다. 그러나 이 말은 아직 애매하다. 좀 더 분명히 해둘 필요가 있다. 알지 못함이 문제라는 것은 소크라테스의 경우, 두 가지 점에서 그렇다. 하나는, 우리가 진정으로 알아야 할 것을 제대로 알지 못한다는 것이다. 즉 무지의 내용이 문제다. 또 하나는, '알지 못한다'는 이 사실 자체를 알지 못한다는 것이다. 알지 못하면서 '아는 줄 안다', '아는 체한다'는 것이다. 그게 오만, 교만으로 나타난다는 것이다. 이 오만은 온갖 문제를 야기하는 위험한 것이다. 이 두 가지 점을 좀 더 깊이 들여다보자.

진정으로 알아야 할 것을 제대로 알지 못한다는 것, 이 첫 번째 문제는 플라톤이 전해주는 소크라테스의 철학적 문맥 전체에서 드러난다. 그는 평생을 '알고자' 애쓴 사람이다. (이 '알고자 애씀'이 애지 즉 철학[philosophia]의 본뜻이다.) 무엇을? 덕, 진, 선, 미, 정의, 우정, 용기, 경건 … 그런 것이다. 한마디로 가치다. 이런 것을 통한 '정신(psyche)의 향상'이 그의 평생에 걸친 관심사였고 주제였다. 그것은 이른바 세속적인 '부귀공명'과 대치점에 있는 가치들이다(《소크라테스의 변론》 참조). 이런 주제들을 제대로 알아야 하는데 사람들은 뜻밖에 그것을 제대로 모른다. 관심도 없다. (무지와 무관심은 서로 통한다.[20]) 그것이 소크라테스를 거리로 나서게 한 이유였다. 이런 진정한 가치에 대한 그의 관심은, 유명한 이야기지만, 《소크라테스의 변론》 마지막 부분에서, 즉 사형이 확정된 그가 남은 사람들에게 어린 자식들을 부탁하는 장면에서, 확실하게 드러난다. 이 자식들이 훗날 커서 덕 등 진정한 가치 대신 돈이나 명성 등 세속적 가치만 좇는 사람이 된다면 자기가 평소 주변 사람들에게 그랬듯이 자기 자식들을 꾸짖어달라는 것이다.

나는 이 나라에서는 신에 대한 나의 봉사 이상으로 위대한 선이 생긴 일이 없다고 믿고 있습니다. 왜냐하면 내가 돌아다니며 하는 일은 여러분 모두에게 노인이든 청년이든 가리지 않고 여러분의 육신이나 재산을 생각하기에 앞서서 우선적으로 **영혼의 최대의 향상**을 고려해야 한다고 설득하는 것뿐이기 때문입니다. 나는 여러분에게 돈으로부터 덕이 생기는 것이 아니라, 공적이든 사적이든 간에 덕으로부터 돈과 기타의 좋은 일이 생

---

20) 진정한 인식 즉 앎은 관심이 결정한다는 것을 현대철학이 알려준다(하버마스의 《인식과 관심》 참조).

긴다고 말하는 것입니다. […] 다시 한 번 나는 그대들의 호의를 요청하고자 합니다. 나의 아들들이 장성했을 때, 오, 나의 친구들이여, 그들을 처벌해주시오. 나의 아들들이 덕 이상으로 재산이나 기타의 일에 관심을 갖는다면, 나는 여러분을 시켜서 내가 여러분을 괴롭힌 것처럼 그들을 괴롭힐 것입니다. 또한 만일 나의 아들들이 사실은 보잘것없으면서 훌륭한 체하면, 여러분은 내가 여러분을 꾸짖은 것처럼, 그들이 반드시 돌보아야 할 일을 돌보지 않고 사실은 보잘것없으면서 훌륭한 체한다고 그들을 꾸짖어주십시오.

그의 관심사 내지 지향점이 무엇이었는지 이 말에서 분명히 드러난다. 진정으로 알아야 할 바로 이런 것을 제대로 알지 못한다는 현실, 이것이 그에게는 '문제'였던 것이다.

그리고 " '알지 못한다'는 이 사실 자체를 알지 못한다"는 것(무지의 무지), 이 두 번째 문제 역시 《소크라테스의 변론》이 소상히 알려준다. 엄청 유명한 이야기다. 제자인 카이레폰이 델포이의 신전을 찾아가 '소크라테스보다 더 현명한 사람이 있는가'에 대해 신탁을 구했고, '세상에서 소크라테스보다 더 현명한 사람은 없다'는 신탁을 얻었고, 돌아와 그것을 전했고, 그것을 납득하지 못한 소크라테스가 확인을 위해 소위 현명한 사람들을 일일이 찾아다니며 대화를 했고, 그 결과 그들이 모두 제대로 알지 못하며 그 모른다는 사실조차도 모른다는 사실이 드러났고, 그 무지를 설명해주려고 했고, 그 과정에서 그들의 미움을 사 결과적으로 고발을 당하기에 이르렀다는 것이다.

이 과정에서 눈여겨보아야 할 것은 '그들'이 '자기 자신이 매우 현명하다[즉 잘 알고 있다]고 생각하고 있다'는 사실이다. 이게 바로 교만이요 오만이다. 소크라테스는 그것을 지적함으로써 그들의 감정을 건드렸다. 그것이 결국 소크라테스를 죽음으로 내몬 결과를 초래했다. 그래서 그 무지와 오만이 위험한 '문제'인 것이다. 소크라테스는 그것이 문제임을 입증하기 위해 자기의 목숨을 희생한 셈이다. 그러니 이 '무지'와 그 무지에 대한 무지가 문제임을 지적하기 위해 더 이상 무슨 증거가 필요하겠는가.

'안다', '모른다'는 것은 이토록 엄중한 것이다. 진정으로 중요한 것에 대해 우리는 그것이 무엇인지를 알아야 한다. 그 이전에 그것을 알고자 해야 한다. 관심을 가져야 한다. 중요한 줄을 알아야 한다. 모르면 모른다고 해야 한다. 적어도 모른다는 사실은 알아야 하는 것이다. 이른바 '무지의 지'다. 이게 곧 지혜다.

이것은 중국의 공자도 말한 적이 있고 노자도 말한 적이 있다. 후대의 니콜라우스 쿠자누스도 말한 적이 있다. "지지위지지 부지위부지 시지야(知之謂知之 不知謂不知 是知

也: 아는 것을 안다고 하고 모르는 것을 모른다고 하는 것, 이것이 안다는 것이다).” 공자의 말이다. “지부지, 상의, 부지지, 병의. 성인불병, 이기병병. 시이불병(知不知, 尙矣, 不知知, 病矣. 聖人不病, 以其病病. 是以不病: 모르는 게 뭔지 아는 것은 우러를 일이다. 아는 게 뭔지 모르는 것은 병이다. 성인은 병이 아닌데, 그건 병을 병으로 여기기 때문이다. 그래서 병이 아니다).” 노자의 말이다. “무지에서 통찰하는 힘은 무엇인가? 이것이 ‘유식한 무지(docta ignorantia)’가 아닌가?” 쿠자누스의 말이다. 이게 다 비슷한 취지의 말들이다. 이런 거장들이 이런 말을 했다는 것은 그만큼 이 ‘무지의 지’가 (모른다는 사실을 안다는 것이, 혹은 알게 하는 무지가) 중요하다는 말이다. 노자의 말은 마치 소크라테스를 염두에 두고 한 말인 것처럼 들리기도 한다. ‘병’이라는 그의 말은 ‘문제’라는 뜻이다. “너 자신을 알라”는 말을 ‘뒤집어 읽기’ 해보면 이런 문제가 드러난다.

자, 이제 이 말을 기억하면서 우리의 현실을 한번 둘러보기로 하자. 우리는 과연 우리 자신을 잘 알고 있는가? 우리는 진정한 가치들에 대해서 잘 알고 있는가? 뭐가 정말로 중요한 것인지 제대로 알고 있는가? 그런 것에 애당초 관심이나 있는가? 소크라테스 이후 2천 수백 년이 지났건만 우리는 아직도 잘 모른다. 관심도 없다. 사람들의 관심은 여전히 (소크라테스가 우려했던 대로) 돈이나 지위나 명성 그런 데로만 쏠린다. '정신의 향상', 덕, 정의, 진-선-미 … 그런 가치들은 안중에도 없다. 완전히 순위 밖으로 밀려나 있다. 그것이 우리 삶의 '질'을 결정하는 조건임을 사람들은 너무 모른다. 2천 수백 년간 변함없는 세상의 혼돈과 문제들은 바로 거기서 즉 가치에 대한 무지에서, 무관심에서, 무지에 대한 무지에서, 오만에서, 기인한다. 그래서 이 무지라는 문제는 사실 영원한 주제다. 지속적이고 반복적이다. 그래서 실은 선택의 문제이기도 하다. 알 건지 계속 모를 건지, 우리는 지금 이 순간도 선택의 기로에 서 있다.

소크라테스는 오래전에 떠났지만, 그의 외침은 아직도 메아리로 들려온다. "너 자신을 알라." "너의 무지를 알라." "덕, 진, 선, 미, 정의 … 그런 가치들에 대한 너의 무지를 알라." 우리는 소크라테스 쪽에 줄을 서야 한다. 아직은 그 줄이 너무 짧다.[21)]

---

21) 이 부분은 그 일부를 졸저 《소크라테스의 가치들》(철학과현실사)에서 옮겨 실었다.

소크라테스

'악법도 법이다'

"악법도 법이다." 역시 엄청 유명한 말이다. 이 말을 들으면 대개는 곧바로 소크라테스를 떠올린다. 그가 남긴 명언 중의 하나로 알려져 있다. 그런데 이 말도 "너 자신을 알라"와 마찬가지로 소크라테스 자신이 직접 한 말이 아니다. 에? 그럼 누구? 일본의 법철학자 오다카 도모오(尾高朝雄)가 한 말이다. 그는 일제강점기 시절 경성제국대학(현 서울대학교) 법문학부 교수였고 후에 동경제국대학(현 도쿄대학) 법학부 교수를 역임한 인물이다. 그가 1930년대에 출판한 책, 《법철학(法哲学)》에서 실정법주의(實定法主義)를 주장하며 이 말을 썼다. 그리고 소크라테스가 독배를 마신 건 악법도 법이므로 이를 준수한 것이라는 식으로 풀이했다. 그게 훗날 소크라테스가 한 말인 양 와전된 것으로 보인다. 오다카 도모오가 이런 말을 한 것은, 시대가 시대인 만큼 일본의 잔혹한 식민 통치를 합리화하기 위해서였다고 해석될 소지가 다분히 있다. 별로 좋게 들리지 않는다.

그런데 소크라테스는 직접적으로 위와 같은 말을 한 적이 없다. "악법도 법이다"라는 말 자체는 실은 오다카의 창안도 아니며, 이미 유명한 고대 로마의 법률 격언 "두라 렉스, 세드 렉스(dura lex, sed lex: 비정한 법, 그래도 법)"를 그렇게 의역한 것이다. "두라 렉스, 세드 렉스"는 고대 로마의 법률가 도미티우스 울피아누스(Domitius Ulpianus, 170?-228)가 말했다고 알려져 있지만, 그 역시 자기 책에서 그 격언을 인용해 해석했을 뿐이다.[22] 다만, 국가와 국법의 결정은 거역하지 않고 따라야 한다는 그런 취지의 말은 소크라테스가 한 것이 사실이다.

나라가 내린 판결은 충실히 지키기로 되어 있지 않은가? […] 자네는 무슨 이유로 국법을 따르지 않고 파괴하려는가?

---

22) 도미티우스 울피아누스 본인은 "quod quidem perquam durum est, sed ita lex scripta est(이것은 진실로 지나치게 심하다. 그러나 그게 바로 기록된 법이다)"라고 말했다. 흔히 "Dura lex, sed lex(It is harsh, but it is the law: 법은 가혹하다, 그래도 법이다)"로 정형화된다.

[…] 자네가 조국이나 국법에 대하여 그처럼 거역해도 옳단 말인가? […] 국법이나 조국을 파괴하려 하는 것이 옳다고 생각하는가? 《변명》

"악법도 법이다"가 그의 말인 양 해석될 여지는 있는 셈이다. 그의 행동도 실제로 그런 맥락이었다. 그는 기본적으로 국법을 따르는 것, 즉 준법을 가치로 인정했다. 그럴 의지도 표명했다.

나는 언제나 국법을 따르려는 사람 중 하나일세. 《회상》

에우튀데모스, … 자네는 델포이의 신께서 "신들에 대한 은혜를 어떻게 갚으면 좋은가"라는 질문을 받고 "국법에 따르라"고 대답하셨다는 것을 알고 있겠지? […] 신께서 이렇게 하라고 말씀하시기 전에 스스로 신을 존숭하는 것보다도 더 아름답고 더 미더운 존숭 방법이 어디에 있겠는가? […] 될 수 있는 한 경건한 마음으로 신에게 복종하는 일 이외에 신들을 기쁘게 해드릴 수 있는 일이 더 있겠는가? 《회상》

이 말을 통해 우리는 소크라테스가 국법을 중시하는 사람이었음을 확인할 수 있다. 국법을 따르는 것, 당연하다면 너무나 당연한 일이지만 이 당연한 일도 너무나 많은 사람이 법률 따위를 가볍게 위반하는 세상의 현실을 그 배경에 놓고 보면 돋보이는 일이 아닐 수 없다.

또한 준법 내지 적법은 소크라테스에게 있어 '정의'[올바름]이기도 했다. 정의는 잘 알려진 대로 소크라테스 철학의 한 핵심 주제였다. 유명한 히피아스와의 대화 등에서 우리는 그것을 확인한다. 법은 정의와 무관하지 않은 것이다.

> 히피아스, […] 나는 말하네, 적법이 곧 정의라고…. […] 마찬가지로 정의를 행하는 자는 올바른 인간이고, 부정을 행하는 자는 부정한 인간이 아닌가? … 그렇다면 법에 순응하는 것이 정의이고 법을 어기는 것이 부정이란 말이군.

소크라테스는 단호하게 말한다. "적법이 곧 정의"라고. "법에 따르는 것이 올바른 행위"라고. "법에 순응하는 것이 정의"라고. 이 말들을 통해 소크라테스가 어떤 인간인지가 곧바로 분명히 드러난다. 그는 옳고 그름, 정의와 부정, 이런 가치론을 마음에 두고 있으며, 그런 가치론에 입각해서 준법과 위법이라는 것을 입에 담고 있는 것이다. 아니, 그저 입과 마음에 두는 것으로 그치지 않는다. 단순한 학문적-이론적 논의가 아니라, 이것을 그의 실제 행동에서 실제 삶에서 고려하고 실천하는 것이다. ("나는 … 행위로써 보이고 있네.") 이런 단어들이 한 사람의 삶에서 주제가 되고 관심사가 되고 삶의 기준이 된다는 것은, 동서고금을 막론하고 인간세상의 실제 현실을 고려해보면, 결코 흔한 것도 아니고 당연한 것도 아니다. 대개는 그렇지가 않다. 그래서 그의 철학과 인격이 돋보이고 빛을 발하는 것이다.

그런데 '소크라테스의 준법'이라는 것을 생각할 때, 우리는 이것을 단순한 객관적 '가치론' 정도로 여겨서는 안 된다. 왜냐하면 이것은 우리에게 익숙한 이른바 학문적 논의가 아니기 때문이다. 교과서 등을 통해 이미 유명한 소위 '지행합일'이라고 하는 소크라테스 고유의 문맥이 있고 이 준법이라는 것도 예외 없이 그 문맥에 포함되기 때문이다. 그에게는 앎과 함과 됨이 불가분리적으로 통일되어 있다. 세상 지식인들이 흔히 그렇듯 그게 따로따로가 아닌 것이다. 재미삼아 이를 '소크라테스적 삼위일체'라고 해도 좋다. 특히 이 준법이라는 것은 이것이 다른 것도 아닌 '그 자신의 죽음'이라는 결정적으로 중요한 사안과 맞물려 있기 때문에 원천적으로 실존적인 문제라는 성격을 갖는다.[23] 즉, 바로 그 법이 소크라테스 본인에게 유죄와 사형을 선고했고 그 법을 따른다는 것은 그로서는 그 사형을 받아들인다는 것이다. 그 법이 사실상 자기에게 가장 나쁜 것인데 그런데도/그럼에도 불구하고 그것을

23) 이른바 실존주의의 선구자인 키에케고가 소크라테스를 특별히 주목하고 거론하는 것도 소크라테스의 가치론에 이런 실존적인 맥락이 있기 때문이다.

따라야 하는 것이다. 그러니 이게 어찌 객관적인 학문적 논의로 끝날 수 있겠는가. '투옥이나 사형에 대한 두려움'이 혹은 '위험'이 준법이라는 이 가치에 대한 회피 조건이 될 수 없음을 그는 분명히 말한다.

그러나 나는 투옥이나 사형을 두려워하여 부당한 의결을 하는 여러분을 따르기보다는 오히려 위험을 무릅쓰고 법률과 정의 편에 서야 한다고 굳게 다짐했습니다. 《변론》

이게 소크라테스다. 이런 게 소크라테스의 철학이다. '위험을 무릅쓰고'[즉 '그럼에도 불구하고', '그런데도']라는 것이 여기서 소크라테스를 돋보이게 한다. 이게 결코 누구나 할 수 있는 쉬운 일이 아니기 때문이다. 자기에게 불리한 것은 피하려 하는 것이 인지상정, 인간의 보편적인 본능이다. 보통은 온갖 자기합리화를 통해 혹은 자기기만까지 동원해서 피하기 위한 구실을 찾아낸다. 그 불리한 것이 '자신의 죽음'일 경우에는 더 말할 나위도 없다. 법을 따르면 자기가 죽는다. '그럼에도' 소크라테스는 자신의 생사보다도 '법률과 정의'를 더 중시-우선시하는 것이다. 이런 태도를 보면 그가 왜 철학자의 대표로서 역사에 이름을 남기게 되었는지가 이해된다.

소크라테스의 경우, 또 한 가지 특이한 점은, 그의 이러한 '위험을 무릅쓰고', '법률과 정의 편에 서서', '판결에 복종한다'라는 태도의 밑바탕에 이른바 '법의 소리'라는 게 있다는 것이다.

그는 '국법이나 통치권' 그 자체의 소리를 듣고 대화를 나누기도 한다. 문학적 설정이지만, 그 법률의 소리 또한 위법적인 탈출을 반대한다. 즉 '법의 소리'가 준법의 근거로 제시되는 것이다.

《크리톤》에서 소크라테스는 좀 장황할 정도로 이 '법의 소리'를 대변하며, 탈출[위법]의 부당성을 이야기한다. 물론 이게 사실상 소크라테스 본인의 생각임은 말할 것도 없다. 여기서는 '어떤 경우에도', 즉 자기가 죽더라도 법을 따라야 하는 나름의 여러 이유들이 제시된다. 핵심을 정리하자면 대략 이렇다. 우선은 그게 당위이기 때문이다. 그는 여러 차례 단호히 말한다. '안 된다', '옳지 않다', '따라야 한다', '순종해야 한다', '준행해야 한다'고. 그게 '소중한 것'이라고. 그리고 거기에 덧붙여 이런 이유들이 있다. 법을 따르지 않고 탈출을 하는 것은 사실상 '국법에 따라 살기로 언약한 맹세를 어기는 것', '동의하고 약속한 것을 배반하는 것'이기 때문이다. 그리고 '국가를 파괴하는[나라의 존립을 위태롭게 하는] 것'이기 때문이다. 그리고 '법을 따르지 않고 탈출해봤자 더 좋을 일도 없을 것이고 삶의 보람도 느낄 수 없을 것이고 언행이 일치하지 않는다는 소리를 들을 것이고 모든 사람들에게 조소/멸시를 당할 것이고 하던 대로 철학도 못할 것이고 외국에서 자녀 교육에도 문제가 있을 것이고 남의 눈치를 보고 노예 같은 삶을 살게 될 것'이기 때문이다. 또한 법을 따르지 않고 탈출을 하면 '자신과 친구들과 나라와 법률에 해를 끼치게 되며 이들에게 노여움을 살 것이고 환영을 받지 못할 것'이기 때문이다. 그렇게 그는 생각한다. 하여간 옹고집이다. 그의 말에 현실적인 나름의 설득력이 없는 것도 아니고 다이모니온의 반대가 없었던 것도, 또 "이제 내 나이가 나이[70세]니만큼 죽음이 다가왔다고 해서 안절부절못한다면 얼마나 볼썽사납겠나. […] 만일 그것[내일이 마지막 날]이 신의 뜻이라면 나는 기꺼이 죽으려고 하네"라는 것도 다 나름 합당해 보이지만, 가족, 친구, 제자들로서는 그의 이런 옹고집이 하여간 답답했을 것이다. 그러나 바로 이런 옹고집이 소크라테스를 보통사람들과 차별화하고 돋보이게 했던 것은 틀림없다. 아무나 쉽게 할 수 있는 생각이나 행동이 아닌 것이다.

소크라테스의 말은 맞다. 옳은 말이다. 준법, 법을 지켜야 한다는 것은 당위다. 당연한 가치다. 이런저런 개인적 사정이나 구실로 그걸 가볍게 어긴다면 국가의 질서는 지켜지기 어려울 것이다. 무법천지가 되고 국가의 존립이 위태로워질 수도 있다.

그러나 '준법의 당위성'과는 별개로 "악법도 법이다"라는 것은 그렇게 간단/단순하지 않다. 악법이 명백함에도 그것이

실정법이기 때문에 지켜야 하는가 하는 것은 또 다른 문제다. 철학적인 주제로 검토해볼 필요가 있다. 무조건 준수가 능사가 아닐 수도 있다. 위에서 이미 살펴보았지만, 소크라테스도 '악법이라도 법이라면/법이므로 무조건 지켜야 한다'라는 식으로 단언하지는 않았다.[24] 법철학적으로 검토해보아야 할 부분이 하나둘이 아닐 것이다. 여러 형태의 악법을 직접 경험해본 우리 한국에서는 더욱더 그렇다. 나쁜 사람들이 나쁜 의도로 만든 법도 없지 않기 때문이다. 법 자체가 악법이 아니더라도 법 적용에서는 이른바 '오심'이라는 것도 있을 수 있다. 20 수년간 무죄를 주장하던 사형수가 사형이 집행된 직후 증거가 발견돼 그 무죄가 밝혀졌다는 보도도 있었다. (유명한 영화 〈쇼생크 탈출〉의 소재도 그런 부류였다.) 그런 사례는 실제로 드물지 않다. 그것도 문제가 될 수 있다. 2,400년 전과 지금이 같을 수는 없다. 소크라테스의 경우가 '어떤 경우에도' 표준이 될 수는 없다. 그의 말대로 '부정을 저지르는 것'은 '어떤 경우에도' 있어서는 안 되겠지만, 이 '어떤 경우에도'가 '악법의 경우에도' 무조건 따라야 한다는 의미는 아니다. 어떤 법이 악법이냐 아니냐 하는 것은 특정 개인이나 특정 집단이 아니라 건전한 이성이 판정한다. 건전한 이성이 '악법'으로 판정한 경우라면 무조건 준수가 아니라 그 개정

24) 물론 그의 말과 행동에 그런 뉘앙스가 없지는 않다.

이나 폐지가, 내지는 그 노력이 '정의'로운 것이 될 수 있다. 여러 다양하고 복잡한 '경우의 수'가 있을 수 있는 것이다. 그런데 바로 이 경우, 즉 악법임이 명백한 경우, 혹은 명백히 잘못된 판결일 경우, 이럴 경우도 그것을 준수하는 것이 과연 정의인가 하는 것에 대해서는 좀 유감스럽게도 구체적인 논의와 정답을 제시해주지 않는다. 일반론과 그의 사정만을 말해줄 뿐이다.

그런데 그는 늘 이런 식이다. 그의 역할은 문제를 제시하는 것이지 정답을 제공하는 것이 아니었다. 그게 소크라테스의 특징이기도 했다. 답은 우리 스스로가 우리 안에서 찾아야 한다. 그게 이른바 그의 대화술(dialektike)이고 산파술(maieutike)이다. 도리 없다. 자, 그럼 각자 생각해보자. 악법도 법이므로 무조건 준수하는 것이 옳겠는가? 아니면…. 이 문제를 문제로서 제기하기 위해 소크라테스는 그 자신의 목숨을 희생했다. 악법임에도 그것을 준행하여 자신의 죽음을 받아들인 것이다. 참으로 별난 철학자가 아닐 수 없다.

플라톤

'철학자들이 왕이 되거나 왕과 지배자들이 철학을 하게 되기 전에는, 인류는 재앙에서 벗어날 길이 없을 것이다'

플라톤(Platon, BC 428/427[또는 424/423]-BC 348/347)은 엄청난 철학자로 평가되는 인물이다. 대철인 소크라테스의 수제자다. 그의 학통을 계승했다. 소크라테스를 주인공으로 등장시킨 그의 대화편은 유럽에서 가장 뛰어난 문학작품으로 평가되기도 한다. 문장만이 아니다. 그 내용은 철학의 거의 모든 문제들을 포괄한다. 영국 현대철학의 거장 화이트헤드는 "플라톤 이후의 모든 철학은 플라톤 철학의 각주에 불과하다"고까지 그를 치켜세웠다. 좀 과장된[과대포장된] 감이 없지는 않지만, 그의 소위 이데아론이나 이상국가론 같은 것만 봐도 그가 대단한 철학적 식견을 가진 사람이라는 것은 인정하지 않을 수 없다. 소크라테스 같은 스승을 만나고 아리스토텔레스 같은 제자를 만났다는 점에서 그는 천복을 타고 난 사람이기도 하다. '소'나 '아'와는 달리 천수를 누리고 어느 결혼식 축하연에서 조용히 숨을 거두었다고 하니 더욱 그렇다. 그는 소크라테스가 독배를 들고 죽은 뒤, 아테네를 떠나 이탈리아 남부까지 방랑 생활을 했고 시켈리아의 시라쿠사이로 건너가 젊은 실력자 디온과 손잡고 참주 디오니시오스 1세를 통해 국정개혁을 함으로써 그의 이상을 현실정치에 실현시켜보고자 시도하기도 했다. 단순한 관념론자가 아닌 것이다. 그 과정에서 천신만고를 겪지만 결국 성공하지 못하고 아테네로 돌아와 유럽 최초의 대학인 아카데메이아를 설립하고 연구와 교육에 인생 후반을 바쳤다. 숭고한 삶이다.

그런데 그 과정에서 형성된 유명한 철학이 있다. 이른바 철인정치 혹은 철인군주론이다.

올바르고 진실하게 철학을 하는 사람들이 정치적인 주권을 획득하거나 또는 국가에서 권세를 잡은 사람들이 어떤 신적인 섭리에 의해 진실한 철학을 숭상하게 되기 전에는 인류는 사실상 결코 재앙에서 벗어날 길이 없을 것이다.

There will be no end to the troubles of states, or of humanity itself, till philosophers become kings in this world, or till those we now call kings and rulers really and truly become philosophers, and political power and philosophy thus come into the same hands.

이게 그 내용이다. 만년의 그가 시라쿠사이의 젊은 정치적 동지들에게 보낸 소위 '제7서간'에 나오는 말이다. 역시 유명한 저서 《국가》에도 똑같은 말이 등장한다. 유명한 것 치고는 특별한 설명도 논의도 없다. 그의 정치사상이 이 짧은 문장 속에 다이아몬드처럼 단단하게 그리고 반짝이며 응축되어 있는 것이다.

이 말 속에는 현실정치에 대한 그의 실망과 좌절이 녹아들어 있다. 유명한 이야기지만 그는 너무나 존경했던 스승 소크라테스가 말도 안 되는 이유로 법정에 고발을 당하고 재판을 받고 너무나 훌륭한 변론을 펼쳤음에도 결국 유죄 판결[배심원의 평결]을 받고, 그리고 말도 안 되는 형량인 사형을 선고받고 투옥되었다가 결국 독배를 마시고 죽게 되는 그 전 과정을 가장 가까이에서 다 지켜보았다. (단, 사정상 그 임종의 현장에는 없었다.) 그 실망감이 얼마나 컸겠는가. 그뿐만이 아니다. 그 후 세 차례나 지중해의 거친 파도를 넘어 아테네와 시켈리아의 시라쿠사이를 오가면서 디온과 함께 이상국가를 지상에 실현시켜 보겠노라 분투했고, 그 과정에서 참주 디오니시오스의 배신과 어이없는 추방과 디온의 암살 등을 겪기도 했다. 그 실망과 좌절감은 또 오죽했겠는가. 이상과 현실의 간격은 그토록 컸다. 그래서 그는 이런 결론에 도달한 것이다. 이 말에서는 경험에서 우러나온 그의 확신이 느껴진다.

인류가 재앙에서 벗어나려면 길은 둘밖에 없다. 하나는 철학자가 집권한 권력자가 되는 것이고, 다른 하나는 집권한 권력자가 철학자가 되는 것이다. 그런데 이 둘은 사실상 현실적으로 불가능하다. 철학자가 권력자가 되는 것도 불가능하고 권력자가 철학자가 되는 것은 더욱 불가능하다. 플라톤인들 그걸 몰랐을까? 누구보다도 잘 알았을 것이다. 그러니까 이런 말을 했을 것이다. 우리는 겪어봤지만, 철학과 출신이 대통령이 된 적도 있긴 있었다. 그러나 그가 이런 이상국가를 실현시키지는 못했다. 철학과 출신이라고 곧 철학자는 아니기 때문이다. 그러나 아마 철학을 전혀 모르는 사람보다는 조금 나은 부분이 있었을지도 모르겠다. 권력자가 철학적 마인드를 가지는 것은 일찍이 본 적이 없다. 대부분의 권력자는 철학에 대해서, 이상에 대해서 거의 관심이 없다. 현실이라는 게 한가하게 철학 운운할 만큼 녹록지 않기 때문인지도 모르겠다.

그렇다고 두 손 놓고 포기하기엔 우리의 삶의 현실에 '재앙'이 너무 많다. 온갖 부정과 비리도 그중 일부다. 온갖 범죄도 역시 재앙이다. 욕망이 곧 정의인 그 현실 속에서 인류의 불행이 배태되고 양산되고 확대 재생산된다.

그걸 플라톤이 모를 리 없었을 텐데 그는 왜 이런 철부지 같은 철인군주론을 답이랍시고 시라쿠사이의 젊은 개혁주의자들에게 보냈을까? '철학'에 대한 기대와 희망일 것이다. 철학이란? 우리가 그의 글들을 조금만 읽어봐도 알게 되지만, 철학은, 특히 소크라테스의 철학은 덕이나 진선미, 정의, 우정, 용기, 절제, 사랑, 경신 … 이런 '가치'들을 다루기 때문이다. 그런 것에 관심을 갖기 때문이다. 그런 것을 바라기 때문이다. 그것도 대충 아는 혹은 표방만 하는 사이비가 아닌, 체화되고 실천되는 진정한 덕, 진정한 정의 그런 것이다. 그런 점에서 그는 우리가 잘 아는 저 공자와 한통속이다. 공자도 역시 그런 정치를 꿈꾸었다. 《논어》에는 '정(政, 정치)'이라는 글자가 무려 40번이나 등장한다.

불가능인 줄은 다 안다. 철학과 권력의 일치, 권력에게 철학을 기대하고 철학에게 권력을 기대하는 것은 해가 서쪽에서 뜨기를 기대하는 것처럼 헛된 짓이다. 그럼에도 불구하고 이런 철부지 같은 철학을 우리가 계속 떠들어대는 것은 그런 가치들이 실현된 세상, 살 만한 인간적 세상에 대한 희망을 끝내 버릴 수 없기 때문이다. 우리나라 청와대에도 철학 담당 수석 비서관직이 있으면 좋겠다. 내각에도 철학부 장관직이 있으면 좋겠고.

이탈리아 편

키케로

명예를 가볍게 여기라고 책에 쓰는 사람도
자기 이름을 그 책에 쓴다

유럽의 역사는 그리스의 이오니아 지역(현재의 터키)에서 아티카 지역(아테네 중심)으로, 그리고 로마로 그리고 이탈리아-독일-프랑스-영국 그리고 미국 등 근대국가들로 이어져왔음을 대개는 잘 알고 있다. 철학의 역사도 이런 흐름과 함께했다. 특히 고대 그리스의 철학은 찬란했다. 소크라테스-플라톤-아리스토텔레스를 중심으로 그것은 지금도 우리 귀에 빈번히 들려온다.

그런데 로마는? 로마철학이라는 말은 영 생소하다. 로마는 군사적 제국이라는 이미지가 강하다. 그럼 로마에는 철학은 없었나? 그건 아니다. 로마에서도 철학은 그 명맥을 유지했다. 아우구스티누스, 보에티우스, 토마스 아퀴나스 등 소위 중세 로마의 기독교철학은 물론 그 이전 고대 로마에서도 철학은 존재했다. 플로티노스, 마르쿠스 아우렐리우스, 에픽테토스, 세네카 등이 대표적이다. 다만 그 성격과 존재감은 그리스의 경우와는 좀 달랐다. 플로티노스는 좀 예외지만 대체로 체계적이기보다는 단편적인 성격이 강했다. 그 대표적 인물 중 한 사람으로 키케로가 있다.

키케로(Marcus Tullius Cicero, BC 106-BC 43), 그는 고대 라틴어를 표준화한 사람으로 유명하다. 훌륭한 문장을 구사했고 거기에 수많은 지혜들을 담았다. 그의 삶은 평탄치 않았다. 귀족 출신이 아님에도 노력과 능력과 현실적 감각으로 출세에 성공해 집정관의 자리에까지 올랐다. 유명한 영웅들, 카이사르, 아우구스투스, 옥타비아누스 등과도 관계를 맺었다. 클레오파트라도 알고 있었는데, 그는 클레오파트라가 자신과의 약속을 어겼다고 그녀를 별로 좋아하지는 않았다고 한다. 그런데 복잡한 정치적 상황 속에서 줄을 잘못 서 결국은 정적에게 살해된다. 목과 손이 잘려 성 앞에 내걸리는 비참한 모습으로 삶을 마감했다.

그러나 그는 결국 뛰어난 문장가이자 저술가로 역사에 그 이름을 남겼다. 《플루타르크 영웅전》에도 그 이름이 등장한다. "숨을 쉬는 한, 희망은 있다(dum spiro, spero)."를 비롯해 그가 남긴 숱한 명언들 중 한 토막을 음미해보자.

명성을 가볍게 여기라고 책에 쓰는 철학자들도 바로 그 책에 자기 이름을 쓴다.

In the very books in which philosophers bid us scorn fame, they inscribe their names.

명예를 중시했던 로마인답게 명예를 언급한다. 이 짧은 말은 인간에 관한 강력한 진실의 한 부분을 확인해준다. 동서고금을 막론하고 대개의 인간이 추구하는 대표적 욕망이 부귀공명이다. 즉 돈, 지위, 업적, 명성이다. 그중 하나로 명성-명예가 당당히 자리한다. 이름을 알리고 이름을 남기고 칭송과 존숭의 대상이 되고 싶어 하는 것이다. 그 중심에 '나'라는 것이 있다. 나의 이름이다. 소크라테스가 저 유명한 《변론》의 마지막 부분에서 부귀와 함께 이 명성의 추구를 경계하는 말을 남겼다는 사실을 돌아보면 이게 보통사람들에게 얼마나 강력하고 보편적인 욕망인지가 확인된다. '천추에 오명을 남긴다'는 말도 그 표현은 뒤집혀 있지만 역시 이런 근본 사실과 연관된 것이다.

명성-명예란 자기에 대한 남들의 평가다. 사람들은 그 평가가 좋은 것이기를 기대한다. 칭찬과 우러름, 그게 명예인 것이다. 그게 얼마나 은근하고 강력한 것인지를 키케로는 이 말로써 알려준다. 그런데 뭐든 그렇지만 어떤 좋은 것이라도 집착하고 지나치면 그 '좋음'을 잃게 된다. 그래서 이런 경계도 필요한 것이다. '가볍게 여기라'는 것이다. 그런데도 그 유혹을 뿌리치기는 힘들다. 책을 쓰는 모든 작가들도 예외가 아닐 것이다.

도덕적으로는 당연히 좋은 말이다. 명예에 대한 집착은 경계해야 한다. 그리고 덕이나 선이나 정의 같은 정말로 숭고한 가치를 지향해야 한다. 그러나 우리가 역사에서 확인하듯이 그건 이상이다. 꿈이다. 희망사항이다. 우리는 현실을 완전히 외면할 수 없다. 그래서 명예라는 가치도 (그리고 부귀, 공적이라는 가치도) 일정 부분 인정할 필요가 있다. 그게 없다면 천국일지는 몰라도 인간세상은 돌아가지 않을 것이다. 인간이니까, 모두가 성인은 아니니까, 신이 아니니까, 인간은 명예를 추구할 수도 있는 것이다. 그런데 요즘 세상을 보면 명예라는 이 가치조차도 부라는 가치에 빨려 들어가 그 의미가 완전히 변질된 느낌이 없지 않다. 예전에는 동서를 막론하고 부귀와는 별도의 가치로서 명예가 추구되고 인정되었다. 돈이나 지위는 없지만 이름은 높은 그런 고명한 식자가 존중되었다. 그런데 요즘은 어떤 지식인도 돈이 없으면 무시당한다. 그런 명예는 경원시된다. 아니 백안시된다. 아니 무시된다.

비록 돈은 못 벌지만, 높은 자리에는 못 앉지만, 이름은 칭송받는 그런 사람에게도 명예의 전당은 차려줄 필요가 있다. 말하자면 가치의 다양화-다변화가 필요한 것이다. 사람은 누구나 만족하면서 행복한 가운데 자신의 삶을 살아갈 권리가 있다. 그건 인간에게 아프리오리하게 주어진 본능에 속하기 때문이다. 돈이 없어도 행복할 수 있어야 한다. 지위가 낮아도 행복할 수 있어야 한다. 큰 공을 못 세워도 행복할 수 있어야 한다. '훌륭한 사람'이라는 명예 하나만으로도 성공적인 인생일 수 있어야 한다. 키케로 본인은 어땠을까? 그는 모든 것을 잃었지만 그래도 명예 하나만은 끝내 지켜냈다. 그의 문장을 통해서다. 비참하게 잘린 그의 시신을 위해서라도 우리는 그의 명예를 칭송해주기로 하자. 그는 대단한 문장가요 사상가였다. 그의 이름은 마르쿠스 툴리우스 키케로였다.

이하에 음미를 위해 그의 명언들을 일부 소개해둔다.

교수(敎授)하는 자의 권위는 흔히 교육받고자 원하는 자를 해친다.

끝나버리기 전에는 무슨 일이든 불가능하다고 생각하지 말라.

남의 고통을 동정해서 흘린 눈물은 금방 마르게 된다.

네가 왕과 동행할 때 마음이 흔들리지 않으며, 거지와 같이 있을 때 그를 업신여기지 않으면, 너는 인격자다.

눈썹과 눈, 그리고 안색은 우리를 자주 속인다. 그러나 가장 많이 속이는 것은 말이다.

모든 실수가 어리석은 것이라 말해선 안 된다.

모략, 중상만큼 빠른 것이 없고, 쉽게 발설되는 것도 없고, 빨리 받아들여지는 것도 없고, 널리 퍼지는 것도 없다.

민중만큼 정해지지 않은 것은 없고, 여론만큼 애매한 것은 없고, 선거인 전체 의견만큼 허위적인 없다.

방에 서적이 없는 것은 몸에 영혼이 없는 것과 같다.

성품 속에 어느 정도의 노인적인 것을 지니고 있는 청년은 믿음직스럽다. 청년적인 것을 지니고 있는 노인도 역시 좋다. 이런 규칙에 따라 사는 사람은 나이를 먹어도 결코 마음이 늙는 일이 없다.

시장하다는 것은 음식의 가장 좋은 조미료이다.

어떠한 악이건 봉오리 때엔 쉽게 문질러 없앨 수 있으나, 성장함에 따라서 한층 더 강해진다.

어떤 사람이라도 잘못을 저지를 수 있지만, 우둔한 사람은 자신의 잘못을 되풀이한다.

어리석은 자의 특징은 타인의 결점을 드러내고, 자신의 약점은 잊어버리는 것이다.

용기 있는 자로 살아라. 운이 따라주지 않는다면 용기 있는 가슴으로 불행에 맞서라

우리가 자연으로부터 받은 수명은 비록 짧지만, 잘 소비된 일생의 기억은 영원하다.

우리의 부모도 소중하고, 우리의 자식들, 이웃들, 친구들도 소중하다. 하지만 모든 사람은 하나의 조국으로 묶어진다.

인간은 모두 죄인이다. 다만 과실을 뉘우치지 않는 자는 어리석은 사람이다.

인간이 극복해야 할 결점 여섯 가지

(1) 자신의 이익을 위해 남을 누른다.
(2) 변화나 극복하기 어려운 일에 대해서 걱정만 한다.
(3) 어떤 일은 도저히 성취할 수 없다고 생각한다.
(4) 사소한 애착이나 기호를 끊어버리지 못한다.
(5) 마음의 수양과 자기 계발을 게을리하고 독서와 연구하는 습관을 갖지 않는다.
(6) 남들에게 자신의 사고방식을 따르도록 강요한다.

인생에서 우정을 제거해버림은 이 세계에서 태양을 없애버림과 같다. 불사의 신들이 인간에게 베풀어준 것 가운데 이토록 아름답고 즐거운 것이 또 있을까?

절제는 정열과 그 외의 부당한 마음의 충동에 대한 확고하고 온당한 이성의 지배이다.

친구는 나의 기쁨을 배로 하고, 슬픔을 반으로 한다.

행복한 생활은 마음의 평화에서 성립된다.

마키아벨리

함정을 알기 위해 여우가 되고
늑대를 쫓기 위해 사자가 되라

그리스철학, 독일철학, 프랑스철학, 영미철학, 그런 말은 많이 들어봤지만 이탈리아철학이란 말은 아마 별로 들어본 적이 없을 것이다. 그런 게 있나? 없지는 않다. 어떻게 보면 그 뿌리가 깊다. 고대의 파르메니데스를 비롯한 엘레아학파도 피타고라스학파도 엠페도클레스도 그 활동 무대가 지금의 이탈리아였으니 이탈리아철학이라고 해도 안 될 건 없다. 그러나 당시는 거기가 범 헬라스(그리스) 지역이었고 언어도 그리스어였으니 내용적으로는 그리스철학이 맞다. 그 후 이른바 로마시대의 철학도 이탈리아철학에 해당할 수 있다. 플로티노스도, 그리고 키케로, 세네카, 아우렐리우스 등도 로마가 그 무대였으니 마찬가지다. 중세철학도 아우구스티누스,

토마스 아퀴나스, 보에티우스 등 대부분이 로마인이었으니 역시 마찬가지다. 지금의 이탈리아 사람들도 아마 그렇게 말하고 싶어 할 것이다. 그러나 로마와 지금의 민족국가인 이탈리아는 그 성격이 다르다. 옛 로마는 사실상 지금의 유럽이다. 그렇다면 현재와 연결되는 이탈리아의 철학도 있는가? 있다. 그 첫 부분에서 빛나는 유명 철학자가 피코 델라 미란돌라, 갈릴레오 갈릴레이, 그리고 누구나 아는 마키아벨리다. 마키아벨리(Niccolò Machiavelli, 1469-1527)는 당시의 실력자 메디치 가문이 책사이기도 했다. 그의 대표작이 유명한 《군주론(*Il Principe*)》이다. 그 《군주론》에 저 유명한 명구가 나온다.

군주는 여우와 사자를 본받아야 한다. 사자는 함정을 피할 수 없고 여우는 늑대를 피할 수 없으니, 함정을 알기 위해 여우가 되고 늑대를 쫓기 위해서는 사자가 되어야 한다.

Il principe è dunque costretto a saper essere bestia e deve imitare la volpe e il leone. Dato che il leone non si difende dalle trappole e la volpe non si difende dai lupi, bisogna essere volpe per riconoscere le trappole, e leone per impaurire i lupi.

이 책과 이 말은 최초의 현실적인 정치철학으로 평가된다.

막연하고 추상적인 혹은 이상적인 정치론이 아니라 현실적인 권력자를 위한 조언이다. 위의 인용 외에도 우리는 같은 맥락에서 하는 다른 말들도 자주 듣는다.

민중이란 머리를 쓰다듬거나 없애버리거나, 둘 중에 하나를 택해야 한다. 왜냐하면 사람은 사소한 모욕에 대해서는 보복하려고 하나, 너무나 엄청난 모욕에 대해서는 감히 보복할 엄두를 못 내기 때문이다.

사실 인간이란 자기에게 해를 끼치리라 생각했던 자로부터 오히려 은혜를 입게 되면, 보통 때 은혜를 받은 것보다 몇 배나 더 고마움을 느끼게 되는 법이다.

권력을 유지하려는 군주는 선하기만 해도 안 되고, 악인이 되는 법도 알아야 하며, 또한 그 태도를 때에 따라 행사도 하고 중지도 할 줄 알아야 한다.

군주는 자기네 백성을 단결시키고 충성을 지키게 하려면 잔인하다는 악평쯤은 개의치 말아야 한다. 그것은 자애심이 너무 깊어서 혼란 상태를 초래하여 급기야 시민들을 죽거나 약탈당하게 하는 군주에 비하면 소수의 몇몇을 시범적으로 처벌하여 질서를 바로잡는 잔인한 군주가 훨씬 인자한 셈이 되기 때문이다.

요컨대 군주는 앞서 말한 여러 가지 좋은 기질(인자함, 신의, 신앙심 등)을 모두 갖출 필요는 없다 하더라도, 갖추고 있는 것처럼 보일 필요는 있다. 아니, 더 대담하게 말해서, 그런 훌륭한 기질을 갖추고 항상 존중하는 것은 오히려 해로우며, 갖추고 있는 것처럼 보이는 바로 그것이 더 유익하다.

이는 우리가 현실 속에서 실제로 종종 목격하는 권력자의(특히 독재자의) 모습이기도 하다.

일반적으로 마키아벨리는 철학자보다 정치사상가로 잘 알려져 있고, 더욱이 목적을 위해서는 '권모술수'도 가리지 말라는, 즉 '목적이 수단을 정당화한다'는, 이른바 '마키아벨리즘'의 원조로 사람들의 뇌리에 각인되어 있다. 솔직히 말해 내가 마키아벨리의 이름을 최초로 들었던 고등학생 시절부터 마키아벨리에 대한 나의 인상은 그다지 좋은 편이 아니었다. 하기야, 공자의 이른바 군자정치나 플라톤의 이른바 철인정치 같은 것을 배우며 막연한 공감을 느끼고 있었던 당시의 젊고 순수한 가슴에, 마키아벨리가 말한 '여우(la volpe)의 교활함과 사자(il leone)의 위세' 같은 말은 뭔가 조금 낯설 뿐만 아니라 오히려 거부감을 불러일으키는 것이었다. 그래서 마키아벨리의 이름은 항상 나에게서 멀리 떨어져 있었다. 그

거리를 조금이나마 좁히는 데는 실로 수십 년의 세월이 걸렸다. 이제 나는 조금 다른 각도에서 마키아벨리를 바라보게 되었다. 그것은 내가 마키아벨리가 쓴 글을 직접 읽어보게 되었다는 이유도 있지만, 어쩌면 그보다도, 적지 않은 세월 동안 세상살이를 해오면서 이상과 현실의 실상을 제법 이해하게 되었고, 따라서 마키아벨리의 견해를 외면할 수만은 없게 되었다고 하는 것이 결정적인 이유가 되었을 것이다.

그렇다. 마키아벨리가 생각하는 '군주'는 철저하게 현실적인 군주이다. 그것은 마키아벨리의 《군주론》이 마키아벨리의 조국 피렌체의 새로운 지배자인 로렌조 디 메디치 공에게 바치기 위해 쓰인 것이라는 구체적인 사실을 통해서도 확인된다. 그 내용을 들여다보면 더욱 확연해진다. 편지처럼 쓰인 이 책에서 마키아벨리는 다음과 같은 문제들에 대해 의견을 개진하고 있다. 즉 '군주국에는 어떤 종류들이 있는지, 또 그것은 어떤 수단에 의해 획득되었는지', '세습제 군주국은 어떤 것인지', '복합형 군주국은 어떤 것인지', '알렉산더가 영유한 다리우스 왕국에서는 알렉산더 사후에 왜 대왕의 후계자에 대한 반역이 없었는지', '점령되기 이전에 시민의 자치제를 실현했던 도시나 국가는 어떻게 다스릴 것인지', '자기의 무력과 역량에 의해 손에 넣은 새 군주국은 어떤 것인지', '다른 사람의 무력 또는 행운에 의해 장악한 새 군주국은 어떤 것인지', '그릇된 수단으로 군주의 지위를 차지한 사람들은 어떤 것인지', '시민제 군주국은 어떤 것인지', '군주국의 국력은 어떻게 평가하면 좋은지', '교회국가는 어떤 것인지', '군대의 종류와 용병제는 어떤지', '외국원군, 혼성군, 자국군은 어떤지', '군비에 관한 군주의 임무는 어떤지', '인간 특히 군주는 무엇이 원인이 되어 칭찬받고 또 비난받는지', '관용과 인색은 어떤지', '잔혹성과 인정스러움은 어떤지, 또는 사랑을 받는 것과 두려움을 당하는 것 중의 어느 것이 좋은지', '군주는 어떻게 신의를 지켜야 하는지', '경멸받고 미움받는 것을 피하려면 어떻게 하면 좋은지', '군주들이 쌓는 성벽이나 그와 같은 것들은 유익한지 무익한지', '존경을 받으려면 군주는 어떻게 행동해야 하는지', '군주가 측근으로 기용하는 비서관은 어떤지', '아첨꾼들을 어떻게 피해야 할 것인지', '이탈리아의 군주들은 어떤 이유로 영토를 잃었는지', '운명은 인간의 활동에 어느 정도로 영향을 미치는지', '또 운명에는 어떻게 저항할 것인지', '이탈리아를 야만족으로부터 해방시키기 위해서는 어떻게 해야 하는지' … 등과 같은 주제들로 마키아벨리의 관심은 향해 있었다. 마키아벨리 자신은 이 주제들을 "국가의 성질, 그 종류, 획득의 방법, 유지의 방법, 상실의 이유"라고 비텔리에게 보낸 편지에서 정리하였다. 이 모두가 지극히 구체적이고 현실적인 문제들이다. 현실의 군주라면 이런 주제를 생각하지 않을 수 없을 것이다. 한가하게 이상만을 논할 수는 없을 테니까.

그런데 이러한 문제들에 대한 마키아벨리의 견해가 더 이상 군주제가 아닌 오늘날에 이르기까지 사람들의 입에 오르내리는 것은, '국가의 통치와 그 담당자인 통치자'라고 하는 것이 사람들의 삶에서 그만큼 중요한 의미를 지니기 때문일 것이다. 순수한 학문의 세계에만 머물 수 있는 학생 시절에는 솔직히 그 의미를 제대로 인식하지 못한다. 그러나 인간의 삶이 철저하게, 권력관계인 현실정치의 맥락 속에서 영위될 수밖에 없으며, 그리고 국가와 통치자의 역할이 한 국가에서, 그리고 결국 한 국가의 국민일 수밖에 없는 '인간'에게, 얼마나 중요한 것인가를 뼈아프게 체득하게 되면, 마키아벨리의 견해들이 예사롭게 들리지를 않는다.

마키아벨리는 군주 즉 국가의 통치자에게 '여우의 교활함'과 '사자의 위세'를 갖추라고 요구한다. "사자는 함정을 피할 수 없고 여우는 늑대를 피할 수 없으니, 함정을 알기 위해 여우가 되고 늑대를 쫓기 위해서는 사자가 되라"고 말한다. 그것들은 군주의 '덕(virtù)'으로 간주된다. 한편 마키아벨리는 "군사와 인민을 양팔에 끼고 등에는 귀족을 업고서 가라"고 권유한다. 뭔가 선군정치와 선민정치와 선신정치가 동시에 어우러진 느낌이다. 그리고 "비상시에도 위기를 면할 수 있게 평소에 대비를 잘해두라"는 당연한 충고도 눈에 띈다. 유비무환이라는 말이다. 또 "유하고 선하면 도전받으니 때로는 강하게 악하게도 하라"고도 가르친다. "관용은 지나침이 없도록 하고 사랑보다는 두려움의 대상이 되라"고도 말한다. 일종의 카리스마주의다. 또 "함부로 남의 재산과 부녀자를 건드리지 말고 특히나 군인한테는 미움 사지 말라"고도 한다. 민심과 군심의 이탈이 권력 기반을 위협할 수 있다는 걸 마키아벨리는 잘 알고 있었던 것이다. 또 마키아벨리는 "검약과 인색을 가치로 삼고 세금은 적게 걸어 사치하지 말라"고도 한다. 후대의 루이 16세와 마리 앙투아네트가 이 조언을 들었더라면 좋았을 것을. 또 "처벌은 부하들을 시켜서 하고 호의는 군주가 직접 베풀어주라"고도 한다. 이런 건 참 얄미울 정도로 지혜롭다는 느낌이다. 또 "측근들을 함부로 다루지 말고 동맹과 친선으로 힘을 빌리라"는 것도 눈에 띈다. 무슨 일이든 세상만사 혼자 힘으로 되는 것은 없다는 걸 마키아벨리는 참 잘도 꿰뚫어 보았다. 또 "지혜로운 관리를 잘 골라 쓰되 마지막 결정만은 군주가 직접 내리라"고도 말한다. 참 기본 중의 기본이다. 여기엔 인사가 만사라는 말도 포함될 것이다. 이런 마키아벨리의 견해들 속에서 우리는 '정치적 이성'이라고 부를 수 있는 현실적 지혜를 발견한다. 그것은 권력과 국가를 건실하게 유지하기 위해 필요한 실질적인 힘이 된다. 이런 것을 마키아벨리는 '운명(fortuna)'을 끌어당기는 '기량(virtù)'이라고 생각했다.

특별히 눈에 띄는 이러한 말들 이외에도 마키아벨리는 국가의 지배와 통치에 관련된 지극히 구체적인 진단과 조치들을 군주에게 권유하고 있다. 정복이니 지배니 통치니 식민이니 하는 그 내용들은 좀 살벌한 느낌마저 들게 한다. 주제 자체에 대한 거부감도 없다 할 수 없다.

하지만 그럼에도 불구하고 마키아벨리가 주목되는 것은, 그의 모든 사상들이 결국은 그의 조국 이탈리아에 대한 사랑 즉 "나는 나의 영혼보다도 나의 조국을 더 사랑한다"는 그의 애국심, 거기서 비롯된 "어떻게 이탈리아의 모든 사람에게 번영을 가져올 수 있을까 하는 문제"로 귀결되고 있기 때문이다. 이러한 목표는 '지금 이곳' 즉 21세기의 대한민국에서도 타당하다. 그래서 마키아벨리가 말한 '통치의 기술'들은 여전히 의미가 있다. 부디 그것들을 잘 터득해서 조국의 번영에 기여할 수 있는 그런 제대로 된 통치자가 이 땅에도 등장하기를, 우리 역시 마키아벨리 못지않은 열정으로 기대하고 있다.

피코

인간이란 참으로 위대한 기적이다

철학의 역사에서 피코 델라 미란돌라(Pico della Mirandola, 1463-1494)의 이름을 만나는 것은 누구에게나 흔한 일은 아니다. 러셀의 《서양철학사(*A History of Western Philosophy*)》나 램프레히트의 《서양철학사(*Our Philosophical Traditions*)》 같은 비교적 유명한 책들도 그를 거의 다루지 않고 있기 때문에 철학과 학생들도 그의 이름조차 제대로 알지 못한 채 졸업하는 경우가 없지 않다. 그런 사정은 그가 속해 있다고 분류되는 15-16세기 이른바 르네상스 시대의 철학 전반에 해당하는 것이기도 하다. 소홀히 취급하기에는 너무나 중요한 시대다.

그런데 어찌 된 인연인지 내 머리 한쪽 구석에는 아주 오랫동안, 비록 조그만 부분이기는 하지만, 피코의 존재가 항상 자리하고 있었다. 그것은 아마도 몇몇 안내서들을 통해 접하게 된 그의 모습이 그만큼 인상적이었기 때문일 것이다. 예컨대 그는 불과 32년의 짧은 인생을 살았음에도 불구하고 적지 않은 저술을 통해 '르네상스 시대의 천재'라 일컬어지며 높은 평가를 받았다. 무엇보다도 그는 왕성한 열정으로 폭넓은 지식들을 흡수했고, 그것을 900개의 테제로 정리한 《명제집(*Conclusiones*)》을 만들어냈으며, 그것을 발표하기 위해 로마에서 일종의 국제 철학자대회를 기획하기도 했다. 그것을 통해 그는 온갖 종교와 학문과 입장들의 편견 내지 대립을 넘어선 일종의 '팍스 필로소피카(pax philosophica, 철학적 평화)'를 꿈꿨던 것이다.

그는 고대와 중세의 철학 전반에 정통해 있었을 뿐만 아니라, 그리스의 신화와 오르페우스-피타고라스의 종교, 페르시아의 조로아스터교, 이슬람교, 히브리의 카발라 전승 등에도 조예가 깊었고, 그것들을 편견 없이 수용하려는 자세를 보여주었다. 비록 그것 때문에 많은 비난을 받았고, 《변명서(*Apologia*)》를 썼음에도 불구하고 이단으로 몰리는 등 위험에 처하기도 했지만 그는 끝내 그 자세를 포기하지 않았다. 바로 그 대회의 개막 연설로 그는 그 유명한 《인간의 존엄성에 대하여(*De hominis dignitate*)》를 썼고, 그것이 불과 24세의 나이였으니, '참 대단한 친구다'라고 인정하지 않을 수 없다. 그가 미란돌라 공국 백작의 아들이라는 귀족 신분이라든지, 목숨을 건 애정행각을 벌였다든지, 볼로냐, 페라라, 파도바, 피렌체, 파리, 페루자, 프라토, 로마 등을 거치며 실로 다양한 학문적 편력을 쌓았다든지 하는 인간적 매력들은 어쩌면 부차적인 것인지도 모르겠다.

그 무엇보다 앞서 그가 주목되는 것은 그가 쓴 그 연설문(oratio) 《인간의 존엄성에 대하여》 때문일 것이다. 비록 훗날에 붙여진 것이기는 하지만, 그 연설문의 제목에 나타난 '인간의 존엄성'이라는 말은 그 글이 갖는 시대적 상징성을 표현하고 있다. 일반적으로 우리는 '르네상스'라는 것을, 중세를 거치며 왜곡 또는 상실되었던 '인간'과 '그리스'와 '신앙'의 재생(re+naissance), 즉 회복이라고 이해하고 있다. 그런 점에서 그의 연설문은 전형적인 르네상스의 시대정신을 대변하는 것으로 평가될 수 있다. 르네상스 전문가들이 그를 피치노와 더불어 '플라톤주의자'의 한 사람으로 분류하는 것도 그것과 무관하지는 않을 것이다.

그의 연설문에서는 '인간의 존엄성'과 '진리의 보편성'이라는 두 가지의 주장이 빛을 발하고 있다. 영역을 초월하는 '진리의 보편성'은 '철학적 평화'의 이념에서 이미 드러나 있다. 그리고 '인간의 존엄성(dignitas)', 이것은 곧 피코 철학의 얼굴이다. 그는 그것을 이렇게 표현하고 있다.

인간이란 위대한 기적이다!

Magno miraculum est homo [라]

Grande miracolo è l'uomo, o Asclepio! [이]

인간은 위대한 기적이다. 왜냐하면 인간은 결정되지 않았고 자신의 창조자가 될 수 있기 때문이다.

l'uomo è un grande miracolo perché non è determinato e può essere l'artefice di se stesso.

그리고 이렇게도 말한다.

"인간은 위대한 기적이요 정말 당당하게 경탄을 받을 만한 동물이다."

"인간은 온갖 경탄을 받기에 합당한 가장 행복한 생물이다."

"세상의 장관 중에서도 가장 경탄할 만한 것이 무엇이냐 […] 그 무엇도 인간보다 더 경탄할 만한 것은 없다"

이만하면 새로운 시대, 새로운 철학의 선언이라고 하기에 전혀 손색이 없을 것이다. 그렇다면 이토록 거창하게 선언된 그 기적과 경탄의 내용은 무엇일까… 우리는 궁금해진다.

그는 그것을 우리 인간이 '미완의' '중간자'이며, 신에게서 부여받은 '자유의지(voluntas)'에 따라 하위의 존재로도 상위의 존재로도 될 수 있다는 가능성 내지 가소성에서 찾고 있는 듯하다.

인간은 피조물들의 중간자여서 상위 존재들과 친숙하고 하위 존재들의 군왕입니다.

라는 말에서 그것을 느낀다. 인간의 이런 특별한 지위에 대해 우리도 별다른 이의 없이 동의한다. 그리고 특히 그 자유의지에 따른 자기결정성을 주목한다.

오, 아버지 하느님의 지존하신 도량이여! 인간의 지고하고 놀라운 행운이여! 그에게는 그가 원하는 바를 갖도록 하셨고 그가 되고 싶은 존재가 되도록 허락하셨습니다. […] 인간은 태어날 때 [하느님] 아버지께서 온갖 모양의 씨앗과 온갖 종류의 종자를 넣어주셨습니다. 각자가 심은 바가 자라날 것이고 나름대로 그 열매를 맺어줄 것입니다.

라는 말에서 우리는 그것을 분명히 파악할 수 있다. 그리고 우리는 가장 널리 알려진 그의 다음 말에서 그것을 확인하게 된다.

[하느님은] 인간을 미완된 모상의 작품으로 받아들이셨고, 세

상 한가운데에 그를 자리 잡게 하고서 이렇게 말씀하셨던 것입니다. "오, 아담이여, 나는 너에게 일정한 자리도, 고유한 면모도, 특정한 임무도 부여하지 않았노라! 어느 자리를 차지하고 어느 면모를 취하고 어느 임무를 맡을지는 너의 희망대로, 너의 의사대로 취하고 소유하라! 여타의 조물들에게 있는 본성은 우리가 설정한 법칙의 테두리 안에 규제되어 있다. 너는 그 어느 장벽으로도 규제받지 않고 있는 만큼 너의 자유의지에 따라서 (네 자유의지의 수중에 나는 너를 맡겼노라!) [네 본성을] 테두리 짓도록 하여라. 나는 너를 세상 중간존재로 자리 잡게 하여 세상에 있는 것들 가운데서 아무것이나 편한 대로 살펴보게 하였노라. 우리는 너를 천상 존재로도 지상 존재로도 만들지 않았고, 사멸할 자로도 불멸할 자로도 만들지 않았으니, 이는 자의적으로 또 명예롭게 네가 네 자신의 조형자요 조각가로서 네가 더 좋아하는 대로 형상을 빚어내게 하기 위함이다. 너는 [네 자신을] 짐승 같은 하위의 존재로 퇴화시킬 수도 있으리라. 그리고 그대 정신의 의사에 따라서는 신적이라 할 상위 존재로 재생시킬 수도 있으리라."

우리는 이 유명한 말을 마음 한구석에 담고 보급할 필요가 있다. 짐승 같은 인간들을 지탄하고 신적인 인간들을 칭송할 근거가 된다. 주변을 둘러보면 정말이지 다양한 인간 군상들이 눈에 띈다. 짐승만도 못한 인간들이 세상에는 너무나도 많다. 천사 같은 인간들도 적지 않게 있다. 그 모든 것이 그 사람들 각자가 스스로 선택해서 만든 모습들이다.

그렇다. 우리 인간은 분명 가능적인 미결정적 중간자이다. 인간의 모습은 자기 자신의 자유의지에 따라 스스로가 선택하고 만드는 것이다. (이것을 나는 '인간의 가소성'이라 부르고 따라서 인간을 '가소적 존재'라 부르고 있다. 확인된 것은 아니지만 소크라테스도 석공인 아버지로부터 이런 교훈을 배웠다는 이야기가 있다.) 그러기에 인간은 자신의 모습에 대해 책임이 있다. 그의 철학은 그것을 잘 알려준다. 그것은 오늘날도 우리에게 끊임없이 선택을 강요하고 있다. 그의 말대로 우리 인간은 "자기를 온갖 육체의 얼굴로, 모든 피조물의 자질로 조형하고 형성하고 변형"한다. "인간은 상이하고 다양하며 곡예사 같은 본성을 지닌 동물"이다. 그렇다. 우리는 "우리가 되고자 하는 존재가 된다"는 그런 조건에서 탄생했다. 그러니 그의 말대로 우리는 각오를 다져야겠다.

아버지의 지극히 너그러우신 도량을 우리가 악용하여 그분이 우리에게 베푸신 자유선택을 유익하게 사용하기보다는 해롭게 사용하는 일이 없도록 [조심해야겠다.] [기왕이면] 일종의 경건한 야심이 우리 정신에 침투하여 우리가 중도의 것으로 만족하지 못하고, 최고의 것을 동경하여 (우리가 원하면 할 수 있으니까) 그것을 획득하는 데 전력을 다하여 힘써야 하겠다.

추악한 야심이 횡행하는 이 시대에, 경건한 야심이란 참으로 멋있게 들리는 말이다. 이제 우리도 함께 그렇게 결의를 다지자. 그리하여 가능하다면 "지존하신 신성에 가장 가까운 초세계적인 어전으로 날아오르자." 철학의 날개를 힘차게 아름답게 펄럭이면서.

독일 편

루터

내일 세계의 종말이 올지라도
나는 오늘 한 그루의 사과나무를 심겠다

내일 세계의 종말이 올지라도 나는 오늘 한 그루의 사과나무를 심겠다.

Auch wenn ich wüßte, daß morgen die Welt zugrunde geht, würde ich heute noch ein Apfelbäumchen pflanzen

엄청 유명한 말이다. 어떤 난관이 있더라도 끝까지 아름다운 희망을 포기하지 말자는 뜻이다. 그런데 우리나라에서는 누군가의 실수로 이것이 스피노자의 말로 잘못 알려져 있다. 실은 독일의 철학자 마르틴 루터(Martin Luther, 1483-1546)의 말이다. 그 잘못을 바로잡을 필요가 있다.

일반적으로 사람들은 '종교개혁자'로서 루터를 기억한다.

따라서 '철학세계'에서 그를 언급하는 것이 과연 적절한 일인지 미심쩍은 사람도 있을 것이다. 종교개혁을 꾀한 사제인 것은 틀림없다. 하지만 너무나도 큰 역사적 의미를 지닌 그의 이름을 철학의 역사에서 빠트릴 수는 없다. 철학의 역사에서 그를 다루는 것은 가능하다. 왜냐하면 웬만한 사람들은 다 알고 있듯, 서양의 철학사라는 것은 사실상 '신학'과 무관할 수 없을뿐더러, 특히 중세 이래로는 철학과 신학의 경계가 모호해진 것도 사실이기 때문이다. 더욱이 '철학'의 본질 자체가 열려 있는 것인 만큼, 거의 모든 학문적 주제가 다 철학의 영역 속에서도 다루어질 수 있다. 그래서 그는 사제인 동시에 또한 철학자인 것이다.

철학의 역사를 공부하다 보면 마치 영화의 한 장면이 될 법한 그런 드라마틱한 일들을 많이 보게 된다. 예컨대 젊은 파르메니데스가 진리의 여신을 만나는 장면이라든가, 소크라테스의 제자 카이레폰이 델포이의 신전에서 신탁을 구하는 장면이라든가, 플라톤이 시라쿠사이에서 디온을 만나 악수를 나누는 장면이라든가, 아리스토텔레스가 알렉산드로스 왕자의 가정교사로서 첫 대면을 하는 장면 등이 그렇다. 아우구스티누스가 밀라노에서 아이들의 노래를 듣고 회심을 하는 장면도 그렇고, 토마스가 말년에 예수의 환상을 본 후 절필을 결심하는 장면도 그렇다.

그리고 루터가 1517년 저 비텐베르크 교회의 정문에 이른바 '95개조 반박문(Disputation)'을 게시하는 장면도 철학사의 한 명장면에 포함된다. 그것은 비단 철학과 신학에 국한되지 않는 하나의 '인류사적 대사건'이었다고 말할 수도 있다. 오늘날 전 세계의 구석구석까지 침투해 있는 이른바 '개신교(Protestant)'의 무수한 교회들과 그 교회에 소속된 무수한 교인들을 보면 이 말이 결코 과장이 아님을 인정할 수밖에 없을 것이다. 그 모든 것이 바로 그 반박문에서부터 시작된 것이니까.

루터의 이른바 종교개혁은 '프로테스탄트(Protestant, 항의자)'라는 말 자체에서 알 수 있듯이 일종의 저항운동이었다. (츠빙글리와 칼뱅의 경우도 마찬가지다.) 그 저항은, 오늘날의 신학적 개념으로 이야기하자면, '교회의 세속화(Säkularisierung)'에 대한 저항이다. 아닌 게 아니라 가톨릭교회는 그의 시대에 이르러 초창기의 여러 고난들과는 너무나도 대조적으로 하나의 거대한 세속적 권력으로 화하고 말았다. 예컨대 교리의 확립과정에서 이단으로 규정된 사람들을 가차 없이 처단한 것이라든가, 교세의 확장을 위해 전쟁도 불사한 것이라든가, 또 어떤 점에서는 교회직의 계급화 같은 것도 모두 다 다분히 세속적이다.

그러한 세속화의 절정이 다름 아닌 '면죄부(Ablassbrief)'였다. 면죄부를 돈으로 삼으로써 세속의 죄를 용서받을 수 있다니! 참으로 기가 막힌 발상이 아닐 수 없다. 그가 내건 95

개조를 보면, 면죄부와 그에 대한 교황의 권한을 비판하는 것이 유달리 눈에 띈다. 그는 교회와 교황의 타락을 심한 어조로 비난했다.

"그러므로 교회의 면죄로써 인간이 모든 형벌로부터 해방되며 구원받을 수 있다는 것을 선전하는 면죄부 설교자들은 모두 오류에 빠져 있는 것이다."

"사실상 교황은 연옥에 있는 영혼에 대해서 어떤 형벌도 사할 수 없다. 이 형벌은 교회법에 의하여 현세에서 받아야만 하는 것이다."

"면죄증서에 의하여 자신의 구원이 확실하다고 스스로 믿는 사람은 그것을 가르치는 사람들과 함께 영원히 저주를 받을 것이다."

그 당시, 교회의 권위가 시퍼렇게 살아 있던 상황에서 이러한 발언을 하는 것은 쉽지 않은 일이었을 것이다. 그런 점에서 우리는 그가 보여준 그 방향과 소신과 용기에 대해 경의를 표하지 않을 수 없다. 왜냐하면 그것은 타락한 기독교적 신앙을 최초의 진실했던 모습으로 되돌려놓고자 하는 숭고한 뜻이었기 때문이다. 그것은 구원의 장소여야 마땅할 교회가 도리어 하나의 속박이 되어버린 어처구니없는 현실에 대한 저항이었기 때문이다.

기독교인은 모든 사람의 가장 자유로운 군왕이요 아무의 신하도 아니다.

라는 말도 같은 맥락에서 이해된다.

사람들은 그의 사상을 '오로지 신앙(sola fides)' 혹은 '오로지 성서(sola scriptura)'라는 말로 축약한다. 또는 "나는 신 앞에 홀로 설 수 있다"는 문장으로 표시하기도 한다.

사랑이 없는 신앙은 아무런 가치도 없다.
Glaube ohne Liebe ist nichts wert

라는 말도 같은 선상에 놓일 수 있다. 이러한 말들은 공통적으로, 세속화된 교회의 권위에 대한 저항을 나타내고 있다. 여기에는 '신앙 : 교회', '성서 : 교회', '신 : 교회'라고 하는 하나의 도식이 그려지고 있다. 이것은 기독교와 교회의 본질적 관계를 생각해볼 때, 말도 안 되는 난센스일 것이다. 그런데도 불구하고 그가 그런 말을 할 수밖에 없는 '탈기독교적 현실'이 그때 거기에서는 펼쳐져 있었던 것이다. 이런 상황에서 우리는 그의 저 유명한 말도 이해할 수 있다.

여기 제가 섰습니다. 달리는 할 수가 없습니다. 신이여 저를 도우소서, 아멘!

Hier stehe ich, ich kann nicht anders! Gott helfe mir, Amen!

그가 뿌린 개혁의 씨앗은 그 후 새로운 모습의 교회를 이 지상 곳곳에 세웠다. 또 한편으로는 가톨릭의 개혁도 촉발했다. 그 공헌은 결코 작지 않다. 그렇다면 오늘날의 개신교 교회들은 과연 그러한 순수한 모습을 견지하고 있는 것일까? 안타깝게도 무수히 많은 선량한 하나님의 백성들이 교회 안에서 하나님을 만나지 못하고 실망을 가슴에 가득 안은 채 교회를 떠나는 모습을 우리는 오늘날에도 심심찮게 목격한다. 오늘날에도 일부 교회와 성직자는 하나의 권력이 되어 있음을 부인할 수 없다. 상업화도 그다지 변한 게 없어 보인다. 물론 묵묵히 신의 가르침을, 특히 그 핵심인 '사랑'을 실천하고 있는 진정한 하나님의 자녀들도 적지는 않다.

어쩌면 지금 이 시대는 또 한 명의 루터와 또 하나의 95개조 반박문을 필요로 하고 있는지도 모르겠다. 그리하여 저 어수선한 기독교계의 현실들을 이른바 '성스러운 원점'으로 '리셋(reset)'할 수 있었으면 좋겠다. 그리고 만일 가능하다면 그 이후에 전개된 이른바 개신교와 가톨릭의 대립도 원점으로 되돌려, 하나 된 '신의 교회'로 모두가 손을 맞잡았으면 좋겠다. 그러기 위해서라도 우리는 그의 목소리에 진지하게 귀를 기울여봐야겠다.

"어떠한 그리스도인이고 진심으로 자기 죄에 대하여 뉘우치고 회개하는 사람은 면죄부 없이도 형벌과 죄책에서 완전한 사함을 받는다."

"참다운 그리스도인은 죽은 자나 산 자나 면죄부 없이도 하나님께서 주시는 그리스도와 교회의 모든 영적 은혜에 참여하는 것이다."

그렇다. 진정한 기독교적 세계에서는 모든 인간이 하나님의 피조물로서, 하나님과 직접 연결될 수 있다. 사하든 벌하든, 우리 인간에 대한 모든 권한은 궁극적으로 우리를 만든 하나님 자신에게 있는 것이다. 우리는 교회와 성직자들이 좀 더 하나님의 말씀에 충실해지고, 따라서 좀 더 겸손한 모습으로 사람들에게 다가오기를 기대한다. 그렇게 할 때 비로소 교회의 진정한 권위도 싹트게 될 것이다.

현실은 언제나 녹록지 않다. 그러나 희망은 언제나 유효하다. 그리고 의지는 언제나 필요하다. 그래서 "내일 세계의 종말이 올지라도 나는 오늘 한 그루의 사과나무를 심겠다"라는, 그리고

청하라, 부르라, 외치라, 찾으라, 두드리라, 떠들어라! 그것을 우리는 중단 없이 언제까지나 해나가지 않으면 안 된다.

Bittet, rufet, schreiet, suchet, klopfet, poltert! Und das

muss man für und für treiben ohne Aufhören.

라는 그의 저 명언이 사람들의 가슴속에서 울림을 갖는 것이다. 어떠한 난관이 있더라도 아름다운 희망을 버리지는 말자.

라이프니츠

'이 세계는 가능한 모든 세계들 중 최선의 것이다'

라이프치히 출신의 라이프니츠(Gottfried Wilhelm Leibniz, 1646-1716)라는 이 철학자를 아는 일반인은 그리 많지 않을 것이다. 그러나 근대 이후 철학의 흐름을 독일이 주도해왔다는 사실을 감안하면 칸트, 피히테, 셸링, 헤겔 등에 앞서 사실상 최초의 본격적인 독일 철학자로 평가되는 이 사람의 의미는 결코 작지 않다. 수학자-과학자로도 그 이름이 제법 알려져 있지만, 철학의 최핵심 분야인 존재론(형이상학)에서 그가 차지하는 위치도 무시할 수 없다.

도대체 왜 존재자가 있으며 오히려 무가 아닌가?
Warum ist überhaupt Seiendes und nicht vielmehr Nichts?

최고의 형이상학적 진술이라 할 수 있는 그의 이 명제는 야스퍼스, 하이데거 등에게 인용되며 이 분야의 문제의식을 압축해 정형화한 것으로 높이 평가되기도 한다.

그의 대표작인 《단자론(*La monadologie*)》이 비록 프랑스어로 쓰이기는 했지만 그는 분명히 '최초의 본격적인 독일 철학자'로 평가된다. 이 최초라는 점에서 그의 등장은 역사적인 의미가 있다. 그의 나라 독일의 속담에 "모든 시작은 어렵다(Aller Anfang ist schwer)"라는 것이 있다. 그것을 그가 해낸 셈이니 그는 훈장감이다. 비록 한때 영미철학과 프랑스철학이 우리 한국에서 크게 유행하기는 했지만 오늘날도 많은 사람들이 철학 하면 가장 먼저 '독일'을 떠올린다. 그가 말한 '충족이유율(principium rationis sufficientis)'에 따르면 모든 것에는 그 이유가 있기 마련이다. 라이프니츠를 비롯한 저 독일 철학자들의 공로가 있는 것이다.

단, 그의 철학은 일반인들이 접근하기에는 다소 어려울 수 있다. 그것이 건드리는 내용이 세계의 근본에 관한 것이라 만만치 않기 때문이다. 그러나 지레 겁먹을 필요는 없다. 낯선 기본 개념들을 일단 이해하고 나면 특별히 어려울 것도 없다. 그의 철학은 우리가 몸담고 살고 있는 이 우주의 근본 실상을 있는 그대로 지적해 보여준다. 거기엔 흥미롭고 매력적인 표현들이 가득하다. 그 핵심에 저 유명한 '단자(monade, 모나드)'라는 게 있다. 모노/스테레오 할 때의 그 모노와 어근이 같다. 단일한 것, 단독적인 것, 독자적인 것, 그런 뜻이다.

'단자'는 이 세계를 구성하는 기본단위들을 가리킨다. '단'이지만 복수(pl.)다. 온 우주에 가득하니 거의 무한에 가깝다. 이를테면 우주공간도 일월성신도 지수화풍도 화조초목도 하나하나 다 단자들이고, 인간도 남녀도, 머리도 몸통도 사지도 수족도 각각 다 단자들이며, 그 부분인 얼굴도, 그 얼굴 속의 눈도 코도 귀도 입도 각각 다 독립된 단자들이다. 부분이더라도 다른 것이 아닌 바로 그것이니 각각 독립된 단자들이 맞다. 그것은 오직 그것이지 절대 다른 것으로 대체될 수 없다. 귀가 눈이 될 수는 없는 것이다. 그런 기본요소들로 모든 사물이 구성되어 있고 세계가 성립되어 있다.

그런 모든 각각의 단자를 그는 '실체(substance)'라고도 불렀다. 변전하는 현상의 근저에서 변함없이 유지되는 사물의 근본 요소라는 말이다. 아리스토텔레스의 '우시아(ousia)'를 계승한 개념이다. 그는 그것을 '자연에서의 진정한 원자'라든지, '삼라만상의 요소'라고 설명하고 있다. '부분이 없는 단일체'로서 '오직 창조에 의해서만 발생하고 종말에 의해서만 소멸될 수 있다'는 점을 강조하고 있다.

그것은 외부의 영향에 의해 변질되거나 변화되는 일이 없고, 그래서 그는 모든 단자가 각각 독립적이라는 의미에서 "창이 없다"고 말한다.

단자에는 창이 없다.

les monades n'ont pas de fenêtre

그러나 내적인 원리에 의한 자연적 변화는 인정하고 있다. 예컨대 꽃이라는 단자는 변함없지만 피고 시들고 진다는 자연적 변화는 그 내적 원리로서 꽃 자체 안에 내재한다는 말이다. 또 그것이 성질을 갖는다는 것도 인정하고 있다. 이를테면 장미는 향기롭고 얼음은 차갑고 불은 뜨겁고 돌은 딱딱하고 … 그런 것이다. 그런 서로 다른 성질이 단자들을 서로 구별하는 기준이 된다. 차가운 불이나 뜨거운 얼음은 있을 수 없다. 그렇게 그 성질들은 그 단자에 고유하다. 움직임과 관계, 그리고 그 내부에서의 표상과 그 변화라고 하는 내적 작용도 그는 인정하고 있다.

요컨대 그는 단자가 일종의 자족성을 가진 무형의 자동기계인 것처럼 설명하고 그래서 그것을 '완성태(entéléchie)'라는 이름으로 부르자고 제안하기도 한다. 눈은 눈으로서 귀는 귀로서 일단 완결되어 있는 것이다. 그렇게 모든 것이 각각 다 그렇다.

그에게는 확실히 형이상학적인 눈이 있다. 그 눈이 본 것은 결국 이 세계의 기본적인 요소들 하나하나가 각각 그것에 고유한 모습과 역할들을 부여받고 있다는 근본 사실이다. 좀 과감히 해석하자면, 그는 우리가 어떤 이름으로 부르는 세계의 온갖 것들이 우리 인간들의 의사나 능력과는 완전히 무관하게 이미 그러하도록 자족적으로 마련되어 있다는 것을 엄청나게 중요한 형이상학적 사실로서 주목하는 것이다. 우리가 하나하나의 단어로서 포착하는 이 세상 모든 것이 각각 단독적인 '그것으로서' 존재하고 있다. 전체로서 혹은 부분으로서. 무수한 그것들의 결합에서 세계가 성립한다. 어떻게 보면 라이프니츠가 말한 그 '단자'는 저 아낙사고라스의 '씨앗'이나 플라톤의 '이데아'와 별개의 것이 아닐 수도 있다. 그게 다 세계를 구성하는 불변의 아프리오리한 기본단위-기본요소들이기 때문이다. 세계가 애당초 본래 그렇게 되어 있는 것이다.

라이프니츠의 통찰을 하나의 능력으로서 인정하게 되는 또 하나의 근거를 우리는 '예정된 조화(harmonie prèètablie)'라는 그의 말에서도 발견한다. 각각의 단자들이 서로 영향을 줄 수 없는 '창이 없는' 것인데도 불구하고, 즉 각각 그 자체로서 일단 완결된 독자적인 것인데도 불구하고, 그것들이 서로 대응 결합되어 갖가지 관계를 갖고 거기서 다른 모든 것들을 표출하고 있다는 사실을 그는 주목하는 것이다. 예컨대 각각의 단자인 위장은 입을 반영하고 입은 음식인 바나나를 반영하고 바나나는 나무를 반영하고 나무는 땅을, 땅은 비를, 비는 구름을 반영하고 … 그런 식이다. 그렇게 온 우주가 연결된다.

단자는 우주를 비추는 영원히 살아 있는 거울이다.
la monade est miroir vivant de l'univers.

그렇게 그는 멋지게 그것을 표현했다. 그러한 근본 연관이 예정된 조화에 의해 가능하다는 것은 역시 그의 탁견이다. 이미 서로 그렇도록 되어 있다는 것이다. 정신과 육체를 갈라버린 데카르트의 난점도 그는 그렇게 해결했다. 그의 그 '예정조화론' 내지 '거울론'은 분명히 하나의 해결이다. 맛있는 음식이라는 단자를 보고서 군침이라는 단자가 도는 것도, 해맑은 애인의 미소라는 단자를 보고서 우리의 마음이라는 단자가 설렘을 느끼는 것도 그런 예정조화의 결과라고 볼 수 있다. 만물들은 모두 그렇게 서로 얽혀 타자들을 반영하고 있다.

그런데 이 모든 통찰들을 아울러 라이프니츠 철학에서 가장 주목되는 것은 그가 '신의 완전성'을 들먹이며 내세우는 이른바 '최선주의(optimisme)'다.

모든 것은 가능한 최선의 세계에서 최고를 위한 것이다.
(이 세계는 있을 수 있는 모든 것 중 최선의 것이다.)
Tout est pour le mieux dans le meilleur des mondes possibles

이 말은 가장 잘 알려지고 가장 화제성이 높은 것이다. 일종의 '긍정의 철학' 내지 세계관-인생관과도 그 방향을 같이 하는 것이다. 엄청난 문제들이 있음에도 불구하고 사실 이 세계보다 더 좋은 세계를 우리는 아직 알지 못한다. 완전한 신께서 어련히 알아서 만드셨을라고… 하는 마음이 선량하고 순수한 많은 사람들과 그를 함께 지배하고 있다.

사람들이 단자론의 첫 부분이 아니라 마지막 90절부터 찬찬히 거꾸로 읽어 올라가면서 그의 의도가 '신의 나라의 완전한 통치'를 찬양하는 데 있었다는 것을 알게 된다면 그들은 더 이상 그의 형이상학이 어렵다고 아우성치지는 않을 것이다.

세상이 엉망으로 돌아가거나 우리의 개인적 삶이 힘겨울 때는 '이게 무슨 최선인가' 하는 생각이 욱하고 올라오기도 하지만, (혹은 최소한 '그래, 신은 존재한다. 그러나 내 곁에는 아니다'라는 느낌이 들기도 하지만) 천체의 운행이나 음양의 조화 등 이 세계가 엄청나게 오묘한 신적 질서로 움직이고 있다는 것은 부인할 수 없다. 인간의 지성과 능력으로는 헤아려지지가 않는다. 그래서다. 우리가 이보다 더 나은 세상을 만들거나 찾아내지 않는 한, 이 세계는 최선의 세계가 맞다. 일단은 그렇다. 무지한 오만으로 버티지 않는 한, 우리의 지성은 그것을 인정할 수밖에 없다.

칸트

그대의 의지의 준칙이 항상 동시에
보편적 입법의 원리로 타당할 수 있도록 행위하라

요즘은 아마 많이 다르겠지만, 우리 세대(1950년대 생, 70년대 학번)가 학부생이었을 때는 철학 하면 독일이었고 독일 하면 칸트(Immanuel Kant, 1724-1804)였다. 엄청 유명한 철학자다. 우리나라 철학교수들의 연구논문을 검색하면 전 분야를 통틀어 칸트 관련 논문이 압도적인 1위다. 그만큼 그의 철학이 관심 대상, 연구 대상이 된다는 말이겠다. 어쩌면 저 독일 동북 끄트머리 북해 연안의 한적한 쾨니히스베르크(Königsberg)[25]에서 태어나 평생 그 바깥으로 나간 적도 없이 독신으로 지내며 평생 철학만을 파고든, 그리고 매일 시계

25) 현재는 러시아 영토인 칼리닌그라드.

처럼 규칙적으로 생활하며 정해진 시간에 산책을 했다는 그의 특이한 삶도 연구 대상일지 모르겠다.

그런데 정작 그의 철학을 들여다보면 그게 만만치가 않다. 일반인에게도 제법 유명한 그의 소위 3대 비판서, 《순수이성비판》, 《실천이성비판》, 《판단력비판》은 이른바 진-선-미라는 가치의 본질을 다룬 전문 철학서인데 그 내용과 형식이, 특히 그 단어들이 일반인들은 물론 철학교수들에게조차도 그 접근을 막는 바리케이드를 치고 있다. 그도 그럴 것이 그의 의도는 오랜 세월 이렇다 할 발전을 보이지 못하는 철학에게 특히 그 근본인 형이상학에게 수학이나 과학 같은 엄밀한 '학문성(Wissenschaftlichkeit)'을 부여하려는 것이었기 때문이다. 쉽게 말하자면, '우리 집 애들('철학이'들)은 왜 옆집 '수학이'나 '과학이'처럼 똘똘하질 못하냐, 재네들 좀 닮아봐라, 특히 너 '형이상학이', 너는 맏이라는 녀석이 어째 막내 '논리학이'만도 못하냐, 철저하게 자기성찰 좀 해봐라' 그런 문제의식으로 쓰인 것이기 때문이다. 그러니 골치 아플 수밖에 없다.

그렇기는 하지만, 그 딱딱한 책에도, 그 딱딱한 독일어에도, 우리의 가슴에, 머리가 아닌 가슴에 다가오는 말들이 없지 않다.

내용 없는 사고는 공허하고 개념 없는 직관은 맹목이다.

Gedanken ohne Inhalt sind leer, Anschauungen ohne Begriffe sind blind.

우리는 결코 철학을 배울 수 없다. 기껏해야 철학함만을 배울 수 있을 뿐이다.

Man kann also … niemals … Philosophie, sondern, höchstens nur Philosophieren lernen.

이런 말도 그중 하나다. 그중 특히 유명한 것이 《실천이성비판》에 나오는 이른바 '정언 명령(kategorischer Imperativ, 무조건적 명령)'의 명제들이다. 가히 명언이라고 할 수 있다.

그대의 의지의 준칙이 항상 동시에 보편적 입법의 원리로 타당할 수 있도록 그렇게 행위하라.

Handle so, dass die Maxime deines Willens jederzeit zugleich als Prinzip einer allgemeinen Gesetzgebung gelten könne.

물론 단어와 문장은 독일어답게 딱딱하다. 그런데 그 내용은 참으로 의미심장하다. 우리가 뭘 해야겠다고 작정할 때, 어떤 방침이랄까 기준 같은 게 작용하는데, 그게 자기에게만, 자기의 욕심이나 이익을 위해서 좋은 게 아니라 그 누구에게

나 적용될 수 있는 그런 것이어야 한다는 말이다. 마치 의원들이 법을 만들 때 생각하는 그런 기준, 만인에게 다 좋을 수 있는 그런 기준을 염두에 두고 행동을 하라는 것이다. 그것도 매사 매번 그래야 한다는 말이다.

물론 말이 그렇지 이게 쉬운 일이겠는가. 인간이란 본래 이기적이다. 자기의 이익, 나의 좋음이 우선이다. 남의 사정을 고려하고, 더욱이 모두의 선을 고려하는 것은 성인에게나 해당하는 아주아주 예외적인 일이다. 그래서 성인들이 위대한 것이기도 하다. 하지만 칸트는 무릇 모든 인간에게 이런 기준을 들이미는 것이다. 그런 게 교육이고 교양이고 철학이다. 그런 정신적 노력을 통해 인간세상의 그나마 일부라도 '선'에 가까이 다가가게 되는 것이다. 인간의 역사를 보면 실제로 그러했다. 자기만이 아닌 남을 고려하고 '보편'을 고려하는 정신적 노력은 꾸준히 있어왔고 그런 소리에 귀를 기울이고 그런 방향으로 발걸음을 내디딘 많은 사람들이 있었다. 대표적인 인물이 공자-부처-소크라테스-예수였다. 그들은 한결같이 '나만이 아닌', '남도 고려하는', '전체를 고려하는' 그런 행위를 하라고 사람들에게 가르쳤다. 실제로 그 뒤를 따른 사람이 적지 않다. 큰 세력을 이루었다. 그런 사람들이 이 험한 인간세상에 우뚝한 '선의 성(城)', '선의 왕국'을 건설한 것이다. 인간의 세상은, 인간의 역사는 언제나 어디서나 그런 자들과 그렇지 않은 자들의 대립이고 각축이고 전쟁이었다.

칸트가 남긴 이 명령은 지금도 우리에게 따를 것을 요구한다. 이 명령에 따를 것인지 거역할 것인지, 그것은 각자의 선택에 맡겨져 있다. 그런 선택이 우리의 실존이다. 보편적 입법의 원리로 타당할 수 있으려면 어느 정도 '나의 이익'을 양보할 수밖에 없다. 이 말을 진지하게 들으면 좀 고민일 것이다. 고민해보자.

칸트

그대는 인간성을 […] 항상 동시에 목적으로 대하며
결코 단순히 수단으로 이용하지 않도록 행위하라

칸트는 독일 동북단의 한적한 쾨니히스베르크에서 태어나 자라고 배우고 가르치고 거기서 죽었다. 유명한 이야기지만, 평생 그 십 리 밖을 나간 적이 없다. 지금도 거기 가면 볼 수 있는 그의 무덤엔 비석이 있고 그 비석에 유명한 문구가 하나 새겨져 있다.

자주 그리고 오래 생각할수록 항상 새로운 그리고 더해지는 놀라움과 경외감으로 심정을 가득 채우는 것이 둘 있다. 내 위에 있는 별 반짝이는 하늘 그리고 내 안에 있는 도덕률이다.
Zwei Dinge erfüllen das Gemüt mit immer neuer und zunehmender Bewunderung und Ehrfurcht, je öfter und anhal-

tender sich das Nachdenken damit beschäftigt: der gestirnte Himmel über mir und das moralische Gesetz in mir.

그의 대표작 중 하나인 《실천이성비판》의 마지막 〈마무리〉 장의 첫 구절이다. 멋있고 울림이 있는 말이다. '별 하늘'은 형이상학을 건드리고 있고 '도덕률'은 윤리학을 건드리고 있다. 이 도덕률이라는 것을 그는 같은 책 본론에서 '정언 명령' 및 '의무'라는 개념으로 논하기도 한다. 무조건 지켜야 하는 규범이라는 말이다. 그게 그의 윤리학의 방향이고 특징이었다. 그중의 하나가 남을 목적으로 대하고 수단으로 대하지 말라는 것이다. 정확하게 인용하자면 이렇다.

그대는 인간성을, 그대의 인격에 있어서나 다른 모든 이의 인격에 있어서나 항상 동시에 목적으로 [대하도록], 절대 단순히 수단으로 이용하지 않도록 그렇게 행위하라.

Handle so, daß du die Menschheit sowohl in deiner Person, als in der Person eines jeden andern jederzeit zugleich als Zweck, niemals bloß als Mittel brauchest.

수단과 목적이라는 말이 대비되고 있다. 수단으로 이용하는 것은 부정적이고 목적으로 대하는 것은 긍정적이다. 전자는 말리고 후자는 권한다. 이렇게 그에게는 좋은 것과 나쁜 것이 명확하다. 딱 들어봐도 철학적이다. 훌륭하기도 하고 멋있기도 한 말이다. 누구나 고개를 끄덕일 것이다. "맞아, 그래야지. 암, 사람은 모름지기 그래야 하고말고." 긍정하고 납득하고 수긍한다.

그러나 현실은 어떤가? 그렇지 않다. 오히려 반대다. 사람들은 대부분 다른 사람을 수단으로 이용하지 목적으로 삼지는 않는다. "난 너만 있으면 돼"라고 말하는 연인관계에서조차 적지 않은 경우 수단으로서의 이용이라는 것이 어느 정도 작용한다. 나의 행복이라는 목적을 이루기 위한 수단이다. 그/그녀의 재산이나 지위가 목적인 경우도 없지 않다. '완전한 목적'으로 사람을 대하는 것은 이상이다. 그런 경우는 어쩌면 자기 자신보다 더 소중한 어떤 사람에게나 가능할지도 모르겠다. 예컨대 진정한 사랑으로 결합된 연인-배우자나 혹은 '내가 아니지만 나보다 더 나'라고 하는 자식의 경우. 그리고 전 인류의 구원을 생각하며 사랑을 펼치는 성인들의 경우도 아마 모든 인간이 목적일 것이다. '수단으로서 이용하는 것'은 분명히 아니다.

그런데 보통사람은 대개 그렇지 않다는 것, 칸트는 아마도 이런 현실을 통찰해 알고 있었을 것이다. 독일이나 한국이나 인간이라는 게 대략 비슷하지 않겠는가. 남을 수단으로 이용한다는 것은 이미 나의 이익, 자기의 만족이라는 것을 전제로 하고 있다. 좀 적나라하게 말하면 욕망의 충족이다. 그건 삶의 기본원리다. 그걸 위해 사람은 사람을 수단으로 이용한다. 세상은 보통 그렇게 돌아간다. 사람이 사람을 채용해 일을 시키고 보수를 지급하는 모든 인간관계가 그런 '수단으로서의 이용'이다. 징집도 그렇다. 동원도 그렇다. 심한 경우는 그렇게 얼마든지 이용하고 '쓸모'가 없어지면 즉 이용가치가 사라지면 가차 없이 버린다. 그런 경우 그 '다른 모든 이'는 사실 '인간성'도 아니고 '인격'도 아니다. 칸트의 저 정언 명령에는 인간의 존재가 곧 '인간성'이자 '인격'임이 전제로 되어 있다. 그렇게 행위하라는 것이다.

칸트는 우리 인간의 내면에 이미 어떤 숭고한 도덕법칙이 아프리오리하게 내재해 있다고 믿고 있다. 맹자의 소위 성선설과 상통한다. 그게 다라고 할 수는 없지만 그게 아니라고도 할 수 없다. 그런 도덕성에 물을 주고 싹틔우는 것, 그래서 키우고 꽃피우는 것, 그게 바로 윤리고 철학이라는 것이다. 각자 자기의 내면을 들여다보기로 하자. 거기에 이런 도덕법칙이 있는지 없는지 확인해보기로 하자.

니체

'웃음이 없는 진리는 진리가 아니다'

2,600년 서양철학의 역사에는 최소한 백 명이 넘는 거물들이 등장하는데, 고대에서는 아마 소크라테스가 가장 유명할 것이고, 중세에서는 아우구스티누스가, 근세에서는 칸트가 가장 유명할 것이다. 그럼 현대에서는? 아마도 니체(Friedrich Nietzsche, 1844-1900)가 아닐까 한다. 마르크스도 초저명 철학자이지만 일반인들에게는 역시 니체가 가장 널리 알려져 있을 것이다.

왜 니체일까? 아마 무엇보다도 그의 저 파격적인 말 때문일 것이다.

신은 죽었다.

Der Gott ist tot.

그 자신의 말대로 그는 '망치를 든' 철학자였다. '모든 가치의 전도[뒤집어엎기]'를 부르짖었다. 최고의 존재인 신을 죽였다. 그리고 신이 죽은 그 자리에 대신 '초인(Übermensch)'이라는 걸 내세웠다. 이러니 맞고 틀리고 좋고 나쁘고를 떠나 일단 사람들의 관심을 끌지 않을 리가 없다.

이른바 니힐리즘(Nihilismus, 허무주의)도 거기에 일조한다. 파격적이기 때문이다.

"허무주의: 목표가 결여되어 있으며, '왜?'라는 물음에 대한 대답이 결여되어 있다."

"허무주의는 무엇을 의미하는가? – 최고 가치들이 탈가치화하는 것."

"허무주의는 병리적 중간 상태를 표현한다. (병리적이란 전혀 아무런 의미도 없다고 결론짓는 끔찍한 일반화를 말한다.)" 《1887년 유고》

하여간 예사롭지 않다.

철학만 그런 것도 아니다. 그의 인물과 삶도 예사롭지 않았다. 그는 목사의 아들이었고 어렸을 때 별명이 꼬마 목사였음에도 신의 죽음 운운하며 기독교에 도전했다. 20대의 젊은 나이에 스위스 바젤대학의 고전문헌학 교수가 되었다. 바그너에 열광하고 그의 아내 클라라를 짝사랑했다. 친구인 파울레, 시인 릴케 등과 루 살로메의 사랑을 다투었고 밀려났다. 엄청난 양과 파격적인 내용의 저서들을 일필휘지로 써서 세상에 내놓았다. 뇌종양으로26) 정신착란을 일으켰고 토리노의 거리에서 쓰러졌다. 수년간 정신병원에서 어머니와 누이 엘리자베트의 간호를 받으며 지내다가 55세의 이른 나이에 결국 세상을 떠났다. 격동하는 삶이었다. 그는 그런 삶을 있는 그대로 긍정하고 예찬하는 이른바 '삶의 철학'을 펼쳤다.

"운명아! 비켜라. 용기 있게 내가 간다."

"몇 번이라도 좋다. 이 끔찍한 삶이여 다시 한 번!"

"나는 사물에 있어 필연적인 것을 아름다운 것으로 보는 법을 더 배우고자 한다. ― 그렇게 하여 사물을 아름답게 만드는 사람 중 하나가 될 것이다. 네 운명을 사랑하라(Amor fati): 이것이 지금부터 나의 사랑이 될 것이다! 나는 추한 것과 전쟁을 벌이지 않으련다. 나는 비난하지 않으련다. 나를 비난하는 자도 비난하지 않으련다. 눈길을 돌리는 것이 나의 유일한 부정이 될 것이다! 무엇보다 나는 언젠가 긍정하는 자가 될 것이다!"

---

26) 한때 매독 원인설도 널리 유포되었다.

'운명애(amor fati)'로 요약되는 유명한 말들이다. 소위 '동일자의 영원한 반복(ewige Wiederkehr des Gleichen)'이라는 것이 그 바탕에 깔려 있다. 이 외에도 그는 《비극의 탄생》, 《반시대적 고찰》, 《인간적인, 너무나 인간적인》, 《아침놀》, 《즐거운 지식》, 《차라투스트라는 이렇게 말했다》, 《선악의 저편》, 《도덕의 계보학》, 《바그너의 경우》, 《우상의 황혼》, 《안티크리스트》, 《이 사람을 보라》 등, 저 파격적인 저서들 속에 숱한 명언들을 남겼다. 그것은 여러 가지 형태로 사람들의 가슴속에 새겨졌다. 그 인상적인 명언들 중 하나로 위에 소개한 웃음의 철학이 있다. 대표작 《차라투스트라는 이렇게 말했다》에 나오는 말이다. 정확하게는 이렇다.

그리고 한 번도 춤을 추지 않은 날은 우리에겐 잃어버린 날이다. 그리고 거기에 웃음이 없는 모든 진리는 우리에겐 틀린 것이다.

Und verloren sei uns der Tag, wo nicht Ein Mal getanzt wurde! Und falsch heisse uns jede Wahrheit, bei der es nicht Ein Gelächter gab!

전후 문맥에서 그는 이렇게도 말한다.

"작은 일에도 최대한 기뻐하라. 기뻐하면 마음을 어지럽히는 잡념을 잊을 수 있고 타인에 대한 혐오감이나 증오심도 엷어진다. 부끄러워하거나 참지 말고 마음이 이끄는 대로 마치 어린아이들처럼 싱글벙글 웃어라."

"오늘 가장 좋게 웃는 자는 역시 최후에도 웃을 것이다."

"왜 인간만이 웃는지 아마 내가 가장 잘 알 것이다. 오직 인간이 가장 깊이 괴로워하기 때문에 그는 웃음을 찾아낼 수밖에 없었다."

"Vielleicht weiß ich am besten, warum der Mensch allein lacht: er allein leidet so tief, daß er das Lachen erfinden mußte."

정통 철학에서 (춤이나) '웃음'이 주제화되는 일은 드물다. 철학이라고 하면 진지하고 심각한 것이라는 인상이 있다. 무겁고 어렵다. 니체는 그런 선입견을 망치로 깨부수는 것이다. 심지어 그는 웃음이 없는 철학은 오류라고까지 단언한다. 이것도 어떤 점에서는 '신의 죽음' 못지않은 도발이고 불경이다. 그러나 그의 철학은 단어보다 그 문맥을, 아니 문맥보다 그 행간을 읽어야 한다. 웃음은, 오직 인간에게만 해당하는 현상이다. 더욱이 이 웃음은 '미소(Lächeln)'가 아닌 '폭소(Gelächter)'다. 살포시나 생긋이 아니고 왓하하고 껄껄이다. 마음껏 즐거워하고 기뻐하는 것이다. 거리낌 없는 이런 웃음이 우리 인간에게는 실제로 있지 않은가. 그는 '즐거운 학문

(fröhliche Wissenschaft)'이라는 것을 그의 책 제목으로 삼기도 했다. 모든 진리가 다 근엄하고 심각할 필요는 없다. 꼭 근엄한 것만이 진리는 아니다. 즐겁고 기쁜 진리도 있는 것이다. 그런 것이, 웃음이라는 것이 얼마나 우리의 삶을 환하게 만들어주는가. 웃음은 진리라는 말에 배당될 충분한 의미와 가치가 있는 것이다. 그것은 모든 긍정의 상징이다. 그것은 '그럼에도 불구하고'와 손을 잡고 있다.

특히 위에 인용한 그의 마지막 문장은 그 웃음의 밑바탕에 오직 인간만이 갖는 '깊은 괴로움'이 있음을 알려준다. 웃음은 가련한 인간의 삶에 대한 스스로의 위로요 격려인 셈이다.

2천 년 기나긴 세월 사람들을 틀에 가두고 '권력에의 의지(Wille zur Macht)'를 옥죈 기독교의 신을 죽여놓고, 즉 모든 가치를 뒤엎어놓고, 즉 그 노예도덕(Sklavenmoral)을 폐지하고 주인도덕(Herrenmaral)을 제창하면서 니체는 스스로가 초인의 얼굴로, 즉 끊임없이 넘어서고자(초극하고자) 하는 자의 자세로 껄껄 웃었을 것이다. 잘 들어보면 니체의 모든 글의 행간에서 그런 유쾌한 웃음소리가 들려온다. 귀 기울여 잘 들어보자. 어쩌면 거기엔 고통의 쓰디쓴 한숨 소리도 묻어 있을지 모르겠다.

참고로 그의 명언들 중 유명한 몇 가지를 아래에 함께 소개해둔다.

언젠가 날기를 배우려는 사람은 우선 서고, 걷고, 달리고, 오르고, 춤추는 것을 배워야 한다. 사람은 곧바로 날 수는 없다.

Wer einst fliegen lernen will, der muss erst stehn und gehn und laufen und klettern und tanzen lernen: man erfliegt das Fliegen nicht!

매일을 좋게 시작하기 위한 최고의 수단은, 깨자마자 적어도 한 사람을 오늘 기쁘게 해줄 수 없을지를 생각해보는 것이다.

Das beste Mittel, jeden Tag gut zu beginnen, ist: beim Erwachen daran zu denken, ob man nicht wenigstens einem Menschen an diesem Tag eine Freude machen könne.

사람은 춤추는 별을 품을 수 있기 위해 자기 안에 또한 카오스를 갖지 않으면 안 된다.

Man muss noch Chaos in sich haben, um einen tanzenden Stern gebären zu können.

우리는 쉽게 부정하지 않으며 긍정하는 자라는 점에서 명예를 찾는다.

덴마크 편

키에케고

나를 위한 진리를 찾아내고,
내가 생사를 걸고 싶은 이념을 발견해내는 것이 중요하다

살짝 미안하지만 영-불-독에 비해 덴마크는 상대적으로 그 존재감이 좀 약하다. 그러나 미운 오리새끼와 인어공주를 모르는 사람은 없다. '안데르센의 나라'라고 하면 우리는 곧바로 납득하고 고개를 끄덕인다. 그 안데르센과 함께 덴마크가 세계에 자랑하는 또 한 명의 위인이 있다. 키에케고[27](Søren Aabye Kierkegaard, 1813-1855)다. 그는 '최초의 실존주의 철학자' 혹은 '실존주의 철학의 선구자'로 평가받는다. 객관성을 강조했던 근세철학의 정점 헤겔을 주체성, '자기'라는 말로 두들기며 그는 현대철학의 기치를 올렸다.

---

27) 흔히 키에르케고르나 키르케고르로 알려져 있는데, 이는 일본식 표기다. 덴마크 발음은 '키에케고'다. 바로잡을 필요가 있다.

주체성이 진리다.

Die Subjetivität ist die Wahrheit.

실제로 그러한 자기 자신이 될 것.

Das Selbst zu sein, das man in Wahrheit ist.

그의 소위 실존주의 철학은 야스퍼스, 하이데거 등 독일 철학자와 마르셀, 사르트르 등 프랑스 철학자를 통해 계승되며 전 세계로 보급되어 20세기 전반의 한 시대를 풍미했다. 우리나라의 청년들에게도 그는 한때 영웅이었다. 그는 평범한 사람이 아니었다. 그의 철학도 평범한 것이 아니었다. 파격이었다.

미녀 레기네 올센에 대한 들이댐과 약혼 그리고 일방적인 파혼, 파혼 후의 미련과 그녀에 대한 일방적인 유산상속, 그런 것만 봐도 참 별나다. 뮌스터, 마르텐센 등 국교회와 신학계의 권위에 대한 도전과 비난, 그것을 비아냥댄 언론 《해적선(*Corsaren*)》에 맞서 자비를 털어 《순간(*Øieblikket*)》이란 잡지를 발행하며 논전을 펼친 것도 예사롭지 않다. 결국 그는 기진해 길거리에 쓰러졌고 젊은 나이에 세상을 떠났다. 그의 삶 그 자체가 실존주의였던 셈이다.

'기독교적 저술가'로 자칭하는 그는 제대로 된 '종교성'을 강조하며 소크라테스의 정신과 아브라함의 정신을 그 모범적 사례로 제시했다. 이런 종교성을 충족하는 종교인이 거의 없을 정도로 엄격한 잣대(기준)를 들이댄 것이다. 보통사람들에게는 엄청난 부담이다. 이른바 '인생 행로의 세 단계들'(감각적 실존-윤리적 실존-종교적 실존) 중 최상 단계에 해당한다. 《유혹자의 일기》, 《이것이냐 저것이냐》, 《불안의 개념》, 《죽음에 이르는 병》, 《공포와 전율》 등 엄청난 양의 저서를 통해 (그것도 상당수는 익명으로) 그는 성서와 예수 그리스도에 입각한 진짜 기독교를 소리 높여 외쳤다. 아니 그 개념들을 마치 채찍처럼 휘둘러댔다. 권위화한 저 교회의 사이비 기독교를 향하여.

그는 아버지의 비밀[28]과 출생의 비밀[29]을 알게 된 청년기의 이른바 '대지진'을 겪으며 저 유명한 말을 내뱉었다. 입지(立志)의 각오와도 같은 말이다.

나를 위한 진리인 그런 진리를 찾아내는 것, 내가 그것을 위해 살고 그것을 위해 죽고자 하는 그런 이념을 발견해내는 것, 그것이 중요하다.

Es gilt, eine Wahrheit zu finden, die Wahrheit für mich ist, die Idee zu entdecken, für die ich leben und sterben

28) 젊은 시절 극심한 가난 때문에 신을 저주한 것.
29) 본부인의 병중에 하녀를 건드려 자기가 태어나게 된 것.

will. — *Die Leidenschaft des Religiösen*

참 대단한 청년이다. "나는 열다섯 때 배움에 뜻을 두었다(吾十有五而志于學)"라고 한 공자보다도 훨씬 센 말이다. 그는 결국 그것을 찾고 발견했다. 그게 자기의 실존이고 종교성이었다. 구체적으로는 '진정한 크리스천'이 되는 것이다. "주여 주여 하는 자가 다 천국에 들어가는 것은 아니다"라고 한 예수의 말과 직접 통하는 말이다. 그는 현대판-덴마크판 마르틴 루터였던 셈이다. 그의 실존주의는 말하자면 현대의 초입에서 전개된 또 하나의 종교개혁운동이었다. 그는 실제로 그것을 위해 살았고 그것을 위해 죽었다. 그것이 그 자신을 위한 진리였다.

말이 그렇지 이게 어디 쉬운 일인가. 오늘날 우리 대부분의 사람들은 그런 것에 생사를 걸지는 않는다. 그런 게 자기 자신을 위한 진리라고 생각하지 않는다. '모두를 위한 진리'라고 선전되는 것도 많지만 그런 건 사실 '나를 위한 진리'에 비해 대체로 무책임하고 가볍다. 많은 사람들은 오직 돈-지위-명성을 진리로 여기며 그것을 위해 살고 그것을 위해 죽는다. 그게 우리의 삶을 위해 필요하고 중요한 것인 줄이야 누가 모르랴만 그게 궁극의 진리일 수는 없다. 그게 전부일 수는 없다. "황금 침대에서 잔다고 황금 꿈을 꾸는 것은 아니다." "그 어떤 권력도 군대도 백발을 막아내지는 못한다."

"염라대왕에게 내는 이력서에는 명성을 적는 난이 없다."라는 이수정의 말도 그런 취지다.

우리도 그런 진리와 그런 이념을 찾아보자. 자기 자신을 위한 진리, 그것을 위해 살고 그것을 위해 죽고자 하는 그런 이념을.

참고를 위해 키에케고의 다른 유명한 명언들을 이하에 달아둔다.

여자는 남자보다 더 감각적이다. 이것은 벌써 육체의 형태에서 나타난다.

Dass das Weib sinnlicher ist als der Mann, das zeigt sogleich ihre leibliche Bildung an. — *Der Begriff Angst*

순간은 이중적 의미를 지니고 있다. 그 안에는 시간과 영원성이 서로 함께하고 있다.

Der Augenblick ist jenes Zweideutige, darin Zeit und Ewigkeit einander berühren. — *Der Begriff Angst*

정신이 적어질수록 불안도 적어진다.

Je weniger Geist, desto weniger Angst. — *Der Begriff*

결혼해도 후회하게 될 것이고, 결혼하지 않아도 후회하게 될 것이다.

Heirate — und du wirst es bereuen, heirate nicht — und du wirst es auch bereuen. — *Entweder-Oder*

지루해하는 자들은 모두 변화를 외친다.

Nach Veränderung rufen alle, die sich langweilen. — *Entweder-Oder*

시인이란 무엇인가? 불행한 인간이다. 그의 영혼 속에는 비밀스런 고통이 숨어 있고, 그의 입술은 한탄하고 비명을 지르지만 그것을 아름다운 음악으로 변화시키도록 만들어져 있다.

Was ist ein Dichter? Ein unglücklicher Mensch, dessen Lippen so geformt sind, dass sein Seufzen und Schreien sich in schöne Musik verwandelt, während sich in seiner Seele geheime Qualen verbergen. — *Entweder-Oder*

무엇이 오고 있는가? 미래는 무엇을 가져다줄 것인가? 나는 모르겠다. 나는 아무것도 예감하지 못한다. 만약 한 마리의 거미가 어느 한 점에서부터 결론 속으로 떨어져 들어가고 있다면,

언제나 공허한 공간만을 보게 될 것이다. 아무리 발을 뻗어보아야 닿지 않는 공간을 앞에 두고서 그 거미는 얼마나 버둥거리고 있는가. 내가 바로 그렇다. 내 앞에는 언제나 텅 빈 공간만이 있을 뿐이다. 나를 앞으로 내몰고 있는 것도 내 뒤에 있는 하나의 결론이다. 이러한 삶은 진절머리 나고, 유지될 수 없다.

Was wird kommen? Was wird die Zukunft bringen? Ich weiß es nicht, ich ahne nichts. Wenn eine Spinne von einem festen Punkt sich in ihre Konsequenzen hinabstürzt so sieht sie stets einen leeren Raum vor sich, in dem sie nirgends Fuß fassen kann, wie sehr sie auch zappelt. So geht es mir; vor mir stets ein leerer Raum; was mich vorwärtstreibt, ist eine Konsequenz, die hinter mir liegt. Dieses Leben ist grauenhaft, nicht auszuhalten. — *Entweder-Oder*

끊임없이 체념하는 자는 스스로 충분하기 때문이다.

Denn wer unendlich resigniert hat, ist sich selber genug. — *Furcht und Zittern*

한 소녀를 유혹하는 것은 예술이 아니지만, 유혹할 만한 가치가 있는 소녀를 찾아내는 것은 행복이다.

Es ist keine Kunst, ein Mädchen zu verführen, aber ein Glück, eines zu finden, das es wert ist, verführt zu werden.

— *Tagebuch des Verführers*

나는 신에게 감사한다. 그 어떤 생물도 내게 자기 존재에 대해서 감사를 표하지 않았다.

[⋯] danke ich Gott, [⋯] dass kein lebendes Wesen mir sein Dasein verdankt. — *von Karl Kraus zitiert in Die Fackel 706*, S. 26

근심걱정은 삶과 관계를 맺게 해준다.

Die Sorge ist das Verhältnis zum Leben. — *Die Krankheit zum Tode*

철학이 인생을 거꾸로 이해해야 한다고 말하는 것은 진실이다. 하지만 사람들은 거기서 앞으로 살아가야 한다는 다른 문장을 망각하고 있다.

Es ist wahr, was die Philosophie sagt, dass das Leben rückwärts verstanden werden muss. Aber darüber vergisst man den andern Satz, dass vorwärts gelebt werden muß. — *Die Tagebücher 1834-1855*

Fegt mich weg! — Letzte Worte, 11. November 1855

나를 지워버려라! — 키에케고가 남긴 마지막 말

네덜란드 편

스피노자

인간에게 혀를 다스리는 일보다 어려운 일은 없고,
말보다 [차라리] 욕망을 더 잘 조절할 수 있다

철학의 역사를 공부하다 보면 근세 부분에서 한 가지 특이한 사실이 눈에 띈다. 철학사의 흐름을 주도하는 거장들 대부분이 영-불-독 사람인데, 거기 유일하게 네덜란드 사람이 하나 끼어 있다는 것이다. 바뤼흐 스피노자(Baruch de Spinoza, 1632-1677)다. 그냥 끼어 있는 정도가 아니다. 데카르트, 라이프니츠와 어깨를 나란히 하는 대륙 이성주의(합리론)의 3대 거장 중 한 사람이다. 그는 여러 거물들로부터 극찬의 대상이 되기도 한다. 헤겔은 "그대는 스피노자주의자거나 아예 철학자가 아니다"라고 말했고, 베르크손은 "모든 철학자에게 두 명의 철학자가 있다. 하나는 자기 자신이고, 다른 하나는 스피노자다"라고 말했다. 버트런드 러셀은 "지적인 면에서 그보다 뛰어난 철학자들은 있지만, 윤리적인 면에서 그를 따라갈 철학자는 없다"고 했고, 질 들뢰즈는 "철학자들의 왕, 신학으로부터 철학을 구출해낸 철학의 그리스도"라고까지 평가했다. 대단한 찬사다. 물론 유대인이라고 하는 특수성은 있다. 그 이후 철학의 무대에 등장한 거물 유대인 철학자는 엄청나게 많다. (베르크손, 마르셀, 레비-스트로스, 데리다, 마르크스, 후설, 프로이트, 부버, 호르크하이머, 벤야민, 마르쿠제, 프롬, 아렌트, 퍼트남 등등) 그는 그 선구라는 점에서 상징성이 있다.

스피노자는 화젯거리도 많이 남겼다. 가장 유명한 이야기는 그의 독특한 철학(특히 "신 즉 자연[deus sive natura]"이라는 소위 범신론[30]) 때문에 유대인 사회로부터 파문당하고 전 재산을 누이에게 주었으며 자신은 초라한 하숙집 다락방에서 렌즈 깎는 기술로 연명하다가 44세의 젊은 나이에 세상을 떠났다는 것이다.

1656년 26세 때 그를 파문한 유대교회의 문서는 섬뜩할 정도로 살벌했다.

"천사들의 결의와 성인의 판결에 따라 스피노자를 저주하고 제명하여 영원히 추방한다. 잠잘 때나 깨어 있을 때나

30) 이는 사실 '신은 모든 것 속에 있다'는 말과 다를 바 없다.

저주받으라. 나갈 때도 들어올 때에도 저주받을 것이다. 주께서는 그를 용서 마옵시고 분노가 이 자를 향해 불타게 하소서! 어느 누구도 그와 교제하지 말 것이며 그와 한 지붕에서 살아서도 안 되며 그의 가까이에 가서도 안 되고 그가 쓴 책을 봐서도 안 된다."

이런 끔찍한 상황 속에서 하이델베르크대학의 초빙을 받기도 했는데 그는 철학적 자유를 위해 그것도 사양했다.

《에티카》, 《변신론》, 《지성교정론》 등 그의 독특한 저서들은 '신', '자연', '인식', '힘'(conatus, 살고자 하는 욕구 내지 의지) 등의 개념을 중심으로 지금도 여전히 핫한 철학적 논의의 대상이 된다. 소위 '능산적 자연(natura naturans)'[창조주]과 '소산적 자연(natura naturata)'[피조물][31]의 구분은 유명하다.

그는 숱한 명언들을 남기기도 했는데 그중 특별히 눈길을 끄는 것이 이 말이다.[32]

인간에게 혀를 다스리는 일보다 어려운 일은 없고, 말보다

---

31) '낳는 자연', '낳은 자연'이라고 번역되기도 한다.

32) "내일 세상의 종말이 오더라도 오늘 한 그루 사과나무를 심겠다"는 것이 그의 말로 알려져 있으나, 이는 누군가가 잘못 전한 것이다. 이 말은 독일의 마르틴 루터가 한 말이다.

[차라리] 욕망을 더 잘 조절할 수 있다.

Men govern nothing with more difficulty than their tongues, and can moderate their desires more than their words.

혀를 즉 말을 경계하는 말이다. 이것을 다스리는 것이 지난(至難)의 과제임을 그는 알려준다. 가장 어려운 과제인 욕망의 조절이 말을 조절하기보다 차라리 덜 어렵다고 역설적인 표현으로 강조한다. 아닌 게 아니라 이 말은 진리 중의 진리다.

세 치 혀를 잘못 놀렸다가 구설에 오르고 심지어 패가망신하는 경우도 드물지 않다. 정치인은 그 때문에 사퇴나 은퇴를 하기도 한다. 말이 화근이 되는 것이다. 말 때문에 신용을 잃기도 하고 친구와 원수가 되기도 한다. 말 때문에 부부가 대판 싸우고 갈라서기도 한다. 말 한마디가 자식이나 형제자매나 부모에게 평생 씻을 수 없는 상처를 주기도 한다. 불교에서 '구업(口業)' 운운하며 '악구(惡口)-양설(兩舌)-기어(綺語)-망어(妄語)'[33]를 경계하는 것도 같은 맥락이다. 그래서

33) 악구: 저주와 험담, 비방 등.
양설: 이중삼중의 말로서 상대를 이간시키는 말.
기어: 유창하고 교묘한 언어로서 진실을 왜곡하여 꾸며대는 말.
망어: 없는 것을 있다고 하는 등 상대를 속이는 말.

사람은 할 말 안 할 말을 가려서 해야 하는 것이다. "때로는 한마디의 말이 10년을 행복하게 해줄 수 있다. 때로는 한마디의 말이 10년을 불편하게 해줄 수도 있다. '말의 위력'을 가볍게 보는 자는 인간과 삶을 말할 자격이 없다." "무신경한 말 한마디, 입 밖으로 나갈 때는 깃털처럼 가볍지만, 사람의 가슴에 떨어질 때는 바위처럼 무겁다." 같은 이수정의 말도 같은 취지다.

스피노자의 말처럼 혀와 말을 다스리고 조절하는 것이 지난의 과제이기는 하지만, 이것을 우리가 잘해낸다면, 오히려 큰 힘이 되어 재앙도 피할 수 있고 전쟁도 막을 수 있다. 거란의 침입을 막아낸 고려 서희의 외교도 결국은 혀의 힘이었다.

혀와 말이 이토록 중요하니 우리는 스피노자의 이 말을 새겨들어야겠다. 그런데 실은 이 말이 귀를 다스리는 데도 적용될 필요가 있다. 아무리 좋은 말을 해도 그걸 잘못 다스리고 잘못 조절해 아예 안 듣거나 못 듣거나 잘못 듣는 경우도 없지 않기 때문이다. 스피노자의 말을 제멋대로 해석해 잘못 알아듣고, 저 듣고 싶은 대로 듣고, 엉뚱하게 그를 파문해 고난과 죽음에 이르게 한 저 유대교회의 관계자들 같은 문제적인 귀도 있기 때문이다. 혀든 귀든 그걸 제대로 다스리기 위해서는 스피노자의 말처럼 '영원의 상 아래에서(sub specie aeternitatis[under the aspect of eternity])' 바라보는 정신이 있어야겠다.

정신은 사물의 현실적 존재를 파악함으로써가 아니라, 사물의 본질을 영원의 상 아래에서 파악함으로써 모든 것을 인식한다. 《에티카》

좀 확대해석을 하자면 소아의 관점이 아니라 대아의 관점에서 지엽적인 부분이 아니라 본질적인 부분을 보아야 한다는 말이다. 역시 새겨듣기로 하자.

물론 이런 일이 쉽기야 하겠는가. 그런 건 고귀한 일이고 오직 드문 정신만이 이런 고귀한 일을 해낼 것이다. 스피노자도 그걸 알고 있었다.

훌륭한 모든 것은 드문 만큼 어렵기도 하다.
Everything excellent is as difficult as it is rare.
(Sed omnia praeclara tam dafficilia, quam rara sunt.)

참고로 그의 몇 가지 다른 명언들도 아래에 첨부해둔다.

나는 기성 종교의 방해자가 됨이 없이 철학을 가르칠 방법을 알지 못한다.

I do not know how to teach philosophy without becoming a disturber of established religion.

나는 인간의 행동들에 관해 조롱하거나, 슬퍼하거나, 경멸하지 않고, 오직 이해하고자 하였다.

I have made a ceaseless effort not to ridicule, not to bewail, not to scorn human actions, but to understand them.

눈물 흘리지 마라, 화내지 마라. 이해하라.

Do not weep; do not wax indignant. Understand.

모든 행복과 불행은 오로지 우리가 애정을 느끼는 사물의 질로부터 비롯된다.

All happiness or unhappiness solely depends upon the quality of the object to which we are attached by love.

무엇이든 자연에 반하는 것은 이성에 반하는 것이며 이성에 반하는 그 모든 것은 불합리하다.

Whatsoever is contrary to nature is contrary to reason, and whatsoever is contrary to reason is absurd.

바울이 베드로에 대해 하는 말은, 베드로보다는 바울 자신에 대해 더 많은 것을 알려준다.

What Paul says about Peter tells us more about Paul than about Peter.

완전한 이성에 따라 (본인의 의지만으로) 자유로이 동의할 수 있는 사람만이 자유롭다.

He alone is free who lives with free consent under the entire guidance of reason.

욕망은 인간의 본질이다.

Desire is the essence of a man.

의지와 지성은 하나이고 동일한 것이다.

Will and intellect are one and the same thing.

인간이 이룰 수 있는 가장 높은 수준의 활동은 이해하고자 노력하는 것이다. 이해함은 곧 자유로워짐이기 때문이다.

The highest activity a human being can attain is learning for understanding, because to understand is to be free.

진정한 미덕은 이성이 인도하는 삶이다.

True virtue is life under the direction of reason.

최고가 되고자 하지만 최고가 아닌, 자만한 사람만큼 아첨에 잘 넘어가는 사람은 없다.

None are more taken in by flattery than the proud, who wish to be the first and are not.

최대의 교만이나 최대의 낙담은 스스로에 대한 최대의 무지다.

The greatest pride, or the greatest despondency, is the greatest ignorance of one's self.

평화는 전쟁이 없는 상태가 아니라 강인한 성격에서 비롯된 미덕이다.

Peace is not the absence of war, but a virtue based on strength of character.

프랑스 편

데카르트

나는 생각한다, 고로 존재한다

예나 지금이나 프랑스는 적지 않은 사람들에게 동경의 대상이다. 파리, 베르사유, 마르세유 …, 그리고 루브르, 샹젤리제, 몽마르트르 …, 그런 것들은 이름만 들어도 가슴을 설레게 한다. 그런데 프랑스가 철학의 나라라는 것을 아는 일반인은 그다지 많지 않다. 하지만 사실이다. 데카르트나 몽테스키외, 몽테뉴, 루소, 파스칼, 사르트르 등의 이름을 들으면 '아하' 하고 어느 정도는 수긍할 것이다. 지금도 프랑스의 바칼로레아(Baccalauréat, 대입수능시험)에서는 철학이 가장 중요한 과목이다. 그 프랑스를 철학의 무대에 처음 정식으로 등장시킨 것이 바로 데카르트(René Descartes, 1596-1650)다. 그러니 그는 프랑스가 세계에 자랑해야 할 위대한 인물의 하나로 손꼽아도 좋을 것이다. (그의 뒤를 이어 루소, 파스칼, 베르크손, 사르트르, 푸코, 데리다, 들뢰즈 등 기라성 같은 거장들이 활약한 것을 보면 더욱 그렇다.)

데카르트는 제법 유명하다. 그의 대표작인 《방법서설(*Discours de la méthode*)》도 어느 정도 알려져 있다. 바로 거기에 나오는 이 말은 그 책보다도 더 유명하다.

> 나는 생각한다, 고로 나는 존재한다.
> cogito, ergo sum. [라]
> Je pense, donc je sui. [불]

그런데 사람들은 이 말의 뜻을 잘 모른다. 이것을 '생각하는 인간의 존엄성' 같은 뜻으로 받아들이기도 한다. 그건 아마도 "인간은 생각하는 갈대다"라는 블레즈 파스칼의 말과 혼동했기 때문일 거라고 짐작된다. 그래서 그가 이 유명한 말을 내뱉게 된 배경이랄까 맥락을 살펴볼 필요가 있다. 그것은 한마디로 '사고의 명증성(evidentia)'이다. 철학이라는 학문을 확고한 기반 즉 '명석하고 판명한(clara et distincta)' 제1원리 위에 세워놓자는 것이다. 이른바 '방법적 회의(doute méthodique)'는 그것을 위한 방편이었던 것이다. 그것은 나름 인상적이다. 그는 상징적인 그 '코기토(cogito)'를 통해 '제대로 생각하기'의 본때를 보여준 셈이다.

사실, 그는 그 누구도 의심할 수 없는 명석판명한 즉 확고부동한 제1원리 내지 진리를 확보하기 위해 일부러 회의라는 절차를 수행했던 것이다. 조금이라도 의심할 수 있는 것은 철저히 의심해서 배제해야 한다는 것이다. 그래서 우선 누구나 확실하다고 믿는 감각적 지식을 회의했다. 아닌 게 아니라 감각도 때로는 잘못된 정보를 주기도 하기 때문이다. 우리는 때로 잘못 보기도 하고 잘못 듣기도 한다. 맛도 또한 사람에 따라 다를 수 있는 게 사실이다. 누구는 김치를 엄청 좋아하는데 누구는 엄청 싫어한다. 샹차이도 청국장도 그렇다. 또 누구는 재즈 음악을 듣고 반색하는데 누구는 아주 질색한다. 그러니 감각적 지식도 진리의 절대적 기준이 될 수는 없다. 그 다음으로 그는 수학적 지식을 회의했다. '2 + 2 = 4' 같은 수학적 지식은 누구나 확실하다고 믿는 바지만 사실은 사악한 악마가 그렇게 믿으라고 속이는 것일 수도 있다는 식이다. 그렇다. 억지로 회의하자면 그럴 수도 있다. 그런데! 그렇게 생각하던 바로 그 순간, 그의 머리를 스친 것이 있었다. '그렇게 생각하는 나 자신의 존재'였다. 그렇게 회의하는, 혹은 악마에게 속고 있는 나 자신의 존재는 도저히 회의할 수가 없다는 것이다. 그게 바로 "나는 생각한다, 고로 존재한다"라는 말의 문맥이다. 과연 데카르트! 그건 그 누구도 인정하지 않을 도리가 없다. 내가 생각하는 한 그 생각하는 나의 존재는 자명한 것으로 직관되기 때문이다. '나의 생각이 곧 나의 존재'와 필연적으로 연결된다. 그는 그것을 '정신(mens)'이라고 명명했다. 그리고 그것을 최상의 존재인 '실체(substantia)'로 규정했다. 그리고 정신이라는 그 실체의 속성을 '사유'로 규정했다. 거기서 유명한 '사유 실체(res cogitans)'라는 개념이 등장했다. 한편 그는 그것에 절대적으로 대비되는 '연장 실체(res extensa)'로서의 '물체(corpus)'를 함께 지적해서 이른바 '이원론', '심신론' 어쩌고 하는 철학적 논란의 단초를 제공하기도 했다.

그가 바다 건너 영국의 프란시스 베이컨과 함께 '근세철학의 아버지'라 추앙받고 있는 것은 그만한 이유가 있다. 그것은 그가 등장한 시점이 우연히도 근세의 초기였기 때문만은 아니다. 그는 하나의 시대를, 하나의 대단한 시대인 근대를, 우리가 사는 이 시점까지도 길게 그림자를 드리우는 새로운 시대를 여는 선봉장의 역할을 해낸 사람이다. 물론 이 시대가 남긴 폐해에 대해서도 생각해봐야 하지만, 그럼에도 불구하고 그의 공적이 빛을 잃어서는 곤란하다.

그런데 우리의 흥미를 끄는 것은 사실 "코기토 에르고 숨" 뿐만이 아니라 그에 앞서 그가 소개한 그의 학문 역정도 있다. 《방법서설》에서 그는 교묘하게도 라 플레시에 있던 그의 학교와 선생들과 친구들과 그리고 그 자신의 자랑을 늘어놓은 후에 그곳에서의 공부가 만족스럽지 못했음을 토로하였고, 그러고 나서 많은 젊은 철학도의 가슴에 울리는 멋진 말을 한마디 내뱉었다.

그리하여 나는 나 자신 안에서 찾아낼 수 있는 학문, 혹은 세계라는 커다란 책 안에서 찾아낼 수 있는 학문 이외에 어떠한 학문도 추구하지 않기로 결심하고, …

Et me résolvant de ne chercher plus d'autre science, que celle qui se pourrait trouver en moi-même, ou bien dans le grand livre du monde, …

'나 자신(moi-même)'과 그리고 '세계라고 하는 커다란 책(le grand livre du monde)'을 직접 읽어나가기로 결심했다는 그의 이 선언, 그것은 철학에 첫발을 내디디는 젊은 철학도들에게 하나의 신선한 충격으로 다가온다. 이렇게 멋있는 말을 할 줄 알다니! 과연 데카르트! 과연 프랑스! 하고 많은 젊은이들이 탄복한다. 하지만 정말로 대단한 것은 그가 이 선언을 한 치도 모자람이 없는 실천에 옮겼다는 사실이다. 졸업 후 그가 행한 여행과 군 생활과 궁정의 견문과 그리고 깊은 사색이 그것을 증명한다. 이런 건 아무나 쉽게 할 수 있는 일이 절대 아니다. 스웨덴의 크리스티네 여왕이 군함까지 보내 그를 초빙한 것도 그 평가의 일환일 것이다.

그런데 우리는 그가 무엇에 관심을 두었는지, 왜 그것에 관심을 두었는지 유심히 살펴보아야 한다. 많은 사람들이 그의 '코기토…'에 관심을 두면서도 그 책의 마지막 부분에서 그가 '자연의 인식'을 주제로서 선언하고 있다는 것은 잘 모르고 있다.

… 모종의 자연 인식을 얻고자 힘쓰는 일에만 나의 여생을 보내기로 결심했다.

이것은 그의 진정한 관심사에 대한 진솔한 고백인 셈이다. 그런 점에서 그는 영국의 베이컨과 학문적 사촌이다. 자연의 인식을 위해서 그는 사고를 올바로 이끄는 것이 필요하다고 느꼈을 것이다. 이른바 '방법적 회의'도 그런 취지에서 제시된 것이다.

그런데 그가 우리의 마음을 당기는 것은 철저한 회의에도 불구하고 그가 우리에게 주어진 것을, 특히 결정적으로 중요한 무언가를 꿰뚫어 보고 주제화시켰다는 것 때문이다. 그게 바로 '양식(bon sens)' 즉 '이성(raison, ratio)' 혹은 '정신(mens)'이었다. 그래서 그의 묘비명인 "데카르트, 유럽 르네상스 이후 인류를 위해 처음으로 이성의 권리를 쟁취하고 확보한 사람"이라는 말은 참으로 적절하다. 이성은 곧 데카르트의 상징이다. 그는 그것을 명확히 인지했다.

양식은 이 세상에서 가장 공평하게 분배된 것이다.

Le bon sens est la chose du monde la mieux partagée.

이렇게 다짜고짜 선언하면서 그는 《방법서설》의 본론부를 시작하고 있다. 이 '양식', '이성', '정신'에 대한 전폭적인 신뢰를 그는 숨기지 않는다. 그리고 그 근거를 그는 '완전한 존재'인 '신의 성실성(veracitas Dei)'에서 찾고 있다. 그의 목표인 '명증성', '명석판명함'의 근거도 결국은 신이 부여해준 이성 자체의 빛에 의한 것임을 그는 인정하고 있다. 그래서 이 이성을 잘 이끌어서 학문에서의 진리를 발견하라고 그는 가르쳤을 것이다. (바로 이 '이성'이야말로 오늘의 서양을 있게 한 핵심 요소이며, 따라서 우리 한국이 서양으로부터 들여와야 할 최우선적 수입 품목이라고 할 수 있다.)

그런 취지에서, ① 명증한 것만을 인정하고, ② 문제들을 가급적 세분하고, ③ 쉬운 것에서 복잡한 것으로 단계적으로 질서를 부여하고, ④ 전체적인 열거와 일반적인 검증을 실시하라는, 그가 제시한 사고의 네 가지 규칙은 많은 근대인들에게 훌륭한 지침으로 작용했다. 그것도 모자라 그는 《정신지도의 규칙들(*Regulae ad Directionem ingenii*)》에서 무려 21개의 규칙을 제시하기도 했다. 그 모든 철학적 노력들과 함께 그가 곁들인 수학적-자연과학적 업적들이 근대성의 형성에 기여했음을 그 누가 부인하겠는가?

그의 이런 이성주의(rationalisme, 합리론)는 이제 우리 한국에서도 제법 유명하다. 하지만 이성주의 철학뿐만 아니라 해석기하학의 창시자이기도 한 그가 동시에 인간의 마음을 속속들이 꿰뚫어 본 《감정론(*Les Passions de l'ame*)》의 저자라는 사실을 아는 사람은 그리 많지 않다. 사유 실체인 동시에 감정 실체라는 인간의 실상을 제대로 본 데카르트, 참 대단하다. 경이, 존경, 정열, 질투, 숭배, 멸시, 사랑, 미움, 희망, 망설임, 경쟁, 공포, 가책, 선망, 후회, 호의, 감사, 긍지, 수치, 혐오, 희열 등을 상세히 들여다본 그 감정론의 저자답게 그는

이 지상에서 가장 영광스러운 직업을 내게 주신 사람보다도 나의 한가함을 방해함이 없이, 나로 하여금 그 한가함을 누릴 수 있도록 해주는 사람들을 더 고맙게 생각한다.

라는 말로 그의 주저인 《방법서설》을 끝맺는다. 이 말은 어쩌면 그를 한가롭게 내버려두지 않고 저 춥고 음습한 스톡홀름으로 불러 개인교수를 맡김으로써 결국 54세의 젊은 나이에 폐렴으로 죽음에 이르게 한 스웨덴의 크리스티네 여왕에 대한 예언적 원망인지도 모르겠다.

데카르트, 그는 인간의 '생각'을 들여다본 정신의 해부학자였고 그런 의미에서 저 대단한 칸트와 후설과 프로이트의 선구자였다.

파스칼

인간은 생각하는 갈대다

파스칼(Blaise Pascal, 1623-1662)은 제법 유명한 인물인데, 그의 이름은 여느 철학자들과는 조금 색다른 느낌으로 우리에게 다가온다. 왜일까? 아마도 그것은 그의 이름이 보통의 철학 교과서에는 잘 등장하지 않고, 따라서 우리가 그의 이른바 '학설'에 대해 따로 배울 기회가 적기 때문일 가능성이 크다. 왜 교과서들은 그를 본격적으로 다루지 않고 있을까? 아마도 그것은 그가 39세의 젊은 나이에 요절을 했고, 또 철학자보다는 수학자나 물리학자로서 더 잘 알려져 있고, 더욱이 그의 사상이 그 시대적 특징을 대변하기보다 어떤 점에서 시대를 앞서가는 선구적인 것이었기 때문인지도 모른다. (파스칼 철학은 실존주의의 선구로 평가되기도 한다.) 하지만 짧은 인생에도 불구하고 광범위한 영역에서 그가 이룩한 업적들을 생각해보면 감탄사를 찾지 않을 도리가 없다.

이래저래 파스칼은 매력적인 사람이다. 그는 젊은 나이에 요절했지만 유명한 말을 많이 남겼다. 이것도 그중 하나다.

클레오파트라의 코가 조금만 낮았더라면 세계의 얼굴이 달라졌을 것이다.

Le nez de Cléopâtre, s'il eût été plus court, toute la face de la terre aurait changé.

저 무한한 우주의 영원한 침묵은 나를 두렵게 한다.

Le silence éternel de ces espaces infinis m'effraie.

미모의 위력을 통찰한 전자도 감탄스럽지만 특히 후자 같은 말은 나를 두렵게 한다. 대단한 말이다. 이 젊은 친구는 이런 걸 바라봤다는 말이고 그 영원한 침묵의 소리를 들었다는 말이다. 낮이건 밤이건 무한한 우주공간을 볼 때마다 우리는 《팡세(*Pensées*)》에 등장하는 그의 이 말을 언뜻언뜻 되새기게 된다. '별 반짝이는 하늘'이 경이로써 가슴을 가득 채운다고 했던 칸트도 필시 그랬을 거라고 짐작이 된다. 그를 두렵게 한 그 공간이 필경 관념 속의 기하학적인 공간은 아닐 것이다. 그것은 실제 공간이다. 그것은 모든 별들을 비롯해 감각적으로 파악할 수 있는 일체 만유를 실제로 담고 있는 근원적인 그릇이다. 사람들은 생활에 바빠서 별로 그럴 틈이 없어 보이지만, 한 번쯤 정색을 하고 '이것이 얼마만큼 큰 것인가'를 생각해보면 실로 정신이 아득해지는 느낌이 든다. 사람들은 백두산이 높다고 하고 서울에서 부산이 멀다고들 하지만 지구와 달의 거리, 지구와 태양의 거리, 지구와 안드로메다의 거리를 생각해보면 우리가 사는 생활상의 거리는 거리라고 할 것도 못 되고 하나의 점으로 사라지고 만다. '저 무한한 우주'는 우리가 생각할 수 있는 모든 거리를 다 자신 안에 담고 있는, 상상을 초월할 만큼 엄청난 크기를 가지고 있다. 그것은 우리가 짐작도 할 수 없는 저 '태초'의 비밀을 그 굳게 다문 입 속에 간직하고 있다. 어찌 두렵지 않을 도리가 있겠는가.

파스칼, 그에 대한 많은 교과서들의 소홀과 무관심에도 불구하고 그가 꼭 기억되어야 하는 것은 무엇보다 우리 '인간(l'homme)'에 대한 그의 관심과 통찰 때문이다. 그가 인간을 하나의 '갈대(roseau)'로 본 것은 너무나도 타당하다. 작은 바람에도 이리저리 흔들리는 갈대다. 그토록 인간들은 연약한 존재다. 그것을 확인하기 위해 굳이 고릴라와 씨름을 붙여볼 필요도 없다. 눈에 보이지도 않는 바이러스나 박테리아한테도 꼼짝을 못하고 죽어 넘어지는 것이 우리 인간이다. 사소한 사건들 때문에도 울고불고 죽고 살고 하는 것이 우리 인간이다. 그의 말처럼 인간을 상대로 우주 전체가 무장을 할 필요는 애당초 없다. 우리가 연약하다는 것은 우리 자신들이 이미 너무나도 잘 알고 있다. 파스칼도 그걸 꿰뚫어 본 것이다.

그래도 그는 '인간의 대단함(la grandeur de l'homme)'을, 인간들의 '고귀'와 '우월'과 '존엄'을 이야기한다. 그 점에서 그는 영락없는 근대의 아들이다. 더군다나 그는 그 존엄의 근거를 '안다'는 것, '생각한다'는 것에서 찾고 있다. 그래서 그는 말했다.

인간은 생각하는 갈대다.
l'homme est un roseau pensant.

공간에 의하여 우주는 나를 포함시키고 한 점으로 나를 삼켜버린다. 생각에 의하여서는 내가 우주를 포함시킨다.
Par l'espace l'univers me comprend et m'engloutit comme un point, par la pensée je le comprends.

멋있는 말이다. 이런 말은 밑줄을 그어야 한다. 생각은 온 우주를 다 담을 수 있는 그릇이다.

하지만 그의 말은 헷갈린다. 인간은 결국 못난 놈이란 말인가 잘난 놈이란 말인가. 우리는 이미 그의 대답을 예상한다. 그가 '중간의 균형'을 몹시도 강조했기 때문이다.

"인간이란 무엇인가? 무한에 비교하면 무이며 무에 비교하면 전체로서 무와 전체의 중간이다"

"과도한 것은 우리의 적이다."

"우리는 확실하게 알 수가 없고 완전히 모르지도 않는다."

"인간은 늘 불확실하고 유동적인 넓은 중간지대에서 이 끝에서 저 끝으로 밀리면서 떠돌아다닌다."

다 '중간'을 말하고 있다. 그는 그러한 유동성과 불확실성 또는 인간들의 헛됨과 비참함, 불안과 비통함, 그런 것들을 우리 인간들의 실상으로서 꿰뚫어 보고 설파했기 때문에 똑똑한 사람들은 그를 '실존주의의 선구자'라 치켜세우기도 한다. 인간의 실상에 대한 그의 날카로운 통찰은 우리 자신들의 삶을 되돌아볼 때 충분히 수긍이 된다. 특히 '인간의 비참함'에 대한 지적이 그렇다. 마치 키에케고 식 실존주의를 보는 듯한 그의 발언을 확인 삼아 소개한다.

자기 자신의 비참을 모르고 신을 앎은 역시 위험한 일이요, 또 그러한 비참을 고쳐줄 수 있는 구세주를 모르고서 자기의 비참을 안다는 것도 역시 위험한 일이다. 이러한 인식 가운데서 그 어느 한쪽에 머무르기 때문에 신을 알면서도 자기의 비참을 모르는 철학자들의 오만이나, 구세주를 모르고서 자기의 비참을 아는 무신론자들의 절망 따위가 생기는 것이다.

인간의 삶에 대해 장밋빛 환상만을 늘어놓는다면 그것은 일종의 사탕발림이다. 우리 자신의 삶을 보더라도 그게 아님은 바로 드러난다. 다른 것은 다 차치하고라도 우리 자신이 살아오면서 실제로 내쉰 수많은 한숨들과 수많은 눈물들만 가지고도 그 '아님'에 대한 충분한 증명이 될 수 있다. 그의 철학은 인간의 그런 어두운 곳을 비춰주는 등불이다.

그러나! 그의 그러한 통찰이 우리 인간을 좌절로 인도하기 위한 것이 아니었음을 사람들은 알아야 한다. 그 유명한《팡세》의 대부분이 실은 종교적 주제를 다루고 있다는 것을 아는 사람들은 의외로 많지 않다. 뛰어난 수학자요 물리학자요 철학자였던 그가 결국은 예수 앞에 엎드려 있는 모습을 보면 많은 생각을 하게 된다. 그의 최종 주제였던 예수에 대해 그는 이런 말을 했다.

예수 그리스도를 통한 신, 우리는 예수 그리스도를 통해서만 신을 알 수 있다. 이 매개자가 없으면 신과의 교제는 완전히 끊어져버리고 만다. 예수 그리스도에 의해서 신을 알게 된다. 예수 그리스도 없이도 신을 알 수 있고 신을 증명할 수 있다고 생각하는 사람들은 헛된 증서를 가지고 있다. 그러나 예수 그리스도를 증명하는 것으로서 우리에게는 예언이 있다. 그것은 분명한 증거이다. 그리고 이 예언은 이루어졌고 그것이 진실임이 실제로 증명되었으므로, 이 진리의 정확성을 따라서 예수 그리스도가 신이라는 증거를 보여주고 있는 것이다. 그러므로 그에 있어서, 그리고 그에 의해서 우리는 신을 안다. 그를 떠나서는 성서도 없고 원죄도 없으며, 약속대로 강림하신 필요한 매개자 없이는 인간이 신을 완전하게 증명할 수 없을 뿐만 아니라 올바른 도덕과 교리를 가르칠 수도 없는 것이다. 그러나 예수 그리스도 안에서 사람은 신을 증명하고 도덕을 가르친다. 그러므로 예수 그리스도는 인간의 참된 신이다. 그러나 우리는 그와 동시에 우리의 비참한 상태도 알고 있다. 왜냐하면 이 신은 바로 우리의 비참을 구원해줄 분이기 때문이다. 그래서 우리는 자신의 죄악을 분명히 알게 됨으로써만 신을 뚜렷이 알 수 있는 것이다. 따라서 자신의 비참을 알지 못하고 신을 알게 된 사람들은, 신을 숭배하는 것이 아니라 사실은 자기 자신을 숭배한 데 불과한 것이다.

도대체 예수란 누구인가? 그는 과연 파스칼의 말대로 신인가, 혹은 예수 주변의 사람들이 칭했듯 '신의 아들'인가, 혹은 예수 본인의 말대로 '사람의 아들'인가? 도대체 어떤 맥락에서, 어떤 의미에서 그는 우리 인간의 메시아, 그리스도, 구원자인가? 쓸데없이 분주하기만 한 생활이지만 어떻게든 시간을 내서 언젠가는 그와 함께 이런 주제를 진지하게 논의해볼 필요가 있다. 신앙 여부를 떠나 예수는 만인에게 그 어떤 특별한 존재임에 틀림없기 때문이다. 그때는 아마도 이성이 아

닌 '마음의 논리(logique du coeur)'로 무장을 해야 할 것이다. "신이여, 영원히 나를 버리지 마소서." 하며 그는 이 세상을 떠나갔다. 그가 지금 그의 신을 만나 영원한 복락을 누리고 있는지 모르겠다.

루소

인간은 자유롭게 태어났다.
그런데도 인간은 도처에서 창살에 갇혀 있다

루소(Jean-Jacques Rousseau, 1712-1778)는 유명한 철학자다. 프랑스 대혁명의 정신적 연원으로 평가된다. 그러나 애석하게도 우리는 그에 대해 제대로 배울 수 있는 기회가 많지 않다. 철학 선생들도 또 상당수의 철학 교과서들도 특별한 언급 없이 그를 생략하기가 일쑤다. 그건 아마도 그가 속한다고 분류되는 넓은 의미의 '계몽철학(philosophie de la lumière)'이 서양철학사의 정통에서 약간 비껴 난 '곁가지'에 해당한다고 보기 때문인지도 모르겠다. 하지만 소위 일반인들 사이에서는, 한다하는 정통파 철학자들보다 그의 지명도가 훨씬 높은 것이 현실이고, 인류의 실제 역사에 끼친 영향도 무시할 수 없는 만큼, 그는 결코 가볍게 볼 수 없는 사상가임을 인정해야 한다.

오늘날의 명성에 비해 실제의 그는 꽤나 기구한 삶을 살았다. 그는 스위스의 주네브(제네바)에서 파란만장한 인생을 시작했다. 주네브는 레만 호를 품은 그림처럼 아름다운 곳이다. 루소 섬이 거기에 있다. 태어난 지 9일 만에 어머니를 잃고 양육에 별반 관심이 없었던 아버지마저 재혼하면서 그는 일찌감치 고생길로 접어들었다. 그나마 16세 때 29세의 바랭 부인(Madame de Warens)을 만나 여러 가지로 후원을 받으며 공부를 할 수 있었던 것은 그의 일생에 큰 힘이 되었다. 한때 그녀의 정부가 되었다는 것도 이해 못할 일만은 아니다. 그런데 그의 삶에서 가장 눈에 띄는 사건은 하숙집 세탁부 하녀였던 테레즈 르바쇠르(Thérèse Levasseur)와의 관계다. 33세에 시작된 그녀와의 동거는 5명의 자녀까지 보았지만, 그때마다 그 아이들은 고아원에 버려졌다. 물론 기근이 심했던 당시로서는 그런 것이 흔한 일이었고, 테레즈의 대규모 친정 식구들을 먹여 살려야 했고, 그의 집필을 위해 필요했던 테레즈의 보살핌을 아이들의 양육에 빼앗기고 싶지 않았다 하더라도, 아무래도 그건 너무 심했다. 그가 훗날 그 일을 후회하고 아이들을 찾으려 했고, 《참회록(*Les Confessions*)》을 썼고, 또 그 일을 의식하며 《에밀(*Emile ou de l'educations*)》을 썼다고 하더라도, 너무한 건 너무한 일이다. 하지만 어쩌면 그 덕분에 전 인류가 이 위대한 작품들을 얻을 수 있었으니 참으로 묘한 역사의 아이러니다.

이런 묘한 인연은 그의 다른 위대한 작품들의 경우에도 해당된다. 옥중의 디드로를 면회하러 가면서 그가 《메르퀴르 드 프랑스》라는 잡지를 가지고 가지 않았더라면, 또 그것을 우연히 펼쳐보고 디종 아카데미의 논문 현상공모 기사를 보지 않았더라면, 그리고 그 주제가 만일 '학문과 예술의 발달이 도덕의 순화에 기여했는가, 타락에 기여했는가' 하는 것이 아니었더라면, 그랬다면 그의 그 《학문 예술론(*Discours sur les scirnces et les arts*)》은 인류에게 주어지지 않았을 것이고, 그 이후의 《인간불평등기원론(*Discours sur l'origine de l'ineqalite parmi les hommes*)》 및 《사회계약론(*Du contrat social*)》도 존재할 수 없었을지 모른다. 물론 루소 개인에게는 그것이 반드시 영광만은 아니었고, 그것으로 인한 박해와 추방 등이 잇따랐으니, 그는 어쩌면 고생을 타고난 팔자였는지도 모르겠다. 딱한 노릇이다.

그러나 그가 우리의 특별한 관심 대상이 되는 것은 그 어떤 인간적 연민 때문만은 아니다. 당시로서는 너무나 파격적이어서 박해의 대상이 되기까지 했던 그의 그 사상이, 비단 철학의 거장 칸트를 놀라게 했을 뿐 아니라, 저 대단한 프랑스 혁명과 미국 독립운동에 영향을 주었기 때문이다. 그 핵심에 놓여 있는 것이 다름 아닌 '자유(liberté)'다. '평등', '우애'와 함께 프랑스 대혁명의 이념 중 하나다.

우리가 살고 있는 이 시대에는 '자유'라고 하는 이 숭고한 가치가 어쩌면 조금 진부한 것이 되어버렸는지도 모르겠다. 그것은, 예컨대 정보와 통신, 경쟁과 효율, 이익과 재미, 이런 21세기적 가치들에 묻혀 빛을 잃고 있거나, 혹은 자유라고 하는 그 가치가 이미 보편적으로 실현되어 있어 너무나 당연한 것으로 여겨지기 때문인지도 모른다. 하지만 그가 대전제로 삼았던 그 철학적 통찰,

인간은 자유롭게 태어났다. 그런데도 인간은 도처에서 쇠창살에 갇혀 있다.

L'homme est né libre et partout il est dans les fers.

라는 것, 이것은 오늘날에도 여전히 유효한 것임을 사람들은 알아야 한다. 인간의 노예 상태는 다양한 방식으로 여전히 현실이다. 자유는 너무나도 소중한 것이다. 그것을 우리 인간은 '질곡' 또는 '속박'이라 표현되는 자유의 결핍 상태를 겪으면서 실감하게 된다. 전 인류가 그러한 과정을 실제로 겪으며 살아왔다. 그 질곡에서 벗어나기 위해 인류는 세계 곳곳에서 얼마나 많은 희생을 치러야 했는가! 어떤 처절한 투쟁을 통해 인류는 어렵게 어렵게 그것을 쟁취해왔는가! 그것을 인류는 잊지 말아야 한다.

그는 자유와 속박이라는 이 대립 개념에 대해 각각 '자연

적 상태'와 '사회적 상태'라는 것을 설정해서 설명한다.

'자연적 상태(l'état de nature)'란 '생산기술이나 언어가 없어도 숲속을 헤매어서 먹고 마실 것과 잠잘 곳을 해결할 수 있고, 전쟁을 벌이거나 동맹을 맺지 않아도 이웃을 해치거나 특별히 그들을 기억하지 않으며, 매우 적은 정념에 따라 자족하면서 이 상황에 알맞은 감정과 지식만을 갖고 있는 상태'다. 그가 상정하는 이러한 상태에서는 사람들이 기본적인 욕구충족으로 만족하고 타인을 지배하려 하지 않기 때문에 예속과 불평등이 없다. 거기서는 '자연적 자유'가 실현된다. 바로 이런 강조 때문에 그의 철학은

자연으로 돌아가라.
Retour à la nature

라는 표어로 세상 사람들에게 회자되기도 했다. (이 말은 그 자신의 표현은 아니다.) 그런데 사회적 상태가 되면서 자유는 사라진다.

'사회적 상태(l'état social)'란 불평등한 상태다. 그는, 땅에 울타리를 치고 '이것은 내 땅'이라고 선언한 사람이 불평등을 처음 발생시켰다고 설명한다. 그리고 다른 사람들이 이를 순순히 받아들인다는 것을 알게 된 사람이 바로 사회와 정치의 창설자라고 설명한다. 이렇게 사유재산이 발생하고 지주

에 예속된 노동이 필요해지면서 가난과 노예가 생기고, 인간은 문명화되며, 이 문명화가 빈부격차와 욕망의 충돌로 야기된 지배와 종속의 굴레로 인간을 내몰아 사회를 전쟁 상태로 만든다. 이런 전쟁 상태에서 가진 자들은 그들의 위기와 손실을 최소화하기 위해 최선의 방책을 고안해내는데 이것이 바로 사회와 법률이다. 이 법률들은 약자에게는 또 다른 멍에가 되지만 부자에게는 새로운 권력을 부여함으로써 인간 본연의 자유와 평등은 완전히 말살되며, 이렇게 해서 인간 불평등의 영구화 가능성이 마련된다. 그렇게 그는 '인간 불평등의 기원(Origine de l'inégalité humaine)'을 설명한다. 부든 권력이든 '가진 자'들에게는 드러내고 싶지 않은 진실일 것이다.

여기서 그의 사상을 더 장황하게 설명할 수는 없다. 중요한 것은, 그가 자유를 소중한 가치로 여긴다는 것, 속박으로부터 벗어날 힘이 생기면 그 구속을 제거하고 자유를 되찾아야 한다는 것, 이것이다. 자유의 속박은 부당하며 구속의 제거는 정당하다는 것, 그의 이러한 생각은 참으로 '의로운 사상'이다. 말하자면 그것은 홍길동의 철학, 임꺽정의 철학, 일지매의 철학인 것이다.

단, 루소가 루소다운 것은 그가 '사회계약(le contrat social)'에 의해 성립되는 사회질서를 신성한 법으로 존중하고 있다는 사실이다. 그는 무절제한 폭력주의자가 아니었다. 그는 이른바 순수하고 선한 '일반의지(volonté générale)'를 신뢰한다. 그것에 기초한 계약으로써 사회를 구성하고 그 주권자인 국민의 공통 이익과 공동선을 추구한다. 그것을 통해 그는 상실된 '자연적 자유' 대신 '사회적 자유'를 확보하고자 한다.

역사의 진행 속에서 루소의 이러한 사상은 상당 부분 현실화되었다. 프랑스 혁명을 비롯한 많은 희생이 그것을 가능하게 만들었다. 그 덕분에 오늘날은 지구의 구석구석에 이르기까지 광범위하게 '사회적 자유'가 향유되고 있다. 적어도 표면적으로 표방되고 있다. 그것은 고마운 일이다. 프랑스 혁명의 와중에서 그의 유해가 국가유공자 묘소인 '빵떼옹'으로 옮겨진 것처럼, 이제 세계의 모든 자유인들은 그의 이름을 기억하며 그의 사상적 업적에 경의를 표해야 한다. 장 자크 루소, 그는 자유의 화신이었다.

영국 편

베이컨

'아는 것은 힘이다'

프란시스 베이컨(Francis Bacon, 1561-1626)은 철학의 역사에서 아주 특별한 위치에 놓여 있다. 이른바 중세라는 (경우에 따라 암흑시대라 평가되기도 하는) 기나긴 시대가 끝나고 근대라는 새로운 (찬란한) 시대를 개척한 대표자의 한 사람으로 평가되기 때문이다. 더욱이 그는 철학의 물줄기를 영국으로 끌어온 인물이기도 하다. 근대 이후 영국이 세계를 주름잡았고 그 이후 영어가 전 세계인의 공용어처럼 된 것을 생각하면 공식적인 영국철학의 개시자로서 그는 조명을 받지 않을 수 없는 것이다. 물론 중세에도 영국 출신의 거물 철학자는 존재했다. 둔스 스코투스도 윌리엄 오캄도 영국 출신이었다. 그러나 그들의 사상은 아직 중세에 머물렀다. 르네상스 시대에도 토머스 모어가 있었다. 하지만 베이컨은 다르다. 그는 권위 중의 권위인 아리스토텔레스의 철학에 도전장을 내밀기도 했다. 확실한 새 시대의 인물인 것이다.

그는 평범한 사람은 아니었다. 남작을 거쳐 자작의 작위를 받았고 변호사 자격을 지닌 대법관이기도 했다. 더구나 그는 뇌물을 받은 혐의로 모든 공직에서 물러나기도 했다. 한심스러운 면도 없지 않은 것이다. 그러나 하나 때문에 열을 다 부정하는 것은 논리적인 오류다. 죄는 죄대로 공은 공대로 각각 그에 합당하게 평가받아야 한다. 무엇보다 그가 남긴 아름다운 수상록과 시대를 선도한 철학적 정신에 대해서는 점수를 주지 않을 수가 없다.

얼핏 생각해보면 16세기와 17세기를 살았던 영국인 베이컨과 20세기와 21세기를 사는 우리는 너무나도 멀리 떨어져 있어서 별 연관성이 없을 것 같기도 하다. 하지만 잘 생각해보면 우리는 그의 유산을 물려받은 후손이라는 것이 드러나게 된다. 그 연관성은 21세기 현재의 우리의 삶이 철저하게 근대성의 지배를 받고 있으며 그 근대성의 형성에 그가 결정적으로 기여했다는 점에서 찾을 수 있다.

생각해보자. 우리는 분명히 한국인이지만 지금 우리의 차림새는 말할 것도 없고 사고방식도 행동양식도 영락없는 서구인이다. 어디 그뿐인가. 우리의 생활 구석구석에 근대의 산물들이 자리 잡고 있어서 이제 그것들 없이는 삶 자체가 불가능할 지경이다. 시계가 그렇고 자동차가 그렇고 전기가 그렇고 … 주변에 보이는 거의 모든 것이 다 근대적 사고의 산물들이다. 체제와 제도는 기본이다. 바로 그 근대적 사고의 선봉에 베이컨이 깃발을 높이 들고 서 있는 것이다. 이러니 어찌 그와 우리가 무관할 수 있겠는가.

그가 남긴 말 중에 유명한 문구가 하나 있다.

아는 것은 힘이다.[34)]
scientia est potentia. [라]
Knowledge is power. [영]

웬만한 사람들은 다 안다. 이 말은 이른바 교양의 한 상징이다. 멋있는 말이다. 그런데 이 문구는 실은 토머스 홉스가 손질한 것이고, 그는 "아는 것과 힘은 같은 것이다"라고 말했다. 더 정확하게는 이렇다.

인간의 지식과 힘은 일치한다. 왜냐하면 원인을 모르면 결과를 낳는 것도 할 수 없기 때문이다. 자연을 지배하기 위해서는, 자연스럽게 시중들지 않으면 안 된다.

---

34) 1597년의 수상 *Meditationes Sacræ. De Hæresibus*(성스러운 명상. 이단설에 대해)에서는 "그리고 그러므로, 지식 그 자체가 힘이다(Nam et ipsa scientia potestas est)"라고 표현했다.

Scientia et potentia humana in idem coincidunt, quia ignoratio causae destituit effectum.

표현상의 차이는 큰 문제가 아니다. 중요한 것은 그 의미다.

우리는 그가 왜 앎과 힘을 함께 병치시켜놓고 있는지를 진지하게 생각해볼 필요가 있다. 이 짧은 문구에는 그의 시대가 — 따라서 그와 우리를 함께 포괄하는 우리의 근대가 — 압축되어 있다. 이 말은 그가 남긴 또 하나의 문구와 함께 짝을 이루고 있다.

자연은 복종함으로써 극복된다.
natura parendo vincitur.

그가 생각하는 앎(지식)은 '자연(nature)'에 관한 앎이며 그가 생각하는 힘이란 그 자연을 '극복/지배'하는 힘이다. 그래서 이 말이 시대의 상징인 것이다. 여기엔 인간 대 자연이라는 긴장된 대립구조가 전제돼 있다. 우리는 오직 하나의 자연 속에서 우리의 삶을 영위하고 있건만 그 자연은 그의 시대에 결정적인 탈바꿈을 하고 완전히 새로운 모습으로 우리 인간에게 다가왔다. 고대인들에게 있어 자연은 불생불멸의 존재요, 이치요, 질서요, 조화요, 정신이었다. 중세인들에게 있어 그것은 신의 피조물이었다. 그것은 또한 인간에게 맡겨진 신의 선물이기도 했다. 그것이 이제 근대인들에게 있어서는 인간 앞에 버티고 선 '대상(object)'으로 '객관'[35]으로 변모한 것이다. 교회의 권위는 퇴색했고 인간은 자연과 대립하게 되었다. "적을 알고 나를 알면 백번 싸워도 위태롭지 않다(知彼知己, 百戰不殆)"는 손자(孫武)의 말이 연상된다. 꼭 적절한 것은 아니겠지만 전혀 엉뚱한 것도 아닐 것이다. 앎을 힘으로 규정한다는 것은 이미 그 앎의 대상인 자연을 극복해야 할 적으로 설정하고 있다는 것과 통할 수 있는 부분이 있다.

좀 서글픈 일이지만 그것은 우리 인간이 그만큼 잘났다는 것이 아니라 역으로 그만큼 허약한 존재라는 것을 반증하는 것일 수도 있다. 걸핏하면 홍수, 가뭄, 화재, 질병 등으로 자연에게 당하기 일쑤니까. 그런 '인간의 허약성'은 그가 네 가지의 '우상(idola)'을 경계하는 데서도 드러난다. 이른바 이돌라론이다. 그는 우리 인간들의 앎이란 게 그 우상들에 의해서 끊임없이 방해받고 있음을 알려준다.

'종족의 우상(idola tribus)'은 우리의 감각이 그만큼 부실하다는 것을,

'동굴의 우상(idola specus)'은 우리의 안목이 그만큼 좁다는 것을,

---

35) 특히 'Gegenstand'라는 독일어에서 그 성격이 잘 드러난다. '적대적으로 마주(gegen) 버티고 서 있는(stehen) 것'이란 뜻이다.

'시장의 우상(idola fori)'은 우리의 언어가 그만큼 엉성하다는 것을,

'극장의 우상(idola theatri)'은 우리가 그만큼 권위에 약하다는 것을 여실히 보여준다. 그가 지적해준 이 네 가지는 정말 무릎을 치게 한다. 기발한 용어 선택도 그렇지만 그 내용이 또한 정곡을 찌른다.

① '종족의 우상'이란? 인간이라는 종족이 원천적으로 지닌 감각의 한계라는 말이다. 아닌 게 아니라 우리가 그토록 믿는 눈도 실은 독수리만 못하고 귀도 박쥐만 못하고 코도 개만 못하다. 어디 그런 감각뿐이겠는가. 좀 엉뚱한 해석을 덧붙이자면 인간들이 '보아야 할 것을 보지 않고 들어야 할 것을 듣지 않는 것'도, 혹은 '잘못 보고 잘못 듣는 것'도 다 종족의 우상 때문인지 모른다. 제대로 된 눈으로 제대로 보고 제대로 된 귀로 제대로 듣는 사람은 참으로 드물다. 오죽하면 '눈뜬장님'이라든지 '귀 있는 자는 들으라' 같은 말이 있겠는가.

② '동굴의 우상'도 그렇다. 좁은 세계에 갇혀 있다는 말이다. 사람들은 정말 '우물 안 개구리'다. 나라는, 자기라는 좁은 틀에 갇혀 바깥을 내다볼 줄 모른다. 혹은 기껏해야 '우리'라는 패거리에 집착한다. 내다보려 하지도 않는다. 그 바깥은 오히려 적으로 간주한다. 자기가 아는 것만이 전부다. 거기서 무수한 문제들이 생겨난다.

③ '시장의 우상'도 그렇다. 거래의 수단인 언어가 문제라는 말이다. 언어의 혼란은 정말이지 심각한 문제를 야기한다. 사람과 사람 사이에 도무지 말이 통하지를 않는다. 영어와 한국어만 안 통하는 게 아니다. 같은 한국어인데도 '아'를 '어'로 알아듣는다. 진리라는 말도 말은 같은데 사람마다 생각하는 내용은 다 다르다. 정의라는 말도 그렇고 좋다-나쁘다는 말도 그렇다. 좀 과장하자면 모든 개인들 사이에 초고성능 번역기가 필요한 실정이다.

④ '극장의 우상'도 그렇다. 무대 위의 것들을 맹신한다는 말이다. 그렇다. 있는 자, 센 자, 유명한 자에게 껌뻑 죽는다. 사람들은 오직 권위자와 유명인만을 쳐다본다. 무대에 오르지 못한 사람은 거들떠도 안 보고 그런 사람의 말은 옳은 말, 좋은 말이라도 귀담아듣지 않는다. 시시하게 본다. 조선의 유학이 공자 왈 맹자 왈을 팔아먹은 것도, 한국의 철학계가 유럽과 미국의 철학자들을 그토록 파고들면서 정작 눈앞의 현실에는 무관심한 것도 다 극장의 우상에 홀린 때문이다. 사실은 그 권위보다도 그 내용이 중요한 것이다.

특히나 극장의 우상을 조심하라는 그의 권유는 우리가 권위를 맹신하기 쉽다는 점에서 참신하다. 공자 왈 맹자 왈이 무의미한 것은 절대로 아니지만, 그것을 절대시하는 태도는 결국 진정한 앎의 진보를 가로막는다. 그는 그것을 몸으로 실천해 보여주었다. 천 년 이상의 권위로 군림해온 아리스토텔레스에게 도전할 생각을 했다는 것 자체만으로도 그는 철학적인 멋쟁이로 평가될 수 있다. 그의 논리학이 '새로운 기관(novum organum)'이라는 제목을 달고 있다는 것은 특히 신선하게 다가온다. 이 제목 자체가 이미 아리스토텔레스의 논리학인 '기관(organon)'에 대한 도전장인 셈이다. '학문의 진보(The advance of learning)'나 '대혁신(instauratio magna)'이라는 다른 제목들도 똑같은 인상을 준다. 이런 게 다 그의 매력이다. 아리스토텔레스의 연역법(deduction)은 일반적이고 보편적인 대전제에서부터, 즉 이미 정해진 대원칙에서 시작하기 때문에 그 구조 자체가 권위적이다. 그러나 그의 '귀납법(induction)'은 구체적이고 개별적인 경험 사례에서부터 출발하기 때문에 민주적이다. 대상인 자연으로부터 새로운 앎을 얻어내 힘으로 삼고자 했던 그에게는 귀납이야말로 효과적인 방법이었을 것이다. (현대철학[특히 포퍼 철학]에서는 이 귀납의 한계가 시빗거리가 되긴 하지만, 귀납의 의의는 분명히 있다. 왜냐하면 귀납의 성립 근거가 다름 아닌 자연의 일양성(uniformity)에, 즉 자연 자체의 아프리오리한 보편적 질서에 있기 때문이다.)

이제 베이컨으로부터 수백 년이 지난 시점에서 우리는 생각해보아야 한다. 우리가 추구하는 것이 앎이고 학문이고 철학이라면 그것을 위해서는 아리스토텔레스와 베이컨이 다 함께 필요한 것이 아닐까. 귀납과 연역은 서로 맞물려 돌아가고 있다. 귀납이 연역의 대전제를 가능케 하며 연역이 귀납의 결과를 활용한다. "배우고 생각하지 않으면 막막하며, 생각하고 배우지 않으면 위태롭다(學而不思則罔 思而不學則殆)"고 공자가 말하듯 배움(學)과 생각(思)도 서로 도와주고, 사물 그 자체로 향하자는 '현상학(phenomenology)'과 텍스트를 제대로 이해하자는 '해석학(hermeneutics)'도 상호 보완적이다. '반대의 공존'은 일종의 '학문적 선(善)'이다. 그것은 수레의 두 바퀴와도 같고 안경의 양쪽 렌즈와도 같다. 그런 균형감각을 우리는 잃지 말아야겠다.

프란시스 베이컨, 그와 그의 시대가 이룩한 근대성의 덕분에 지금 현재 누리고 있는 온갖 혜택에 대해 우리 모든 현대인은 감사해야 한다. 그것은 일단 좋은 것이 분명하기 때문이다.

홉스

인간은 인간에 대해 늑대다

고등학교에서 서양의 사상을 처음 배우기 시작할 때 우리는 어김없이 토머스 홉스(Thomas Hobbes, 1588-1679)라는 이름을 접하게 된다. 적어도 시험을 치면서 그의 이름을 '리바이어던(Leviathan)'이라는 이상한 단어와 연결시키는 것쯤은 누구나 하게 된다. 만일 그의 이름을 잊어버리더라도 "만인의 만인에 대한 투쟁"이라는 말쯤은 언젠가 어디선가 한번쯤 들어본 적이 있는 말로서 기억의 어딘가에 자리 잡고 있다.

홉스는 정치철학 내지 국가론으로 유명하다. 물론 영국적 경험주의자의 한 사람인 것은 분명해서, 그에게도 인식론 내지 지식론은 있다. 이를테면 그는 인식의 제1근원을 '감각'으로 보고 있다. 그리고 감각은 인간의 감각기관이 외부에 있는 물체의 운동에 의해 자극되고 이에 따라 신체의 내부에 어떤 반응작용이 생김으로써 성립된다고 설명한다. 이렇게 성립된 감각들은 자극이 없어진 뒤에도 남게 되는데 그것이 바로 '기억'이며, 이 기억 속에 보존된 것들의 총체가 다름 아닌 '경험'이라고 그는 말한다. 이런 것은 경험주의의 전형적인 모습이기도 하다.

그러나 그가 철학의 역사에서 두드러지는 것은 역시 뭐니 뭐니 해도 인간과 국가에 대한 깊은 관심과 날카로운 통찰 때문이다. 이 점에 대해 우리는 점수를 아끼지 말아야 한다. 철학이라는 것이 애당초 '인간과 그 인간의 삶의 장소인 세계(자연적 세계와 사회적 세계)에 대한 근원적이고도 종합적인 이성적 관심 내지 설명'인 만큼, 인간의 진면목을 논하는 그의 사상은 생략될 수 없는 철학 그 자체가 아닐 수 없다.

그런데 뭐든 가급적 아름답게 보고자 하는 선량한 보통사람들에게는 홉스의 사상이 좀 거슬릴 수도 있다. 왜냐하면 그는 이렇게 말하기 때문이다.

인간은 인간에 대해 늑대다.
lupus est homo homini. [라]
Man is wolf to man. [영]

인간의 상태는 만인에 대한 만인의 투쟁이다.

bellum omnium contra omnes. [라][36]

the state of men is nothing else but a mere war of all against all. [영][37]

인간과 세상에 대한, 그 진실에 대한 적나라한 설명이다. 이런 말은 너무나도 살벌하게 들린다. 그러나 우리가 느끼는 이러한 인상은 부모의 사랑, 형제의 우애, 친구의 우정, 스승의 교유, 이런 따뜻하고도 포근한 보호막이 인간세상의 거친 비바람을 막아준 가운데서 있을 수 있는 철부지 감상주의의 결과인지도 모른다.

실제로 그 세상의 온갖 풍파에 시달려보면 우리는 그의 그 날카로운 통찰에 대해 그저 고개를 끄덕일 수밖에 없다. 물론 '늑대'라는 그의 말은, 지금도 세상을 가득 채우고 있는 저 무수한 여우들, 너구리들, 뱀들, 구렁이들, 기타 등등을 모두

36) 정확하게는 "[⋯] ostendo primo conditionem hominum extra societatem civilem, quam conditionem appellare liceat statum naturæ, aliam non esse quam bellum omnium contra omnes; atque in eo bello jus esse omnibus in omnia."

37) 정확하게는 "I demonstrate, in the first place, that the state of men without civil society (which state we may properly call the state of nature) is nothing else but a mere war of all against all; and in that war all men have equal right unto all things."

포괄하는 것임을 사람들은 알아야 할 것이다. 누구든 어쩌면 살아남기 위해 자기 속에 늑대 몇 마리를 키우고 있는지도 모른다.

아무튼, 인간의 '자연상태(the state of nature)'를 그는 그렇게 파악하고 있다. 옳다. 그것은 지금도 타당한 진실이고 앞으로도 계속 그럴 것이다. 서글프지만 인정하지 않을 수가 없다. 이기심과 경쟁심과 남의 위에 서고자 하는 우월주의 내지 지배심리가 인간들의 삶을 이끌고 있다. 소위 '권력에의 의지(Wille zur Macht)'도 거기서 작용한다. 그것은 실질적인 힘이다. 오로지 기만이 이 늑대들의 투쟁에서 승리를 거둔다. 선량함이 이기는 경우는 참으로 보기가 쉽지 않다. '고독하고 가난하고 불쾌하고 잔인하고 단명한(solitary, poor, nasty, brutish, and short)', 그래서 비참하고 한심한 삶이 거기 남게 된다. 양처럼 사슴처럼 살고자 하는 사람들은 걸핏하면 늑대들의 피 묻은 이빨에 물어뜯긴다. 홉스도 어쩌면 그랬을까?

그러나! 인간이 그뿐이라면 그냥 늑대지 어디 인간이겠는가. 인간에게는 그런 자연상태에서 벗어나고자 하는 욕구와 능력이 있어 보통의 늑대와 구별된다. 그는 그 해결의 실마리를 '국가(nation)' 또는 '사회(society)'에서 찾는다. 패배와 죽음에 대한 공포를 벗어나 평화를 얻기 위해, 사려를 통해 각자가 고유하게 지니고 있는 이른바 자연권을 억제하고, 일종의 협정으로 사회 또는 국가를 형성한 것이라고, 그렇게 그는 설명한다. 자연상태의 불행을 방지하기 위해, 평화와 안전을 지키기 위해, 선악이니 정사(正邪)니 의무니 하는 규범들도 필요하다고 그는 말한다. 그것을 위해 개인의 권리를 국가와 그 권력자에 양도하고 복종해야 된다고, 그것이 '상호계약(mutual contracts)'이라고 그렇게 그는 말한다. 그렇게 그는 최초의 사회계약론자가 되었다.

그의 이런 사상에는 물론 문제도 있을 것이다. 그의 동시대 반대자들이 이미 지적했듯이 그의 견해는 스튜어트 가의 왕권신수설을 옹호하고 있다는 인상을 줄 수도 있다. 역사상에서 보이는 실제 국가의 기원이 그런 사회계약과는 한참 다르다고 반론을 펼칠 수도 있다. 국가의 기원과 발전은 그렇게 단순한 것이 아니라고, 엄청나게 다양하고 복잡한 것이라고 항변할 수도 있을 것이다.

하지만 그네 경험주의자들이 입을 모아 말하고 있듯이, 어떤 복잡한 관념들도 최초에는 단순한 인상에서 비롯되는 것처럼, 아무리 복잡한 국가의 양상들도 그 단초는 지극히 단순한 것일 수 있다는 가능성을 우리는 인정한다. 최초에 모든 백성들이 권리를 권력자에게 양도하고 국가에 위탁한다는 문서에 서명을 하지는 않았다 하더라도, 현실의 국가가 이미 그러한 역할을 하고 있다는 것에서 우리는 그 기원을 거슬러 유추해볼 수는 있다. 그렇게 보면 그의 견해는 타당하다. 실제로 자연상태의 인간들이 늑대이고 인간들의 삶이 투쟁인 것은 명백한 사실이다. 그런 자연의 상태를 그대로 둘 수는 없는 노릇이다. 인간들은 안녕과 행복을 희구한다, 그것을 위해서도 인간세상에는 질서와 규범이 반드시 필요하다. 현실적으로 국가가 그것을 맡을 수밖에 없다. 그래서 지금도 우리는 국가에 비싼 세금을 납부하고 있는 것이다. 안녕과 행복, 질서와 규범을 지켜달라고.

중요한 것은 그렇게 성립된 국가가 제대로 기능을 해야 한다는 것이다. 홉스는 인간을 하나의 자동기계로 보고, 국가도 하나의 거대한 자동기계로 보고 있다. 그런 기계론적 세계관을 갖고 있다는 점에서 그는 전형적인 근대인이다. 마치 시계가 태엽에 의해 자동적으로 움직이듯이, 인간도 그렇다고 그는 설명한다. 심장은 태엽, 신경은 선들, 관절은 톱니바퀴라고 그는 비유한다. 국가도 인간의 기술이 만든 하나의 거대한 인공적 인간이라고 그는 말한다. 주권은 혼, 관리는 관절, 상벌은 신경, 가문과 재산은 체력, 안보는 역할, 고문관들은 기억, 형평과 법은 이성과 의지, 평화는 건강, 소요는 질병, 그리고 내란은 죽음에 해당한다고 그는 비유한다. 재미있는 비유다. 그런데 결국 가장 중요한 것은 이 모든 부품들과 기관들이 각자 제 역할을 잘하며 제대로 돌아가주어야 한다는 것이다. 그럴 때 우리 인간들은 비로소 늑대들의 투쟁인 자연상태에서 벗어나 나름의 인간적 행복을 누릴 수 있게 될 것이다.

그런데 문제는 항상 그것들이 제대로 움직이지 않는다는 데 있다. 우리의 국가를 보면, 머리는 머리대로, 몸은 몸대로, 팔다리는 팔다리대로, 하나같이 부실한 것투성이다. 국가의 주요 기관들은 걸핏하면 고장을 일으킨다. 이럴 땐 도대체 어쩌면 좋은가? '고장 난 국가의 수리'를 우리는 철학의 중요한 업무 중의 하나로 추가할 필요가 있다. 거기서 가장 중요한 것은 '정의의 확보'다. 그것은 제대로 된 국가를 바라는 모든 이들의 숭고한 사명이다. 국가는 인생의 궁극목표인 행복을 위해 결정적인 조건 중의 하나이다. 보다 좋은, 보다 나은 국가의 건설과 유지는 그래서 인생의 과제가 되기도 한다. 그러니까 그것을 위해 우리는 끝없이 국가의 실상을 주시하는 '홉스적 노력'을 계속해야 할 것이다.

러셀

이 세상의 문제는
바보들과 광신도들은 항상 확신에 차 있고,
현명한 사람들은 의심으로 가득 차 있다는 점이다

우리가 사는 이 세상에는 현재 200여 개의 국가들이 존재하고 있는데, 그중에서도 영국은 아주 특별한 나라다. 국토도 그다지 넓지 않은 섬나라이고 인구도 많지 않지만, 한때 '해가 지지 않는 나라(the empire on which the sun never sets)'라 일컬어질 정도로 전 세계 곳곳에 그 식민지를 개척했고 그 결과의 하나로 그들의 언어인 영어가 전 세계의 공용어처럼 보급되어 현재에 이르렀다. 막강했다. 이게 어디 보통 일인가. 지금은 명실공히 미국의 시대라지만 그 미국조차도 실은 영국인들이 건너가 개척한 나라다. 사실상 영국의 연장인 것이다.

물론 그 기초가 악랄한 폭력이었음을 부인할 수는 없다.

하지만 그것만은 아니었고 그게 다도 아니었다. 그들의 실력은 군사 분야뿐만 아니라 정치, 경제, 학문, 문화, 거의 전 분야에 걸쳐 두드러졌다. 처칠과 케인스와 셰익스피어의 이름만 들어도 우리는 수긍하고 납득할 수밖에 없다. 거기에 철학도 빠질 수 없다. 우리 시대에 그 영국철학을 이끈 대표자의 한 사람이 버트런드 러셀(Bertrand Russell, 1872-1970)이다.

러셀은 이야깃거리도 많은 철학자다. 백작 신분의 귀족이라는 것, 초명문 케임브리지대학 출신에 그 교수라는 것, 반전-반핵-평화주의 운동을 했고 그로 인해 투옥된 적도 있다는 것, 히틀러와 스탈린 등 전체주의에도 저항했다는 것, 98세로 장수했다는 것, 4번이나 결혼과 이혼을 반복했다는 것, 노벨문학상을 수상했다는 것, 자기보다 더 유명한 제자 비트겐슈타인의 스승이라는 것 … 등등 하여간 많다. 그리고 어쩌면 그의 학문적 관심의 폭이 엄청 넓었다는 것도 이야깃거리의 하나가 될지 모르겠다. 인터넷상의 각종 자료에도 그는 '철학자, 수학자, 수리논리학자, 역사가, 사회비평가로 20세기를 대표하는 지성인', '자유주의자, 사회주의자, 평화주의자'라고 소개된다. 아닌 게 아니라 실제로 그렇다. 그는 엄청나게 박식하다. 그의 대표작은 화이트헤드와 함께 쓴 《수학의 원리(*Principia Mathematica*)》다. 많은 철학도들이 그의 방대한 《서양철학사(*A History of Western Philosophy*)》를 기본 서적으로 읽는다. 그런데 그보다 더 인기 있는 것이 그의 《행복의 정복(*The Conquest of Happiness*)》이다. 그런데 정작 철학의 교과서에는 분석철학(analytic philosophy)의 창시자로 손꼽히며, 그의 '논리적 원자론(logical atomism)'이 중점적으로 다루어진다. 좀 전문적이고 까다로워서 언급은 자제하지만, 집합론과도 얽혀 있는 이른바 '러셀의 패러독스'나 '계형이론' 같은 건 수리논리 쪽에서 대단히 중요하고 흥미로운 논쟁점이다.

그런 한편으로 그는 숱한 명언들을 남기기도 했다. 그중 하나가 제목에 소개된 저 말이다.

이 세상의 문제는 바보들과 광신도들은 항상 확신에 차 있고, 현명한 사람들은 의심으로 가득 차 있다는 점이다.

The whole problem with the world is that fools and fanatics are always so certain of themselves, but wiser men so full of doubts.

이것을 음미해보자. 여기서 러셀은 '바보들-광신자들'과 '현명한 사람들'을 대비시키고 있다. 그리고 그들의 '확신'과 '의심'을 대비시키고 있다. 여기서 우리가 주의해야 할 것은 외견상 긍정적인 것과 부정적인 것이 엇갈려 배당되고 있다는 것이다. 확신은 좋아 보이고 의심은 나빠 보인다. 그런데 반대다. 여기서는 확신이 나쁜 것이고 의심이 좋은 것이다.

물론 일반론을 이야기하자면 확신이 좋고 의심은 나쁘다. 그런데 문제는 바보들-광신자들의 확신이고 현자들의 의심이다. 이건 납득할 수 있다.

복잡하고 어려운 이야기도 아니다. 우리는 히틀러와 스탈린의 확신이 어떤 결과를 초래했는지만 보면 된다. 그들의 확신이 대재앙을 초래했다. 히틀러의 《나의 투쟁(*Mein Kampf*)》을 읽어보면 그는 확신에 차 있다. 본인의 모든 것이 선이었고 유대인은 악이었다. 한국-중국-동남아를 침략하고 진주만을 기습한 일본의 군국주의자들도 그랬다. 그리고 공자를 죽이려 한 환퇴나 공손여가도, 부처를 미워한 데바닷다도, 소크라테스를 고발한 멜레토스-아뉘토스-뤼콘도, 예수를 죽인 바리새인-제사장들도, 다 그랬다. 역사상에는 이런 사례들이 얼마든지 널려 있다. '나는 선이고 너는 악'이라는 그런 확신들은 우리의 가까운 주변에서도 부지기수로 찾아진다. 그 가장 일상적인 형태가 '고집'이다. 고집을 부르는 사람들은 자기가 절대적으로 옳다고 확신한다. 남의 말은 아예 듣지를 않고 그 잘못을 지적하면 화를 낸다. 비판과 공격을 가하기도 하고 싸움을 벌이기도 한다. 확신은, 특히 바보들-광신도들의 확신은 그토록 위험한 것이다.

한편 의심은? 현자들은 이 의심을 통해서 의심할 수 없는 진리를 찾아낸다. 대표적인 것이 저 데카르트의 소위 '방법적 회의'다. 그것을 통해 그는 "나는 생각한다, 고로 존재한다"

는 의심할 수 없는 진리를, 철학의 제일원리를 찾아냈다. 고대의 이른바 회의학파, 퓌론과 티몬도 그 회의(전문적으로는 '에포케'[판단중지])를 통해 아파테이아-아타락시아-아포니아라는 마음의 평정 상태에 이르렀다. 그런 게 바로 지혜에 해당하는 것이다.

엄청 머리 좋은 러셀이 이걸 몰랐을 리 없다. 그래서 저 명언을 남긴 것이다. '나는 확신합니다', '틀림없습니다'라는 말을 들을 때, 혹은 그런 말을 내가 하고 싶을 때, 고개를 끄덕이기 전에 일단 시간의 정지 버튼을 누르고 살펴보기로 하자. 의심해보기로 하자. 혹시 나의 이 확신이 위험하지는 않은지, 내가 지금 바보거나 광신도는 아닌지. 그 의심이 어쩌면 우리를 현명한 사람으로 만들어줄 수도 있을 것이다.

참고삼아 러셀이 남긴 숱한 명언 들 중 버리기 아까운 몇 개를 뒤에 달아둔다.

다른 사람의 비밀스런 덕에 대해서는 아무도 수다를 떨지 않는다.

No one gossips about other people's secret virtues.

단순하지만 압도적으로 강력한 세 가지 감정이 내 삶을 지배했다. 사랑에 대한 갈망, 지식의 탐구, 그리고 인류의 고통에 대한 견딜 수 없는 연민.

Three passions, simple but overwhelmingly strong have governed my life: the longing for love, the search for knowledge, and unbearable pity for the suffering of mankind.

당신의 생각이 상식과 달라도 두려워하지 말라. 지금은 인정받는 생각들도 한때는 다 이상해 보였다.

Do not fear to be eccentric in opinion, for every opinion now accepted was once eccentric.

사랑에 빠지기는 쉽다. 어려운 부분은 당신을 잡아줄 누군가를 발견하는 것이다.

It's easy to fall in love. The hard part is finding someone to catch you.

세상에서 남이 불행해지기를 바라는 사람보다 자신의 행복을 소망하는 사람이 더 많다면, 몇 년 안에 세상은 낙원이 될 것이다.

If there were in the world today any large number of people who desired their own happiness more than they desired the unhappiness of others, we could have paradise in a few years.

소유물에 몰두하는 것이다. 다른 어떤 것보다 더 많이 우리를 자유롭고 고상하게 사는 것으로부터 방해하는 것은.

It is the preoccupation with possessions, more than anything else that prevents us from living freely and nobly.

신경쇠약이 발병할 때의 증상 중 한 가지는 자기가 하는 일이 엄청나게 중요하다고 믿는 것이다.

One of the symptoms of an approaching nervous breakdown is the belief that one's work is terribly important.

이상주의자란 장미가 양배추보다 더 향기롭다는 것을 주의하는 사람이다. 양배추가 더 좋은 수프를 만든다 하더라도.

An idealist is one who, on noticing that a rose smells better than a cabbage, concludes that it makes a better soup.

인간은 무지의 상태로 태어나지 어리석게 태어나지 않는다. 인간은 교육에 의해 어리석게 된다.

Men are born ignorant, not stupid. They are made stupid by education

큰 기쁨은 쓸데없는 지식을 얻을 때도 느낄 수 있다.

There is much pleasure to be gained from useless knowledge.

한 권의 책만 읽는 사람을 조심해라.

Beware the man of a single book.

미국 편

프랭클린

오늘 할 수 있는 일을 내일로 미루지 마라

벤저민 프랭클린(Benjamin Franklin, 1706-1790)의 이름은 우리에게 비교적 잘 알려져 있다. 미국의 백 달러짜리 지폐에 등장하는 바로 그 사람이다. 건국의 아버지들(The Founding Fathers) 중 한 명인 그는 너무나 많은 명언들을 남겼다. 마치 명언 제조기 같은 느낌이다. 그러나 그 이름은 어떤 철학 교과서에도 나오지 않는다. 그의 각종 소개에도 철학자라는 말은 전혀 보이지 않는다. 하지만 그의 이른바 '명언'들을 보면 그 내용이 너무나 철학적이다. 그래서 우리는 그를 철학자라 불러도 좋다. 넓은 의미의 철학은 인간과 삶과 세계에 대한 지적인 이해를 모두 포괄하기 때문이다.

그가 남긴 명언들 중에 특별히 유명한 것이 있다.

오늘 할 수 있는 일을 내일로 미루지 마라.

Never leave that ’till tomorrow which you can do today.

이 말은 철학의 주제 중의 주제인 ‘시간’의 문제와 얽혀 있다. 시간의 한 양태인 ‘오늘’의 중요성을 강조한다. 물론 오늘과 내일, 현재와 과거라는 문제는 간단하지 않다. 이것을 제대로 논하자면 최소한 책 한 권은 필요하다. 그러나 오늘이 어제나 내일보다 더 특별한 그 무엇이라는 우위성은 어제가 ‘오늘이었던 것’, 내일이 ‘오늘이 될 것’이라는 점에서, 즉 가장 현실적이라는 점에서, 일단 인정될 수 있다. 칼라일(Thomas Carlyle)의 〈오늘(Today)〉이라는 시(“또 하나의 푸르른 날을 헛되이 흘려보낼 것인가”[38])도 유명한 ‘카르페 디엠(carpe diem: 현재를 잡아라)’도 비슷한 취지다. “인생에서 가장 소중한 시간은? 바로 지금이다”라는 저 톨스토이의 말도 같은 부류다. 이렇게 현재-오늘-지금의 중요성을 강조하는 말은 너무나 많다. 그 배경에는 아마 이 시간의 소중함을 모르고 아무것도 하지 않거나 헛되이 흘려보내는 사람, 미래에 대한 막연한 희망이나 과거에 대한 미련, 집착으로 현재를 허비하는 사람들이 있을 것이다. 그런 사람들은 시간이라는 것이 실은 ‘내용’을 갖는다는 사실을 잘 모르고 있다. 시간의

38) 원문은 “Another blue Day: Think wilt thou let it slip useless away.”

정체는, 적어도 인간에게 해당하는 삶의 시간은, 반드시 '하는 일'로 규정된다는 것이다. 과거란 '…한 시간'이고 현재란 '…하는 시간'이고 미래란 '…할 시간'이다. 그 각각이 삶의 구체적인 내용들이다. 그래서 오늘이라는 현재는 '지금 하는 일', '지금 할 수 있는 일'로 채워져야 하는 것이다. 그걸 하지 않으면 오늘이라는 것은 사실상 '없는' 것이다. 아니, 엄밀하게 말하자면 '아무것도 하지 않는 시간'인 것이다. 말하자면 헛되이 낭비하는, 버리는 시간인 것이다. 버린다는 것은 어떤 경우에도 아까운 일이다. 낭비하는 것이다. 프랭클린은 이런 시간의 정체랄까 비밀이랄까, 그런 것을 알고 있었다. 다음 말에서도 그것을 확인할 수 있다.

그대는 인생을 사랑하는가? 그렇다면 시간을 낭비하지 말라, 시간이야말로 인생을 형성하는 재료이기 때문이다.

Dost thou love life? Then do not squander time, for that is the stuff life is made of.

'시간은 인생의 재료다'라는 그의 말은 참으로 의미심장하다. 가슴에 새겨야 할 말이다. 대단한 철학이다. 그때그때의 시간, 그때그때 하는 일, 그것 없이 인생이라는 게 따로 존재하지 않는다. 존재할 수 없다. 유명한 '존재와 시간'의 철학자 하이데거도 '시간이 곧 존재'라는 것을 간파했다. 존재가 끝나갈 때, 즉 죽음이 가까웠을 때 우리는 '시간이 없다'고 말한다. 이 말이 '시간이 곧 존재'임을 알려준다. 시간은 그렇게 있기도 하고 없기도 한 것이다. 우리가 시간을 소중히 아껴야 할 이유가 바로 거기에 있다. 그러니 오늘 할 수 있는 일은 내일로 미루지 말자. 그 일은 바로 오늘의 몫이기 때문이다. 내일 오게 될 그 오늘은 이 오늘과는 다른 오늘인 것이다. 명심해두자.

물론 "오늘 할 수 있는 일을 내일로 미루지 마라"라는 이 말이 모든 경우에 타당한 절대적인 진리는 아니다. '오늘 할 일을 내일로 미루자.' 이것이 필요한 경우도 있다. 그 일이 '무리'일 수도 있기 때문이다. 주어진 삶의 틀 속에서 시간의 노예가 되고 일의 노예가 되어 허덕이는 우리네 현대인들에게는 미루는 것이 미덕이고 지혜가 될 수도 있다. 이것도 함께 명심해두자. '미루지 말자'와 '미루자'는 절대로 양립 불가능한 그런 모순은 아니다.

프랭클린의 다른 명언들[39]도 하나하나 다 보배 같아서 버리기 아까우므로 그중 몇 개를 뒤에 달아둔다. 삶의 여러 경

---

39) 인터넷에 공개된 것을 전재했다. 단, 그 순서는 찾아보기 쉽게 알파벳순으로 재배치했다. 번역도 훌륭해 그대로 차용했으나 필요한 경우 일부 손질했다.

우에 참고하기로 하자.

모든 분노에는 이유가 있지만, 좋은 이유인 경우는 드물다.

Anger is never without Reason, but seldom with a good One.

지식에 투자하는 것은 항상 최고의 이자를 지불한다. [여전히 최고의 수익을 낳는다.]

An investment in knowledge always pays the best interest. [still yields the best returns.]

발이 미끄러지는 실수는 곧 회복할 수 있을지 몰라도 말이 미끄러지는 실수는 결코 만회할 수 없다.

A slip of the foot you may soon recover, but a slip of the tongue you may never get over.

약간의 안전을 얻기 위해 약간의 자유를 포기하는 사회는, 자유도 안전도 가질 자격이 없으며 둘 다 잃게 될 것이다.

Any society that would give up a little liberty to gain a little security will deserve neither and lose both.

그러나 이 세상에서 죽음과 세금만큼 확실한 것은 없다.

But in this world nothing can be said to be certain, except death and taxes.

준비에 실패하는 것은 실패를 준비하는 것이다.

By failing to prepare, you are preparing to fail.

이른 아침은 그 입에 황금을 물고 있다.

Early morning hath gold in its mouth.

경험은 소중한 스승이지만 바보는 경험해도 배우지 못한다.

Experience is a dear teacher, but fools will learn at no other.

교육 없는 천재는 광산 속의 은이나 마찬가지다.

Genius without education is like silver in the mine.

가난은 부끄러운 일이 아니지만, 가난을 부끄럽게 생각하는 것은 부끄러운 일이다.

Having been poor is no shame, but being ashamed of it, is.

희망만을 먹고사는 자는 굶어 죽을 것이다.

He that lives upon hope will die fasting.

인내할 수 있는 사람은 그가 바라는 것은 무엇이든지 손에 넣을 수 있다.

He that can have patience can have what he will.

부가 늘어나는 사람은 걱정도 늘어난다.

He who multiplies riches multiplies cares.

강물과 타락한 정부에서는 가장 가벼운 것들이 가장 위에서 헤엄친다.

In rivers and bad governments, the lightest things swim at the top.

남을 설득하기 위해서는 지성보다 이익에 호소해야 한다.

If you would persuade, you must appeal to interest rather than intellect.

죽음과 동시에 잊혀지고 싶지 않다면 읽을 가치가 있는 글을 쓰라. 또는 글로 쓸 가치가 있는 일을 하라.

If you would not be forgotten as soon as you are dead, either write things worth reading, or do things worth writing.

인생의 비극은 우리가 너무 일찍 늙고 너무 늦게 현명해 진다는 것이다.

Life's tragedy is that we get old too soon and wise too late.

너의 적들을 사랑하라. 그들이 너의 실수를 말해주기 때문이다.

Love your Enemies, for they tell you your Faults.

우리의 비평가들은 우리의 친구들이다, 그들은 우리에게 우리의 잘못을 보여주기 때문이다.

Our critics are our friends; they show us our faults.

비밀은 셋 중 둘이 죽었을 때에만 지킬 수 있다.

Three can keep a secret, if two of them are dead.

잘난 척하는 것은 스스로를 약으로 독살하는 것이다.

To be proud of virtue is to poison oneself with the antidote.

당신은 지체할 수도 있지만, 시간은 그렇지 않을 것이다.

You may delay, but time will not.

현명한 사람은 누구인가? 모두에게서 배우는 사람이다. 강한 사람은 누구인가? 스스로의 열정을 지배하는 사람이다. 부자는 누구인가? 만족하는 사람이다. 그런 사람은 누구인가? 그런 사람은 없다.

Who is wise? He that learns from every One. Who is powerful? He that governs his Passions. Who is rich? He that is content. Who is that? Nobody.

받은 상처는 모래에 기록하고 받은 은혜는 대리석에 새기라.

Write injuries in dust, benefits in marble.

제임스

'유용한 것이 곧 진리다'

철학의 역사는 그리스에서 로마로, 그리고 근대 이후 영-불-독으로 흘러왔다. 그 흐름의 한 줄기가 현대에 들어 미국으로 이어졌다. 이른바 자생적 미국철학이 형성된 것이다. 그것을 대표하는 것이 프래그머티즘(pragmatism, 실용주의)이다.[40] 그 창시자는 찰스 퍼스였다. 그런데 정작 이것을 계승하여 정식화하고 보급한 것은 같은 '형이상학 클럽'의 멤버였던 윌리엄 제임스(William James, 1842-1910)다.

미국적 사고의 전형이었던 퍼스의 소위 '프래그머티즘의 준칙'은 이렇다.

---

40) 현재는 유럽에 그 뿌리를 둔 '분석철학(analytic philosophy)'이 주류를 이루고 있다.

"아마 실제적인 영향[함의]을 지닐 무슨 결과[효과]를 우리가 우리의 개념화의 대상이 지니리라고 마음에 떠올리는지 잘 생각해보라. 그러면 이러한 결과[효과]들에 대한 우리의 개념이 그 대상에 대한 우리 개념의 전체이다.
(Consider what effects that might conceivably have practical bearings you conceive the objects of your conception to have. Then, your conception of those effects is the whole of your conception of the object)"

그것을 제임스는 이렇게 다듬었다.

어떤 대상에 관해 우리가 갖게 되는 생각을 완전히 분명한 것이 되게 하려면, 우리는 단지 그 대상이 어떤 '실제적인 결과'를 가져올 수 있을 것인가를 살펴볼 필요가 있다. 이들 결과에 대한 우리의 개념이 … 그 대상에 대하여 우리가 갖고 있는 개념의 전체이다.

'실제적인 결과(practical effect)'라는 말이 눈에 확 들어온다. 이게 '미국적인 것'이다. 그걸 확실히 했다는 점에서 제임스의 위치는 특별하다. 하버드의 교수이기도 했던 그는 퍼스가 논리학에, 듀이가 교육학에 한 다리를 걸쳤던 것처럼 심리학에 한 다리를 걸치면서 《심리학 원리》, 《믿으려는 의지》,

《종교적 경험의 양상들》, 《순수경험의 세계》, 《프래그머티즘》, 《근본적 경험주의》 등 수많은 저술을 남겼다.

그중 《프래그머티즘(*Pragmatism*)》에 유명한 다람쥐 이야기가 나온다.

나무둥치를 돌고 있는 다람쥐를 보이지 않는 반대편에서 똑같은 속도로 따라 도는 것은 그 다람쥐의 주위를 도는 것인가 아닌가 하는 흥미로운 논란이 전개된다. 그는 그걸 '주위를 돈다'는 말의 '의미의 차이에 대한 지적 혹은 구별'로 해결한다.

[둘레를 도는 게 맞다 아니다] 어느 쪽이 정당한가는 … 둘레를 돈다는 말이 '실제로 무엇을 의미하느냐'에 달려 있다.

여기서도 이미 말과 그 의미에 대한 미국철학의 관심과 특징을 볼 수 있다. 말이든 의미든 또 뭐든 분명하고 확실해야 한다. 미국인들은 그런 명확성(clarity)과 확실성(certainty)과 실제성(reality)을 추구했다. 그래서 그들은 이미 결정된 어떤 본질적 진리 같은 걸 신뢰하지 않는다. 그런 걸 전제할 수가 없었던 그들의 삶의 현실이 반영된 결과일 것이다. 언제 어디서 인디언의 화살이 날아올지, 미시시피 저쪽에 그랜드캐니언 저쪽에 무엇이 있을지, 완벽한 무지의 상태에서 서부를 개척해갔던 그들에게는 실용적인, 명확한, 확실한 것이야말로 중요한 것이고 의지할 수 있는 유일한 가치였을 것이다. 서부 영화 등에서 흔히 보듯, 바로 거기에 삶과 죽음이 걸려 있었으니까. 바로 그런 배경에서 나온 철학이 프래그머티즘이었다.

'아, 미국은 유럽의 후예인데도 이렇게 유럽과 다르구나.' 그런 느낌이 있다. 이런 특징은 제임스의 독특한 진리관에서 가장 확실히 드러난다. 그는 두 논문 〈프래그머티즘의 의의〉와 〈프래그머티즘의 진리관〉에서 이렇게 단언한다.

"진리는 [미리] 존재하는 것이 아니라 … 진리로 '되는' 것이며 여러 사건에 의해 '만들어지는' 것이다."

"진리라는 관념이 주는 실용성이야말로 우리가 그것을 좇게 되는 유일한 이유다."

그러니까 진리는 기본적으로 '아직 미정'인 것이다. 고정불변이 아닌 것이다. 만들어지고 되는 것이다. 더욱이 그것은 우리의 삶에 실질적인 도움이 되어야 하는 것이다. 그런 게 필요한 그들의 절박한 현실이 있었기 때문이다. 미지의 신대륙, 미지의 서부가 그것을 상징한다. 그래서 제임스는 '실용성'을 주목했고, '유용한 것이 곧 진리'라고, 그렇게 말한 것이다.

그것이 진리이기 때문에 유용하다.

it is useful because it is true.

그것이 유용하기 때문에 진리이다.

it is true because it is useful.

가히 '프래그머티즘의 결정적인 발언'이라고 해도 좋을 것이다.

참 입장 확실하다. '유용, 실용, 실제, 혹은 결과, 효과'를 핵심에 두는 사고방식, '이런 게 미국의 힘인가?' '이런 게 미국의 실력으로 연결된 건가?' 그렇게도 느껴진다. '실제'와 '결과'와 '구체'와 '유용'이라는 말이 현저하게 눈에 띈다. 그게 아마도 제임스 철학의, 프래그머티즘의, 미국적 사고의 핵심일 것이다.

이런 사고는 '신념', '합당한 행위', '실제상의 차이', '구체적인 결과' 같은 것과도 연결된다.

"우리의 신념이 행위의 규칙이다."

"어떤 생각의 의의를 발전케 하려면 그 생각이 만들어낼 가장 합당한 행위가 무엇인가를 결정하는 것이 필요하다. 이 행위야말로 그 생각의 유일한 의의이다."

"모든 생각의 구별은 … 실제상의 차이에 다름 아니다."

"실제를 떠난 의미란 우리에게 있을 수 없다."

"그 구체적인 결과를 살펴야 한다."

'프래그머티즘'이라는 용어 자체가 이미 이런 방향을 알려 준다. "이 용어는 그리스어인 '프라그마(pragma)'에서 나온 말이며 그 뜻은 '활동'이다. 그리고 이 말에서 영어의 '실제(practice)', '실제적(practical)'이라는 말이 생겨 나왔다"고 제임스는 설명한다. 그러니까 프래그머티즘은 '실제주의'인 셈이다.

이런 게 그의 판단기준이었고 원리였다. 그것은 일종의 '경험주의'이기도 하다. 그렇게 '경험주의자'로서 그는 구체성, 적절성, 사실성, 행동, 힘 등을 '인정'했고, 상습적인 습성, 추상, 불충족, 구두 해결, 그릇된 선험적 추리, 일정한 원리, 결말을 내린 사상체계, 가장된 절대, 기원 등에 '반대'했다. 바로 이런 생각이기에 그는 형이상학, 이성주의, 주지주의를 비판한다. 그래서 프래그머티즘에 대해서는 '중재, 조정, 온유, 존중, 포용, 고려, 융통성, 풍부, 무한, 친근' 등의 단어가 동원된다.

이런 것만 해도 방향은 이미 확실한데 그는 한 걸음 더 나아가 이런 진리가 '좋은' 것, '선'이라고 아예 대놓고 말한다.

"진리는 선의 일종이며 보통 생각하듯이 선과 구별되는 범주이거나 선과 동격인 것이 아니다."

"진리란 무엇이든 간에 신념 속에서 선한 것으로 증명되며 동시에 명확하고도 지적할 수 있는 이유에서 선이라 부를 수 있는 것에 대한 명칭이다."

이렇게 그는 '선(good)'과 '진(true)'을 동일하게 본다.

이런 진리관의 핵심에는 '믿는다(believe)'는 것도 있었다.

"사실 자체는 진이 아니다. 사실은 단지 존재할 뿐이다. 진리란 사실 사이에 생겨서 이를 규정하는 신념의 기능이다."

"믿는 것보다 좋은 것은 우리에게 없다! 이것이 진정한 진리의 정의인 것처럼 들린다."

"우리가 믿어서 좋은 것은 그것이 다른 가치 있는 이익과 상치되지 않는 한 참된 것이다."

이렇게 '맞다(true)', '좋다(good)', '유용하다(useful)', '믿는다(believe)'가 그에게서는 다 통하는 것이다.

이런 생각을 바탕에 깔고 그는 이렇게 말한다.

프래그머티즘의 입장에서 볼 때 구체적인 현실과의 일치 이외에 또 무슨 진리가 있을 수 있겠는가?

이 말은 그의 결론처럼 들린다.

제임스의 프래그머티즘은 쉽게 거부하기 힘든 매력이 분명히 있다. 거기엔 '실제'와 '유용'이라고 하는 너무나 강력한 무기가 있기 때문이다. 아닌 게 아니라 바로 그것이, 그런 생각과 태도가 효과 내지 결과 내지 성과를 만들었을 것이다. 아무래도 중시가 집중을 야기했을 테니까. 그게 세계 1등인 미국을 가능하게도 했을 것이다.

우리도 그의 이런 철학에서 많은 것을 배워야 한다. 조선시대의 공리공론을 겪은 입장이기에 더욱 그렇다. 임진년, 정유년, 경술년의 국치도 그와 무관하지 않다. 아프고 슬픈 역사적 체험이었다.

하지만 '실제와 유용', 그게 만능일까? 그게 다일까? 우리는 미국의 번영과 함께 미국이 노출하고 있는 많은 부작용들을 함께 바라본다. 그 결과주의, 실제주의 덕분에 성공한 1퍼센트와 바로 그 때문에 그 경쟁에서 밀려난 저 99퍼센트의 고난을 대비해본다. 이것도 하나의 아니 결정적인 문제가 아닐까 한다. 이 문제의 해결을 위해서는 어떤 새로운 진리가 필요할까? 우리는 그런 문제를 프래그머티즘의 과제로 제시할 필요가 있다. 프래그머티즘은 그 자체의 특성상 언제나 '그다음'을 열어두고 있다. 그것은 폐쇄된 완결이 아니기 때문이다.

롤스

'정의란 합리적 선택으로 결정된다'

한때 EBS를 통해 방영된 하버드대 마이클 샌델 교수의 강의 '정의란 무엇인가'가 우리 사회에서 큰 인기를 끌었다. 대체로 정의롭지 못했던, 불의가 횡행했던, 그래서 정의에 목마른 우리 사회의 세태가 하버드라는 명성과 교묘히 결합되면서 그 관심을 견인했을 것이다. 그런 인기나 관심이 우리 사회의 정의에 실제로 어떤 영향을 줄 수는 없겠지만, 그런 논의 자체는 나름 의미가 없지 않다. 사람들의 시야를 열어주고 정의 쪽으로의 방향을 알려주기 때문이다.

그런데 실은 샌델보다 더 유명하고 훌륭한 선구자가 있다. 그의 하버드 선배이기도 한 존 롤스(John Rawls, 1921-2002)다. 그는 이 정의라는 단어 하나를 한평생 파헤친 대표적인 미국의 철학자였고, '정의론의 아이콘'이었다. 그의 대표작 《정의론(*A Theory of Justice*)》이 우리 사회에 번역 소개되었을 때, 그것은 정의를 갈구하던 청년 철학도들에게 가뭄의 단비였다. 그것을 통해 롤스는 합리적 개혁을 갈망했던 청년들의 철학적 관심 속에 그 확고한 위치를 갖게 되었다. 그리고 그를 통해 '정의', '공정', '원칙', '합의', '합리성', '원초적 입장', '무지의 베일' 등 그의 개념들이 우리에게 가까이 다가왔다. 시대와 사회는 변함없이 혼탁하지만, 바로 그래서 롤스는 아직도 유효한 것이다.

그런데 '성 하버드(St. Harvard)'라는 별명까지 얻은 그의 철학을 조망해보면 한 가지 특이한 풍경이 눈에 들어온다. 그는 거의 한평생 '정의(justice)'라는 주제를 외곬으로 파 들어갔던 것이다. 하이데거가 '존재'라는 주제를 그렇게 했던 것과도 비견된다. 물론 그것과 관련된 엄청나게 다양하고 치밀한 논의들이 그 안에 당연히 있지만, 일이관지하는 그 핵심은 시종 변하지 않았다는 말이다. 그러기도 쉽지는 않은데 참 존경스럽다. 무엇보다도, 우리 인간이라는 것은 그리고 인간의 삶이라는 것은 그리고 인간의 세상이라는 것은 '욕망에 의해 이끌린다'고, 그리고 '욕망의 대상은 한정돼 있다'고, 그래서 '욕망은 충돌할 수밖에 없다'고, 그래서 '충돌의 조정이 필요하다'고, 그리고 '충돌의 조정 기준이 정의다'라고 할 수 있는데, 롤스가 바로 그 정의를 언급해주었다는 것은 큰 매력이다. 어떤 점에서 롤스의 '정의'는 공자의 '도'나, 플라톤의 '정의'나, 포퍼의 '열린사회'나, 하버마스의 '진리'와도 맥이 통한다. 오직 정의만이 개인의 욕망을 제어할 수 있는 혹은 욕망의 대상을 양보할 수 있는 근거가 되기 때문이다. 그러니 그 정의가 뭔지 궁금하지 않을 턱이 없다.

유명할 대로 유명해진 그 《정의론》과 《공정으로서의 정의(*Justice as Fairness: A Restatement*)》 등에서 그는 '공정(fairness)'이라는 것을 그 답으로 제시한다. 즉 '공정으로서의 정의(justice as fairness)'를 '기본이념'으로 역설한다. 그 공정은 그가 말하는 '당사자들(parties)' 간의 공정이다. 그 당사자들은 인간들이고 바로 우리다. 그는 기본적으로 두 가지 점을 기본전제로 하고 있다.

① 모든 사람은 전체 사회의 복지라는 명목으로도 유린될 수 없는 정의에 입각한 불가침성을 갖는다.

② 사회란 비록 상호간의 이익을 위한 협동체이기는 하지만 그것은 이해관계의 일치뿐만 아니라 이해관계의 상충이라는 특성도 갖는다.

이게 그거다. 즉 '인간의 불가침성'과 '이해관계의 상충'이다. 그래서 그 조정인 '정의'가 필요한 것이다. 그 정의를 통해 그는 "잘 질서 잡힌 사회(well-ordered society)"를, 즉 "그

성원들의 선을 증진해줄 뿐 아니라 공공적 정의관에 의해 효율적으로 규제되는 사회"를 이룩하고 싶었던 것이다. 그가 생각하는 정의가 '공공적 정의'임이 여기서 이미 드러난다.

그런데 그의 특징 혹은 매력은 그런 정의를 이미 주어진 어떤 초월적 존재로 전제하지 않고 당사자들 간의 합리적 절차에 의한 합의로 ("상호간에 상충하는 요구를 조정하는 방식"인 합의로) 즉 "합리적 선택(rational choice)"으로 "약정(contract)"으로 결정 혹은 채택한다는 것이다.

정의의 원칙들은 … 선택된다. […] 정의의 원칙들은 공정한 합의나 약정의 결과가 된다.

The principles of justice are chosen.

(이는 하버마스의 진리론과 대단히 유사하다.) '정의', '공정'뿐만 아니라, '당사자', '사회', '협동체', '이익-이해', '요구', '불가침성', '상충', '질서', '선', '공공적', '규제'뿐만 아니라, '합리', '절차', '합의', '선택', '약정', 이런 단어들이 하나하나 다 롤스의 철학을 구성한다.

그런데 또 특이한 것은 이 절차와 합의 과정에, 특히 그 '합리성'을 위해, 그가 제시하는 조건이다. 그게 바로 저 유명한 '원초적 입장'과 그 핵심 내용인 '무지의 베일'이다. 철학을 좀 아는 사람들이 롤스의 이름과 함께 가장 먼저 떠올리는 것이 바로 이것들이다. '정의'와 '공정'은 너무 기본이니까 말할 것도 없다.

'원초적 입장(original position)'이란 ["자신의 이익 증진에 관심을 가진"] 자유롭고 합리적인 인간들의 합리적 선택, 즉 "원초적 합의"를 위한 "평등한 최초의 입장" 즉 "평등하고 자유로운 [순수한] 가상적 상황" "거기서 도달된 기본적 합의가 공정함을 보장하기에 적절한 최초의 원상(status qou)"을 말한다. '전통적인 사회계약론에 있어서의 자연상태'에 해당하는 것이다. 이 '원초적 입장'은 "거기에서 합의된 어떤 원칙도 정의로운 것이 되게끔 하는 공정한 절차를 설정하기 위한 것"으로, "원초적 입장에서 도달된 기본적 합의는 공정한 것이다." 이런 입장이 갖는 '본질적인 특성'으로 그는 '무지의 베일'을 요구하다.

'무지의 베일(veil of ignorance)'이란 공정으로서의 정의를 위해 특정 당사자의 특정 이익이 우선시되지 않도록, 이해와 관련된 모든 것이 무지의 베일에 가려져 있어야 한다는 조건이다. "이것은 … 그들의 사회적, 자연적 여건을 그들 자신에게 유리하게 하도록 유혹하는 특수한 우연성의 결과들을 무효화시키기 위한 것이다." 즉 이런 것이다.

"아무도 자신의 사회적 지위나 계층상의 위치를 모르며 누구도 자기가 어떠한 소질이나 능력, 지능, 체력 등을 천부적으로 타고났는지 모른다." "아무도 타고난 우연의 결과나 사회적 여건의 우연성으로 인해 유리하거나 불리해지지 않는다." "모든 이가 유사한 상황 속에 처하게 되어 아무도 자신의 특정 조건에 유리한 원칙들을 구상할 수 없다." "여러 대안들이 그들의 특정한 처지에 어떤 영향을 미칠 것인가를 그들이 몰라야 하며 일반적인 고려사항만을 기초로 해서 원칙들을 평가해야 한다." "당사자는 어떤 종류의 특정 사실을 알지 못한다." "무엇보다도 각자는 사회에 있어서 자기의 지위나 계층을 모르며 천부적 재능이나 체력 등을 어떻게 타고날지 자신의 운수를 모르며", "자기가 무엇을 선이라고 생각할지, 자신의 합리적 인생계획의 세목이나 또는 모험을 싫어한다든가 비관적 혹은 낙관적인 경향과 같은 자기 심리의 특징까지도 아무도 모르며", "당사자들은 그들이 속한 사회의 특수사정도 모르며", "그들은 자기 사회의 경제적, 정치적 상황이나 그것이 지금까지 이룩해온 문명이나 문화의 수준도 모르며", "그들은 그들이 어떤 세대에 속하고 있는지에 대해서도 모르며", "아무도 자신의 사회적 처지나 천부적 재능을 알지 못하며", "아무도 자기에게 유리하게 원칙들을 제정할 입장에 있지 못한다."

바로 이런 게 무지의 베일이다. 참 기발한 생각이다. 이건 아마도 사람들이 다 각자 자기의 현재 처지를 기준으로 자기의 이익만을 생각한다는 현실을 그가 꿰뚫어 봤기 때문일 것이다. 아닌 게 아니라 그렇다. 그런 조건에서 어떤 원칙들이 합의되면, 즉 "사회제도가 이 원칙들을 실현하고 있을 때에는, 언제나 거기에 참여하게 되는 자들은 서로 간의 관계가 공정한, 즉 자유롭고 평등한 사람들이 합의하게 될 그러한 조건으로 그들이 서로 협동하고 있다고 말할 수 있"게 된다. 그리고 이런 조건에서 합의된 결과라면, "당사자들 간의 차이점이 그들에게 알려져 있지 않으며 모두가 똑같이 합리적이고 비슷한 처지에 있기 때문에, 누구나 동일한 논의를 수긍하게 된다"는 것이고, "각자는 모든 사람을 위해 선택을 하게끔 된다"는 것이고, "특정한 정의관에 대한 만장일치의 선택을 가능하게 한다"는 것이다.

말하자면 모두가 모여 머리를 맞대고 가장 이상적인 세상을 합의로 만들어놓고 바로 그 세상에 다시 태어나 살게 되는데, 거기서는 내가 누구로 어떤 사람으로 태어날지 아무도 모른다는 식이다. 그러니 현재의 입장이나 신분의 특권을 반영해봐야 아무 소용없다는 것이다. 반대로 태어날 수도 있으니까. 참 기발한 조건이 아닐 수 없다.

바로 이런 조건 위에서 즉 '원초적 입장'에서 그는 사람들이 두 가지 '정의의 원칙(principles of justice)'을 채택하리라고 주장한다.

① 기본적인 권리와 의무의 할당에 있어 평등을 요구하

는 것.

② 사회적, 경제적 불평등, 예컨대 재산과 권력의 불평등을 허용하되 그것이 모든 사람, 그중에서도 특히 사회의 최소수혜자에게 그 불평등을 보상할 만한 이득을 가져오는 경우에만 정당한 것임을 내세우는 것.

이 두 가지다. 이 두 원칙들('평등한 자유의 원칙'과 '차등의 원칙 및 기회균등의 원칙')은 "공정한 합의에 따라 이루어질 것"으로 그는 신뢰를 표명한다. 무지의 베일 뒤에서 합리적으로 합의된 것인 만큼 이 원칙들은 "천부적 재질이나 사회적 여건의 우연성을 정치적, 경제적 이득의 요구에 있어 무의미한 것으로 무시하는 정의"에 도달한 것이다.

그는 '도덕 원리를 받아들이는' 이러한 '합의'를 전통철학[사회계약론]의 저 '계약(contract)'의 한 예로 간주한다. 그것은 '공리주의'나 '완전설'의 한계를 넘어서는 것이라고 생각하는 것이다. 이런 '계약', '약정', '약속'은 물론 순전히 가상적인 것이다. 그러나 그 연장선에서 그가 정의를 생각한 것은 분명해 보인다. '공정성으로서의 정당성(rightness)'도 마찬가지다.

일부에서는 이런 롤스 철학의 기원을 저 68혁명이라는 역사적 맥락에서 찾기도 한다. 비록 뉴레프트는 아니었지만 거기서 자극받아 홉스, 로크, 루소 등의 사회사상을 자기 식으로 재해석-재구성-재정립한 것이 그의 정의론이라는 것이다. 팽배하던 무제한적 개인주의-자유주의에 대한 수정을 통해 진정한 즉 '공정한 정의'에 대한 사람들의 관심을 새롭게 불러일으켰다는 것이다. 그런 공로는 결코 작지 않다. 지금도 소위 적극적 좌파는 '혁명'을 언급하지 않는 그의 이런 미적지근한 태도를 '보수적'이라고 비판하지만, 정작 미국사회에서는 '상대적 진보'로 간주되었고 한국의 지식사회에서도 무엇보다 "사회적 약자들을 배려하는 제도적 장치를 마련할 수 있는 이론적 지반을 제공했다"는 점에서 그 의미를 평가받기도 한다.

그의 세부적인 논의는 결코 간단하지 않지만 '정의'라는 주제 설정 자체가, 그 방향 자체가 이미 '선'이라고 우리는 평가할 수 있다. 더구나 그는 합리와 공정을 말했으니, 특히 사회적 약자에 대한 배려를 놓치지 않았으니 금상첨화다. 이런 종류의 철학이 현대에 있다는 것은 큰 다행이다. 온 사회에 만연한 부정과 불의와 불공정을 생각할 때, 그의 철학은 어쩌면 미국보다 이곳 한국에서 더 절실할지도 모르겠다.

일본 편

야마모토 츠네토모

'무사도란 죽자는 것이다'

일본은 참 여러 가지로 특이한 나라다. 천황과 황실에 대한 유별난 집착, 요시와라-오이란 등 성(性)에 대한 유별난 문화, 왜구를 비롯한 못 말리는 침략성, 임진왜란 때의 귀무덤이나 난징대학살 등에서 드러나는 잔인성, 세계 최상위권의 경제력과 기술력, 꼼꼼함과 철저함, 유별나게 깔끔-깨끗-심플한 미적 지향 … 하여간 많다. 그 모든 것이 복합적으로 일본의 이미지를 형성한다. 그 한 축에 이른바 무사도, 사무라이즘이라는 것이 있다. (서양의 기사도와는 전혀 다르다.) 헤이안 귀족시대(9-12세기)가 무너지고 무로마치-가마쿠라-에도로 이어진 이른바 막부시대(13-19세기), 그 약 600년간 일본인-일본사회를 지배한 것은 칼, 즉 무(武)였다. 그 후의 메이지-다이쇼-쇼와 시대도 칼이 총으로 바뀌었을 뿐, 무의 지향은 변함없었다. 일본의 그런 '무'의 정신을 단적으로 보여주는 책이 있다. 1716년경에 나온《하가쿠레(葉隱)》다. 나베시마번(肥前国佐賀鍋島藩)[41]의 하급무사였던 야마모토 츠네토모(山本常朝, 1659-1719)가 구술한 것을 타시로 쓰라모토(田代陣基)가 듣고 쓴 것(聞書, 키키가키)이다. 거기에 이런 말이 있다. 엄청 유명한 명언이다.

무사도란 죽는 일임을 알게 되었다. [살 것인가 죽을 것인가] 어느 한쪽일 경우에 먼저 죽는 쪽으로 정리하는 것일 뿐이다. 따로 구체적인 내용도 없다. 그렇게 작정하고 나아갈 뿐이다.

武士道といふは、死ぬ事と見付けたり. 二つ二つの場にて、早く死ぬはうに片付くばかりなり. 別に仔細なし. 胸すわって進むなり.

동양세계의 전통철학인 유-불-도 그 어느 것에도 해당하지 않지만, 저들은 이것을 '무사도'라고 부른다. '도'자가 들어간다. 적어도 일본에서는, 일본인에게는 이것이 일종의 철학임을 알려준다. 만만치 않은 저들의 일본불교나 일본유교보다도 더 돋보이는 철학인 것이다.

---

41) 현재의 규슈 사가현, 나가사키현의 일부에 해당.

츠네토모는 여기서 무사도의 핵심에 '죽음'이 있음을, 아니 그 핵심이 바로 '죽음의 선택'임을 공공연히, 당당히, 어쩌면 자랑스럽게 천명한다. 이 짧은 한마디가 사무라이즘의 거의 모든 것을 압축해서 알려준다. "따로 구체적인 내용도 없다"고 했는데, 실제로 그렇다. 구질구질 장황한 설명도 별로 없다. 그것조차도 일본스럽다. 긴말 필요 없다는 것이다. 설명이 없으니까 짐작하고 해석하는 것이지만, '죽는 일'이라는 그의 이 말은 구차하지 않게 깔끔하게 멋지게 죽는다는 것을 포함한다. '아름답게 죽는 일이다'라는 게 생략되어 있는 것이다. 마치 벚꽃처럼. 그래서 저들은 곧잘 '사쿠라(櫻, 벚꽃)'라는 것을 입에 올린다. 화려하게 장렬하게 깔끔하게 그래서 아름답게, 질 때도 진 후에도 지저분하지 않게 삶을 마감하는, 그런 죽음을 선택한다는 것이다. "죽느냐 사느냐(to be or not to be)" 하는 햄릿 같은 갈림길에서, 그 선택지를 앞에 두고, ("그것이 문제로다[that is the question]" 할 것도 없이) 망설임 없이 미련 없이 죽음을 택한다는 것이다. 멋진 철학일 수도 있다. 이러기가 어디 쉬운가. 그 반대인 삶의 지향이 모든 살아 있는 것들의 가장 기본적이고도 강력한 본능이 아니던가.

이런 사무라이 철학이 여실히 반영된 유명한 이야기가 있다. 일본인들이 너무나 좋아해 여러 차례 영화로도 만들어지고 드라마로도 만들어진 '추신구라(忠臣藏)'라는 이야기다.

에도시대의 소위 아코사건(赤穗事件) 실화에 바탕을 두고 있다. 1701년 4월 21일, 아코번(赤穗藩)[42]의 영주 아사노 타쿠미노카미(浅野長矩[内匠頭])가 막부의 실력자 키라 코즈케노스케(吉良義央[上野介])에게 모욕을 당하고 에도 성중에서 칼부림을 하는 소동을 일으켜 할복을 명받고 죽은 사건이 있었다. 그로써 가문이 멸문지화를 당하고 그의 가신들은 뿔뿔이 흩어졌다. 그런데 그의 중신 오이시 쿠라노스케(大石良雄[内蔵助])는 일부러 방탕한 생활을 하며 적의 주의를 따돌린 뒤 2년에 걸쳐 원 주군을 섬기던 가신 47인을 규합하여 1703년 1월 30일 새벽, 키라의 저택을 치고 들어가 그를 베고 통쾌한 복수를 한다. 그들은 물론 그 난입의 죄로 인해 쇼군으로부터 할복을 명받는다. 장렬하고 깔끔하게, 멋지고 아름답게 죽음을 맞는 것이다. 일본인들은 이 이야기를 수도 없이 접하면서 매번 감동의 박수를 보낸다. 그렇게 이 무의 정신이 면면히 일본인들의 가슴속에 흐르게 되는 것이다. 비슷한 종류의 드라마들도 헤아릴 수 없이 많다. 칼과 칼이 부딪치는 '찬바라곳코(チャンバラごっこ, 칼부림 놀이)'를 저들은 너무나 좋아한다. 거기에 저들 특유의 '아름다움' 내지 미학이 있다고 느끼기 때문이다.

그런데 이런 가치관이 언제든지 변질되어 독으로 작용할

42) 현재의 효고현(兵庫県) 赤穂市, 相生市, 上郡町 일대.

수 있음을 우리는 주의해야 한다. 그 대표적인 사례가 지난 세계대전 때의 저 자살특공대 '가미카제(神風)'다. 우리나라의 학도병 탁경현도 그 희생으로 바쳐졌다. 마치 사쿠라가 지듯이 그들은 '제로센(零戦)' 전투기를 타고 미군의 함선을 향해 떨어졌다. 아름다운 불꽃으로 산화했다. 더욱이 착잡한 것은 그들의 영혼이 사후 저 야스쿠니 신사에 신으로 모셔진다는 것이다. 저들의 터무니없는 철학-미학으로 얼마나 많은 목숨이 희생되었는지를 일본인들은 애써 외면한다. 그 연장선에 오늘날의 소위 혐한도 있다. 적어도 일본인들의 가슴속에서는 일본은 지난 세계대전의 가해자가 아니라 원폭의 피해자로 각색되어 있다. 아름다운 패배가 부각된다.

깔끔하게 의연하게 죽음을 택하는 것은 아름다운 철학일 수 있다. 소크라테스도 예수도 보에티우스도 뵈메도 모어도 그랬다. 그러나 사무라이즘은 그것과 다름을 주의해야 한다. 그들의 죽음엔 타인을 죽이는 칼날이 함께 있는 것이다. 죽이지 못할 때, 죽이지 못했을 때, 내가 죽는 것이다. 우리는 특히 그것을 잊을 수가 없다. 저 임진년, 정유년, 경술년 우리는 일본에게 처절하게 당했다. 더할 수 없는 국치를 경험했다. 저들의 칼에 철저하게 유린당한 역사가 있다. 그런 일본도 1945년 패배를 경험했다. 승자는 미국. 그런 상황에서 저들은 이런 무사도에 입각해 깔끔하게 항복하고 점령군에게 복종했다. 지금까지도 그렇다. 점령한 미군조차 놀랄 정도로 고

분고분했다. 승과 강은 저들에게 절대선이기 때문이다. 멋있고 아름다울 수 있다. 그러나! 그 아름다움의 배경에 이순신과 명성황후와 유관순과 윤동주와 이육사와 안중근과 윤봉길과 그리고 수십만 조선 백성과 중국 인민과 미군들의 죽음이 있었음을 우리는 충분히 고려할 필요가 있다. 벚꽃이 필 때마다, 그리고 그 벚꽃이 질 때마다 우리는 그 꽃잎에 숨어 있는[43] 일본인의 '무사도'를, 칼날의 번뜩임을, 그 섬뜩한 철학을 환기하기로 하자.

야마모토 츠네토모가 세상을 뜰 때 남긴 마지막 하직 인사(辞世の歌)를 소개해둔다.

병이 무거워 / 지금이라 생각해 / 찾아든 심산 / 깊고 깊은 데보다 / 더 고요한 이끼 암자 / 벌레소리도 / 한없이 가늘어져 / 다 끝났구나 / 충분히 짐작하고 / 결귀로 들었다네

重く煩ひて今はと思ふころ尋入る深山の奥の奥よりも静なるへき苔の下庵、虫の音の弱りはてぬるとはかりを兼てはよそに聞にしものを.

여기서도 일종의 죽음의 미학이 느껴진다.

---

43) '하가쿠레'의 원래 뜻이 '잎에 숨는다'는 것이다.

카이바라 에키켄

'보신을 하고 양생을 함에 단 한 글자
지극히 중요한 비결이 있다. '두려워함'이다'

일본인들이 무척이나 좋아하는 에도시대[44]의 학자 중에 카이바라 에키켄(貝原益軒, 1630-1714)이라는 인물이 있다. 규슈지방 후쿠오카번(福岡藩)의 번사였는데 한때 주군의 노여움을 사 낭인생활을 하다가 번의(의사)로 복귀하였다. 이듬해 교토에 파견되어 7년간 머무르며 본초학(한약학)과 주자학을 공부했다. 우리나라에는 잘 알려져 있지 않으나 복귀 후 주자학 강의도 하고 조선통신사 응대 등 중책을 맡았다고 하니 우리나라와도 좀 인연이 없지 않은 셈이다.

이 사람은 많은 저술을 했는데 본초학 관련서 외에도 사상

44) 도쿠가와(德川) 씨가 지배한 1603년부터 1868년까지의 256년간.

서-교육서로서 《자오집(自娯集)》, 《신사록(慎思録)》, 《대의록(大擬録)》, 《대화속훈(大和俗訓)》, 《화속동자훈(和俗童子訓)》, 《오상훈(五常訓)》, 《가도훈(家道訓)》 등이 있다. 《양생훈(養生訓, 요죠쿤)》이라는 것이 특히 유명하다. 일본인들이 지금도 사랑해 마지않는 책이다. 양생이 주제이니 말하자면 건강학인데, 그 양생을 위해 정신의 수양도 강조하고 있어 일종의 철학서도 되는 셈이다. 실제로 그를 철학자로 소개하는 자료들도 있다. 그가 세상을 떠날 때 남긴 '사세가(辞世歌)'[45]를 보면 다분히 철학적이다.

지나오기는 / 하룻밤 같기만 한 / 기분이건만 / 팔십 여의 긴 꿈을 / 꾸면서 살았구나.

越し方は一夜(ひとよ)ばかりの心地して　八十(やそじ)あまりの夢をみしかな.

《양생훈》은 물론 그 목차만 봐도 기본적으로는 의학서임을 알 수 있다. (1. 총론 상[総論 上], 2. 총론 하[総論 下], 3. 음식 상[飲食 上], 4. 음식 하[飲食 下] — 음주 음차 신색욕[飲酒 飲茶 慎色慾], 5. 오관 이변 세욕[五官 二便 洗浴], 6. 신병 택의[慎病 択医], 7. 용약[用薬], 8. 양로 육유 침 뜸[養老 育幼 鍼 灸法])

45) 일본인들은 흔히 인생 막바지에 이런 와카(和歌, 倭歌) 한 수를 남기곤 한다.

그런데 그 총론엔 철학이라고 할 수 있는 말들이 많이 등장한다. 이를테면 이런 것. 일본인들이 아끼는 명언이다. 좀 길지만 두 문장을 소개한다.

보신을 하고 양생을 함에 단 한 글자 지극히 중요한 비결이 있다. 이것을 행하면 목숨을 오래 보존하고 병이 없다. 부모에게 효도하고 군주에게 충성하고 집안을 돌보고 몸을 돌본다. 행한다 해서 안 좋을 일이 없다. 그 한 글자가 무엇인가. 두려워한다(畏)는 글자, 이것이다. 두려워함이란 몸을 지키는 마음가짐이다. 매사에 세심한 주의를 기울이고, 내키는 대로 하지 말고, 잘못이 없도록 애쓰고, 항상 천도를 두려워하여, 삼가고 순종하고, 인간의 욕망을 두려워하여 참아내는 것이다. 이 두려워함이 삼감으로 향하는 출발점이다. 두려워하면 삼감이 생기고, 두려워하지 않으면 삼감이 없다.

身をたもち生を養ふに、一字の至れる要訣あり. これを行へば生命を長くたもちて病なし. おやに孝あり、君に忠あり、家をたもち、身をたもつ、行なふとしてよろしからざる事なし. その一字なんぞや. 畏(おそるる)の字これなり. 畏るるとは身を守る心法なり. 事ごとに心を小にして気にまかせず、過なからん事を求め、つねに天道をおそれて、つつしみしたがひ、人慾を畏れてつつしみ忍ぶにあり. これ畏るるは、慎しみにおもむく初なり. 畏るれば、つつしみ生ず. 畏れざれば、つつしみなし.

양생의 방법을 배우고 내 몸을 잘 건사해야 한다는 것, 이게 인생의 첫째가는 대사다. 사람의 몸은 지극히 귀하고 중해서, 온 세상과도 바꾸기 어려운 것이 아니던가. 그런데도 이 양생의 방법을 모르고 욕망을 있는 대로 다 부리고 몸을 망치고 목숨을 잃는 것, 어리석음의 극치다. 신명과 사욕의 경중을 잘 헤아리고, 매일매일 하루를 삼가고, 사욕의 위험 두려워하기를 깊은 못을 들여다보듯 하고, 얇은 얼음을 밟듯 한다면, 목숨을 길게 하여 마침내 재앙이 없으리라. 어찌 즐기지 아니하랴.

養生の術をまなんで、よくわが身をたもつべし. 是人生第一の大事なり. 人身は至りて貴とくおもくして、天下四海にもかへがたき物にあらずや. 然るにこれを養なふ術をしらず、慾を恣にして、身を亡ぼし命をうしなふこと、愚なる至り也. 身命と私慾との軽重をよくおもんぱかりて、日々に一日を慎しみ、私慾の危(あやうき)をおそるること、深き淵にのぞむが如く、薄き氷をふむが如くならば、命ながくして、ついに殃(わざわい)なかるべし. 豈(あに)、楽まざるべけんや.

표현이 어렵지 않아 들으면 무슨 말인지 곧바로 이해된다. 양생과 보신이 '인생 제일의 대사'요 그것을 위한 결정적인

비결이 '두려워함(畏るる)'이라는 딱 한 글자라는 말은 정곡을 찌르고 있다. 읽어보면 바로 알지만, 두려워함이란 '몸을 지키는 마음가짐'이다. "매사에 세심한 주의를 기울이고, 내키는 대로 하지 말고, 잘못이 없도록 애쓰고, 항상 천도를 두려워하여, 삼가고 순종하고, 인간의 욕망을 두려워하여 참아내는 것"이다. 이런 마음가짐이 '삼감(愼しみ)'으로 이어진다고 에키켄은 강조한다. 삼감이란 결국 조심하는 것이다. 함부로 하지 않는 것이다. 그런데 무엇을? 욕망, 사욕(私慾)이다. 그게 '위험(危)'하다고 에키켄은 강조한다. 우리네 삶의 실제를 보면 알지만 지당한 말씀이다. 무분별한 욕망의 추구가 결국 몸을 망치고 목숨을 잃게 한다. 그런 삶을 그는 '어리석음의 극치(愚なる至り也)'라고 규정한다. 그래서 이걸 경계하면 신명(身命)을 즉 몸과 목숨을 보전하여 인생을 즐길 수 있게 되는 것이다.

몸, 건강과 장수, 이건 너무나 당연한 일이라 이걸 가지고 철학 운운하는 것은 오버라고 느낄 수도 있다. 그런데 오버가 아니다. 아무리 거창한 이야기를 늘어놓는 사람도 한 60년 살아보면 결국 이 주제가 핵심 관심사로 떠오른다. 요즘은 몸의 가치, 육체의 복권을 대놓고 이야기하는 철학자도 없지 않다. 린위탕, 이기철, 메를로퐁티 등도 그런 계열이다. 육체는 철학적 관심 대상이 되어야 마땅하다. 부처도 그리스도도 그 어떤 거룩한 영혼도 몸이 없이는 애당초 원초적으로 성립 불가능이기 때문이다.

그런데 에키켄의 양생철학은 바로 그것을 위해 '두려워함'과 '삼감'이라는 것을 정신적-가치적 비결로 제시한다. 그 대상이 욕망-사욕이라는 것도 정확하게 짚어준다. 그래서 사람들의 주목과 사랑을 받는 것이다. 이런 게 진리다. 부디 이 진리를 각자가 잘 실천해서 건강과 장수를 누려야겠다. 인생은 소중한 것이다. 어찌 즐기지 않을 수 있으랴.

니시다 키타로

선이란 한마디로 말해 인격의 실현이다

'일본철학'이라는 것은 우리에게 좀, 아니 많이 낯설다. '일본 현대철학'이라는 것은 더욱 그렇다. 그런 게 있나? 없지는 않다. 일본도 저들 나름 불교철학도 있고 유교철학도 있고, 그리고 앞서 보았듯이 사무라이철학(무사도)이라는 것도 있다. 그리고 현대에는 소위 '교토학파(京都学派)'[46]라는 것이 있어서 유럽과 미국에도 제법 알려져 있다. 그 내용을 들여다보면 서양철학과 불교가 혼재해 있는 어중간한 것인데, 중국이나 인도 같은 독창성은 별로 보이지 않으니 좀 과대포

46) 田邊元, 波多野精一, 朝永三十郎, 和辻哲郎, 三木清, 西谷啓治, 久松真一, 武内義範, 土井虎賀壽, 下村寅太郎, 上田閑照, 大橋良介 및 鈴木大拙 등.

장된 측면이 없지 않다. 아마도 근대 초 일본의 국력이 (특히 군사력-경제력이) 급성장하면서 덩달아 일본의 모든 게 서양의 주목 대상이 되었을 것이다.

그 교토학파의 대표 격인 인물로 니시다 키타로(西田幾多郎, 1870-1945)가 있다. philosophy를 처음 '철학(哲學)'이라 번역한 사람으로 유명하다. 명문 도쿄대학 출신이며 교토대학 교수를 지냈고 교토학파의 창시자로 평가된다. 그의 대표작이 《선의 연구(善の研究)》인데, 확인된 바는 아니지만, 이 책이 처음 출간되었을 때 그 초판을 사기 위해 서점이 문을 열기도 전부터 그 앞에 긴 줄이 생겼다는 유명한 이야기가 있다. 대단한 인문학적 풍경이다. 그 책(제13장 '완전한 선행')에 이런 말이 나온다.

선이란 한마디로 말해 인격의 실현이다.
善とは一言にていえば人格の実現である.

일본에서는 나름 명언으로 널리 알려져 있다.

이 책은 사실 순수경험, 실재, 선, 종교 같은 편명이나 사유, 의지, 지적 직관, 행위 등등의 세부 제목만 봐도 짐작되듯이, 칸트, 헤겔 등 독일철학의 영향이 농후하게 느껴진다. 물론 그것을 이해-체화하고 확장하려 한 그 지적 노력은 가상하다. 위의 문장도 대체로 그렇다. 귀를 쫑긋 세우게 되는 매력적인 명언이라기엔 뭔가 약하다. 그러나 그 의미는 분명히 있다. 선과 인격이라는 단어 때문이다. 이 단어의 발설 자체가 그 선한 방향을 알려주기 때문이다.

니시다는 선을 '인격의 실현'이라고 풀이한다. 니시다의 문맥과 상관없이 인격이란 말은 대단히 중요하다. 그것은 칸트 윤리학의 핵심 개념 중 하나이기도 했고 20세기 막스 셸러의 철학적 인간학과 가치윤리학의 최대 관심사이기도 했다. 오늘날 우리는 이것을 훌륭한 인품 내지 진정한 인간성 정도로 이해할 수 있다. 사전적으로는 '사람으로서의 품격'이다. 실현이란 말은 나 자신이 실제로 그런 사람이 된다는 뜻이고 그런 사람으로서 타인을 대한다는 뜻이다.

자, 그런데 이게 문제다. 말로만 하자면 이게 좋은 것인 줄 누구 모르겠는가. 훌륭한 인품을 갖춘 사람이 되자. 암 그래야지, 당연히 그래야 하고말고. 누구나 고개를 끄덕인다. 그러나 그 품격의 정체가 뭐겠는가. 여러 논의가 필요하지만, 과감히 말하자면 타인을 존중하고 함부로 대하지 않는 것이다. '나'를 내세우지 않는 것이다. 내가 하나면 당신도 하나, 그런 태도다. 나는 갑이고 당신은 을, 그런 게 아닌 것이다. 이렇게 정리하면 실제로 그런 인품에 해당하는 사람이 거의 없음을 알게 된다. 그렇지 못하면 실현이 아닌 것이다. 실현이란 그토록 어려운 일이다. 심지어 어떤 사람은 윤리니 도덕이니 그런 건 남에게 권하는(권할) 것이지 자기가 갖는(가질)

것은 아니라고 말하기도 한다. 단순한 우스갯소리가 아니라 세상의 현실이 실제로 그렇다. 자식이 이런 윤리 도덕을 말하면 부모가 되레 걱정을 하기도 한다. 그런 자세로 어떻게 이 험난한 세상을 헤쳐 나가겠느냐고 심각하게 걱정하는 것이다. 그토록 인격이 실현되기가 쉽지 않다. 인격이 실현되지 않으면 아직 선이 아닌 것이다.

니시다의 말은 그래서 (즉 인격의 실현을 말했다는 점에서) 의미가 있다. 다시 말하지만 이 말은 선의 지향인 것이다. 그런 방향을 가리키는 것이다.

단, 이 장의 마지막 부분을 보면 약간 고개를 갸우뚱하게 된다. 그는 이렇게 말한다.

마지막으로 한마디 해두자. 선을 학문적으로 설명하자면 여러 가지로 설명은 가능하나, 실지로 참된 선이란 오직 하나 있을 뿐이다. 즉 참된 자기를 안다고 하는 것으로 다하는 것이다. 우리의 참된 자기는 우주의 본체이며, 참된 자기를 알면 비단 인류 일반의 선과 합할 뿐 아니라, 우주의 본체와 융합하고 신의와 명합하는 것이다. 종교도 도덕도 실은 여기에 다하고 있다. 이렇게 해서 참된 자기를 알고 신과 합하는 법은 다만 주객합일의 힘을 자득하는 데 있을 뿐이다. 이렇게 해서 이 힘을 얻는 것은 우리의 이 '위아(僞我, 가짜 자아)'를 다 죽이고 일단 이 세상의 욕망으로부터 죽은 후 되살아나는 것이다. [⋯] 이렇게 해서 비로소 진정으로 주객합일의 경지에 도달할 수가 있다.

終に臨んで一言して置く. 善を学問的に説明すれば色々の説明はできるが、実地上真の善とはただ一つあるのみである、即ち真の自己を知るというに尽きて居る. 我々の真の自己は宇宙の本体である、真の自己を知れば啻に人類一般の善と合するばかりでなく、宇宙の本体と融合し神意と冥合するのである. 宗教も道徳も実にここに尽きて居る. 而して真の自己を知り神と合する法は、ただ主客合一の力を自得するにあるのみである. 而してこの力を得るのは我々のこの偽我を殺し尽して一たびこの世の欲より死して後蘇るのである. […] 此の如くにして始めて真に主客合一の境に到ることができる.

우주의 본체, 신의, 주객합일 등등 거창한 단어들이 나열되는데, 좀 뜬구름 잡는 막연한 이야기다. 진정한 선에 대한 그 자신의 문제의식이 그다지 감지되지 않는다. 무엇보다 구체적인 악에 대한 언급이 없다. 이 책의 출간이 1911년, 일본의 조선 침략이 완성된 소위 한일합방의 바로 이듬해였으니, 인격의 실현이라는 이 '선의 연구'가 너무나 무색한 것이다.

기억해두자. 진정한 선은 '인격의 실현'이다. 그 인격의 실현은 나 자신이 훌륭한 인품 내지 진정한 인간성을, 즉 인간다운 품격을 실제로 내 것으로 갖게 될 때 비로소 할 수 있는 말이다. 내가 남을 동등한 인격으로 인정하지 않고 짓밟을 때, 을인 타인에 대해 스스로를 갑으로 설정할 때, 그럴 때는 너무나 요원한 딴 세상 이야기다. 선은 결코 책 속에 있지 않음을 니시다의 이 책《선의 연구》가 아주 잘 알려주고 있다.

참고로 그의 명언으로 알려진 다른 말들도 두어 개 소개해 둔다.

충돌 모순이 있는 곳에 정신이 있고, 정신이 있는 곳에 충돌 모순이 있다.
衝突矛盾のあるところに精神あり、精神のあるところには矛盾衝突がある.

자기가 창조적이 된다고 하는 것은, 자기가 세계로부터 떨어진다는 것은 아니다, 자기가 창조적 세계의 작업적 요소가 되는 것이다.
自己が創造的となるということは、自己が世界から離れることではない、自己が創造的世界の作業的要素となることである.

이수정 李洙正

일본 도쿄대 대학원 인문과학연구과 철학전문과정 수사 및 박사과정을 수료하고 하이데거 연구로 문학박사 학위를 취득했다. 한국하이데거학회 회장, 국립 창원대 인문과학연구소장 · 인문대학장 · 대학원장, 일본 도쿄대 연구원, 규슈대 강사, 독일 하이델베르크대 · 프라이부르크대 객원교수, 미국 하버드대 방문학자 및 한인연구자협회 회장, 중국 베이징대 · 베이징사범대 외적교수 등을 역임했다. 월간 《순수문학》을 통해 시인으로 등단했고 현재 창원대 철학과 명예교수로 활동 중이다.

저서로는 *Vom Räzel des Begriffs*(공저), 《言語と現実》(공저), 《하이데거 — 그의 생애와 사상》(공저), 《하이데거 — 그의 물음들을 묻는다》, 《본연의 현상학》, 《인생론 카페》, 《진리 갤러리》, 《인생의 구조》, 《사물 속에서 철학 찾기》, 《공자의 가치들》, 《생각의 산책》, 《편지로 쓴 철학사 I · II》, 《시로 쓴 철학사》, 《알고 보니 문학도 철학이었다》, 《국가의 품격》, 《하이데거 — '존재'와 '시간'》, 《노자는 이렇게 말했다》, 《예수는 이렇게 말했다》, 《부처는 이렇게 말했다》, 《시대의 풍경》 등이 있고, 시집으로는 《향기의 인연》, 《푸른 시간들》이 있으며, 번역서로는 《현상학의 흐름》, 《해석학의 흐름》, 《근대성의 구조》, 《일본근대철학사》, 《레비나스와 사랑의 현상학》, 《사랑과 거짓말》, 《헤세 그림시집》, 《릴케 그림시집》, 《하이네 그림시집》, 《중국한시 그림시집 I · II》, 《와카 · 하이쿠 · 센류 그림시집》 등이 있다.

sjlee@cwnu.ac.kr

명언으로 돌아보는

철학세계 일주

1판 1쇄 인쇄	2021년 11월 10일
1판 1쇄 발행	2021년 11월 15일
지은이	이 수 정
발행인	전 춘 호
발행처	철학과현실사
출판등록	1987년 12월 15일 제300-1987-36호

서울시 종로구 대학로 12길 31
전화번호 579-5908
팩시밀리 572-2830

ISBN 978-89-7775-855-1 03100
값 17,000원